DEIN COACH ZUM ERFOLG!

Dein ActiveBook auf My**STARK**:

Du kannst auf alle digitalen Inhalte zu diesem Band online zugreifen. Registriere dich dazu unter **www.stark-verlag.de/mystark** mit deinem **persönlichen Zugangscode**:

Die Inhalte dieser Auflage stehen bis Schu

MySTARK

Das ActiveBook *bietet dir:*

- Original-Prüfungsaufgaben von 2022 mit vollständigen Lösungsvorschlägen
- Kleinschrittige Aufgaben zur Analyse von literarischen und pragmatischen Texten
- Videos zur Veranschaulichung des Vorgehens bei der Textanalyse
- Sofortige Ergebnisauswertung und Feedback zu einzelnen Aufgaben

DEIN COACH ZUM ERFOLG!

So kannst du interaktiv lernen:

Interaktive Aufgaben

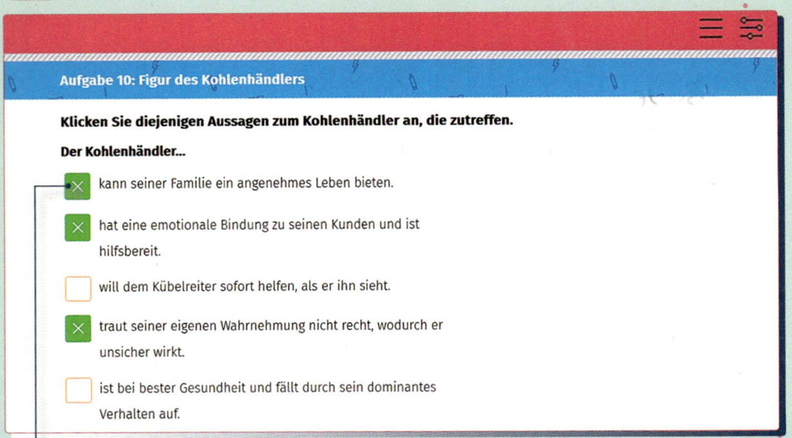

Sofortige Ergebnisauswertung

Lernvideos

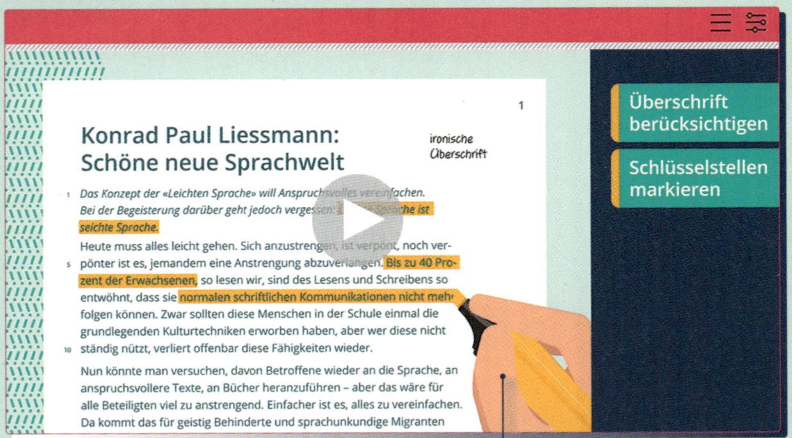

Anschauliche Erklärungen zur Textanalyse

Systemvoraussetzungen:
- Mindestens 1024×768 Pixel Bildschirmauflösung
- Chrome, Firefox oder ähnlicher Webbrowser
- Internetzugang

2023

Abitur

Original-Prüfungsaufgaben mit Lösungen

Niedersachsen

Deutsch

STARK

17. neu bearbeitete und ergänzte Auflage
www.stark-verlag.de

Inhaltsverzeichnis

Prüfungsthema „Neue und neueste Tendenzen der Erzählliteratur“

Original-Abituraufgaben

Erhöhtes Anforderungsniveau 2019 (Auswahl)

Grundlegendes Anforderungsniveau 2019 (Auswahl)

Erhöhtes Anforderungsniveau 2021 (Auswahl)

Grundlegendes Anforderungsniveau 2021 (Auswahl)

Erhöhtes und grundlegendes Anforderungsniveau 2022

Aufgaben .... **www.stark-verlag.de/mystark**
Sobald die Original-Prüfungsaufgaben 2022 freigegeben sind, können Sie sie als PDF auf der Plattform MyStark herunterladen (Zugangscode vgl. Farbseiten zu Beginn des Buches).

Autorinnen und Autoren

Christian Berg:	Übungsaufgaben 1, 2; Lösungen EA 2021/IV; GA 2021/IV
Sigrid Deinzer-Kneip:	Lösung EA 2019/I
Claudia Hagemeister:	Übungsaufgabe 4
Ina Krenzke	Lösung EA 2021/I
Dr. Carsten Lange:	Übungsaufgabe 7
Ute Mattheus:	Hinweise und Tipps zur Abiturprüfung
Wolfgang Mohn	Übungsaufgabe 5
Claudia Mutter:	Übungsaufgabe 6
Annika Neesen	Lösung EA 2021/III
Dr. Birgit Schillinger / Redaktion:	Lösung GA 2019/I
Rabia Schadel	Lösung GA 2021/I
Alisa Schlegel:	Übungsaufgabe 3; Lösung GA 2021/III
Marlene Stahl-Busch:	Hinweise und Tipps zur Abiturprüfung

Vorwort

Liebe Schülerinnen und Schüler,

Sie haben Deutsch als Fach im grundlegenden oder erhöhten Anforderungsniveau als Prüfungsfach gewählt. Dieses Buch hilft Ihnen dabei, sich optimal auf das **Zentralabitur** vorzubereiten.

Das einführende Kapitel „**Hinweise und Tipps**" informiert Sie über die offiziellen Rahmenvorgaben, macht Sie mit dem Prüfungsstoff sowie den Aufgabenarten vertraut und erläutert die Arbeitsanweisungen (Operatoren). Hier erhalten Sie auch konkrete Hinweise, wie Sie die verschiedenen Aufgabenarten am besten lösen können.

Mithilfe der anschließenden **Übungsaufgaben zu den 2023 prüfungsrelevanten Wahlpflichtmodulen** können Sie wichtige Unterrichtsaspekte wiederholen und vertiefen und sich so optimal auf die Abiturprüfung vorbereiten.

Eine wesentliche Schwierigkeit in der schriftlichen Abiturprüfung besteht oft darin, die Aufgabenstellung genau zu erfassen. Daher sind allen Aufgaben konkrete Tipps zum Vorgehen und zur Bearbeitungsweise vorangestellt. Die von unseren Autoren erstellten, **detaillierte Lösungsvorschläge** bieten Ihnen Beispiele dafür, wie Ihre Antworten im Abitur aussehen könnten.

Im Anschluss daran haben Sie anhand ausgewählter **Abiturprüfungsaufgaben** der Jahre 2019, 2021 und 2022 reichlich Gelegenheit zum Üben des „Ernstfalles". Zu jeder Aufgabe wurden von unseren Autoren ausführliche Lösungen ausgearbeitet.

Sollten nach Erscheinen dieses Bandes noch wichtige Änderungen in der Abiturprüfung 2023 vom Kultusministerium bekannt gegeben werden, finden Sie aktuelle Informationen dazu im Internet unter:
www.stark-verlag.de/mystark

Die Autorinnen und Autoren wünschen Ihnen schon jetzt
viel Erfolg bei der Abiturprüfung!

HINWEISE UND TIPPS

Hinweise und Tipps zur schriftlichen Abiturprüfung

1 Grundlagen

1.1 Vorgaben für das Zentralabitur Deutsch

Die schriftlichen Prüfungsaufgaben richten sich in Aufbau und Inhalt nach:

- dem geltenden **Kerncurriculum für Gymnasien – gymnasiale Oberstufe** – im Fach Deutsch des Niedersächsischen Kultusministeriums, in Kraft gesetzt zum 1. August 2016 (kann als PDF-Datei vom Niedersächsischen Bildungsserver heruntergeladen werden: *http://www.cuvo.nibis.de*),
- den bundesweit verbindlichen **Bildungsstandards im Fach Deutsch** für die Allgemeine Hochschulreife, online zu finden unter: http://www.kmk.org/fileadmin/Dateien/veroeffentlichungen_beschluesse/2012/2012_10_18-Bildungsstandards-Deutsch-Abi.pdf,
- den vom Kultusministerium festgelegten **Hinweisen zur Abiturprüfung 2023 mit der Festlegung der Wahlpflichtmodule für zwei Rahmenthemen:** https://www.nibis.de/uploads/mk-bolhoefer/2023/01DeutschHinweise2023_Juni2021.pdf

  Die Abituraufgaben sind in der Regel so konzipiert, dass sie nicht auf Textauszügen aus Werken basieren, die im Unterricht verbindlich zu behandeln waren, sondern dass sie diese von einem unbekannten Außentext her ansteuern.

1.2 Zeitrahmen und Hilfsmittel

In der schriftlichen Abiturprüfung werden **drei** Aufgabenvorschläge zur Auswahl gegeben. Die **Bearbeitungszeit** liegt im erhöhten Anforderungsniveau bei **300 Minuten**, im grundlegenden Anforderungsniveau bei **220 Minuten**. Für das Durchlesen der Aufgaben und Textvorlagen einschließlich der Aufgabenwahl steht Ihnen zusätzlich eine Einarbeitungszeit zur Verfügung. (Im Abitur 2022 waren es 45 Minuten).
Als **Hilfsmittel** ist ein Wörterbuch der deutschen Rechtschreibung zugelassen sowie **Textausgaben der verbindlichen Pflichtlektüren**.

2 Rahmenbedingungen und Prüfungsstoff

2.1 Lehrplanvorgaben durch das Kerncurriculum für die Qualifikationsstufe

Das Kerncurriculum für die Sek II ist in **sieben Rahmenthemen** gegliedert, wobei jeweils zwei Rahmenthemen ein schulisches Halbjahr füllen. Da das letzte Semester aufgrund der Abiturprüfung verkürzt ist, umfasst es nur ein Rahmenthema, das der Filmanalyse gewidmet ist. Die folgende **Übersicht** zeigt die Standardabfolge der Rahmenthemen, jedoch kann die Fachkonferenz der Schule Abweichungen innerhalb eines Halbjahres beschließen.

1. Schuljahrgang der Qualifikationsphase	
Rahmenthemen	**Pflichtmodule und Wahlpflichtmodule (WPM)**
1. Kurshalbjahr	
Rahmenthema 1: *Literatur und Sprache um 1800*	Pflichtmodul: *Romantik als Gegenbewegung zur Aufklärung?* + Vertiefung oder Ergänzung aus dem WPM-Bereich
Rahmenthema 2: *Drama und Kommunikation*	Pflichtmodul: *Gestaltungsmittel des Dramas* + Vertiefung oder Ergänzung aus dem WPM-Bereich
2. Kurshalbjahr	
Rahmenthema 3: *Literatur und Sprache um 1900 – neue Ausdrucksformen der Epik*	Pflichtmodul: *Krise und Erneuerung des Erzählens* + Vertiefung oder Ergänzung aus dem WPM-Bereich
Rahmenthema 4: *Vielfalt lyrischen Sprechens*	Pflichtmodul: *Was ist der Mensch? – Lebensfragen und Sinnentwürfe* + Vertiefung oder Ergänzung aus dem WPM-Bereich
2. Schuljahrgang der Qualifikationsphase	
Rahmenthemen	**Pflichtmodule und Wahlpflichtmodule (WPM)**
3. Kurshalbjahr	
Rahmenthema 5: *Literatur und Sprache von 1945 bis zur Gegenwart*	Pflichtmodul: *Wirklichkeitserfahrungen und Lebensgefühle Jugendlicher – Literatur und Sprache von der Nachkriegszeit bis in die Gegenwart* + Vertiefung oder Ergänzung aus dem WPM-Bereich
Rahmenthema 6: *Reflexion über Sprache und Sprachgebrauch*	Pflichtmodul: *Tendenzen in der deutschen Gegenwartssprache* + Vertiefung oder Ergänzung aus dem WPM-Bereich
4. Kurshalbjahr	
Rahmenthema 7: *Medienwelten*	Pflichtmodul: *Medien im Wandel* + Vertiefung oder Ergänzung aus dem WPM-Bereich *Dieses Rahmenthema kann im Schuljahr 2020/21 aufgrund der Beeinträchtigungen durch die Corona-Krise entfallen.*

Die sieben Rahmenthemen bilden die Breite des Faches (Gattungen, Epochen, Reflexion über Sprache und Medien) ab und setzen im Aufbau einen literaturgeschichtlichen Akzent.
Jedes **Rahmenthema** besteht aus einem grundlegenden **Pflichtmodul** und wird ergänzt durch ein **Wahlpflichtmodul (WPM)**, welches die Inhalte und Unterrichtsaspekte erweitert, ergänzt oder vertieft. Die Fachlehrerinnen und Fachlehrer erstellen auf der Grundlage des Kerncurriculums und der ministeriellen Hinweise für jeden Jahrgang einen schuleigenen Lehrplan, in dem die fünf frei gewählten Wahlpflichtmodule und die beiden vom Kultusministerium vorgegebenen Wahlpflichtmodule unter Angabe der Lektüren sowie weiterer Materialien und der zentralen Unterrichtsaspekte einen stimmigen **Netzplan** ergeben. Für die zwei Jahre in der Qualifikationsphase sind **auf erhöhtem Anforderungsniveau fünf, auf grundlegendem Niveau drei Lektüren** als Mindestanzahl an Ganzschriften vorgeschrieben.

Das Kerncurriculum besteht jedoch nicht aus einer Auflistung verpflichtender Inhaltsbereiche, sondern **definiert** vor allem **in Kompetenzformulierungen die Wissens- und Könnensebenen**, die von den Schülerinnen und Schülern erreicht werden sollen. Der Unterricht in den Deutschkursen auf **grundlegendem** und auf **erhöhtem Anforderungsniveau** unterscheidet sich nur graduell. Gemeinsam ist beiden Kursarten eine möglichst breite sprachlich-literarische Grundbildung, wobei die Kurse auf erhöhtem Niveau quantitativ wie qualitativ durch besondere Schwerpunktsetzungen in den Inhalten und Methoden auf eine vertiefte Aneignung der unterrichtlichen Themen zielen.

2.2 Prüfungsstoff

Die Abiturprüfungskommission greift bei der Erstellung der Abituraufgaben auf folgende Bereiche zurück, die als **verbindlicher Prüfungsstoff** gelten:
- die Pflichtmodule aller sechs Rahmenthemen,
- die beiden ministeriell festgelegten Wahlpflichtmodule, eingeschlossen die genannten Lektüren und Begleitmaterialien.

Für die **Abiturprüfung 2023** wurden folgende **Festlegungen** vorgenommen:
- Im Rahmenthema 1 (Literatur und Sprache um 1900 – neue Ausdrucksformen der Epik) wird als **Wahlpflichtmodul** festgelegt: **Literatur als Zeitdiagnose**

  Texte:
  - Heinrich Mann: *Der Untertan* (1914 verfasst, 1918 erschienen)
  - Erich Mühsam: *Appell an den Geist* (1911)
  - Ignaz Wrobel [d. i. Kurt Tucholsky]: *Der Untertan* (1919; Auszüge)
  - Josef Froberger: *Heinrich Manns neuester Zeitroman* (1919; Auszüge)

  Zusätzlich für das erhöhte Niveau:
  - Thomas Mann: *Mario und der Zauberer* (1930)
  - Thomas Mann: *Bruder Hitler* (1938 verfasst, 1939 erschienen)

- Im Rahmenthema 5 (Literatur und Sprache von 1945 bis zur Gegenwart) heißt das **Wahlpflichtmodul „Neue und neueste Tendenzen der Erzählliteratur“:**

  Text:
  - Juli Zeh: *Corpus Delicti. Ein Prozess* (2009)

  Zusätzlich für das erhöhte Niveau:
  - Dietmar Dath: *Kunst als Hoffnung, Kunst als Angst* (2018; Eröffnungsvortrag zu: Literatur im Herbst: *Anderswelten. Über Dystopien und Utopien* im Theater Odeon in Wien am 24.11.2018)

3 Aufgabenarten

Die folgende tabellarische Zusammenstellung aus den **Bildungsstandards** illustriert die **möglichen Schreibformate**, die miteinander kombinierbare Grundmuster darstellen:

	Textbezogenes Schreiben				**Materialgestütztes Schreiben**	
Aufgabenart	Interpretation literarischer Texte	Analyse pragmatischer Texte	Erörterung literarischer Texte	Erörterung pragmatischer Texte	Material-gestütztes Verfassen informierender Texte	Material-gestütztes Verfassen argumentierender Texte

Quelle: Bildungsstandards im Fach Deutsch für die Allgemeine Hochschulreife (Beschluss der KMK vom 18. 10. 2012), S. 24

3.1 Interpretation literarischer Texte

Einer Textinterpretation kann ein Textausschnitt aus einem **epischen, lyrischen oder dramatischen Werk** zugrunde liegen, der meistens zusammenzufassen, zu erschließen, zu interpretieren oder mit einem anderen Text zu vergleichen ist. Es geht darum, den **Text in seiner Besonderheit** zu verstehen und dieses Verständnis sprachlich zum Ausdruck zu bringen. Dabei ist es ratsam, ihn zunächst mehrfach zu lesen, Auffälliges zu markieren, Beobachtungen zu notieren, Fragen an ihn zu stellen und sich zu überlegen, was charakteristisch und wesentlich ist. Eine literarische Analyse und Interpretation erfasst dabei sowohl **inhaltliche** als auch **sprachlich-stilistische, erzählstrukturelle und gestalterische Elemente**. Die Deutung soll aus solchen Beobachtungen heraus entwickelt und mit Zitaten und unter Verwendung von Fachwörtern (Stilmittel) belegt werden.

3.2 Analyse pragmatischer Texte

Die Textanalyse bezieht sich auf **Sachtexte**, die in ihrer **Aussage** und **Struktur**, ihrer **Argumentation** und **Intention** zu erschließen und in ihren Thesen oder spezifischen

Positionen zu erläutern und zu erörtern sind. meist Dabei umfasst die Aufgabenstellung eine Herausarbeitung des **Argumentationsgangs** sowie die Untersuchung der **rhetorisch-stilistischen Gestaltung** des vorliegenden Textes. Üblicherweise handelt es sich um Essays, Leitartikel, Kritiken, Kommentare, Reden und Berichte. Im Unterschied zu literarischen Texten sind sie **nicht fiktional:** Nicht ein lyrisches Ich oder ein erdachter Erzähler, sondern reale Persönlichkeiten ergreifen um einer spezifischen Botschaft (Intention, Wirkungsabsicht) willen das Wort. Sie wollen appellieren und überzeugen, manchmal aber auch provozieren.

3.3 Die literarische und die textgebundene Erörterung

Die literarische sowie die textgebundene Erörterung gehen über eine reine Textinterpretation beziehungsweise Textanalyse hinaus. Das Verständnis der Vorlage und der ihr innewohnenden Argumentationsstruktur ist Grundlage der Erörterung. Bei dieser Aufgabenart sollen Sie Ihre Kompetenz unter Beweis stellen, **folgerichtig argumentieren** und Gesichtspunkte gegeneinander **abwägen** zu können. Es kommt darauf an, überzeugende **Pro- und Kontra-Argumente** zu entwickeln, mit Beispielen zu stützen, um auf dieser Basis ein eigenes, differenziertes **Fazit** zu ziehen.

Bei der **textgebundenen Erörterung** müssen Sie in der Regel die Kernaussagen eines Sachtextes erarbeiten und danach erörtern oder die Argumentation des Autors bzw. der Autorin kritisch bewerten. Gängige Themen des gegebenen Textes (Kommentar, Essay, Auszug aus einem Sachbuch) sind „**Sprache und Sprachgebrauch**", „**Medien**" und „**Lesen/Literatur**".

Die Aufgabenform der **literarischen Erörterung** bezieht sich auf die im Unterricht behandelten **Pflichtlektüren**. Hier sind **drei Varianten** denkbar:

a) Sie erhalten eine These bzw. strittige Fragestellung ohne weiteres Material.
b) Ihnen wird eine These bzw. strittige Fragestellung zusammen mit Auszügen aus der bekannten Lektüre vorgelegt.
c) Sie bekommen einen Sachtext, dessen Aussagen Sie zunächst eigenständig erschließen müssen.

In allen drei Fällen müssen Sie die **jeweilige(n) These(n) erfassen** bzw. diese bei Variante c) erst selbst aus dem Sachtext erarbeiten. Im Anschluss gilt es, diese Aussagen **in Beziehung zur behandelten Lektüre zu setzen** und sie **kritisch zu erörtern**. Untersucht werden können Fragestellungen, die den Inhalt oder die formale Gestaltung der Lektüre oder aber textexterne Faktoren betreffen, wie z. B.: Lassen sich die Thesen des Autors auf das literarische Werk übertragen? Gelten seine Ausführungen zu einer Epoche / einer Gattung auch für die Lektüre? Trifft die Einschätzung der Autorin zu Figurenzeichnung / erzählerischer Gestaltung / Dramenaufbau etc. zu?

Sie sollten bei der literarischen Erörterung unbedingt über eine **genaue Kenntnis der Pflichtlektüre** verfügen, um schlüssige Argumente zu entwickeln und anhand des Textes zu belegen. Mithilfe **der Ihnen vorliegenden Textausgabe** können Sie sich noch einmal zentrale Passagen vergegenwärtigen oder relevante Zitate ausfindig machen, die Sie in Ihren Text einbauen wollen.

3.4. Das materialgestützte Schreiben

Unter dem Begriff „materialgestütztes Schreiben“ verstehen die Bildungsstandards zwei Varianten: Zum einen geht es darum, „Leser über einen Sachverhalt so zu **informieren**, dass sie eine Vorstellung über seine wesentlichen Aspekte entwickeln können“ (**informierendes Schreiben**). Zum anderen kann verlangt werden, „zu strittigen oder erklärungsbedürftigen Fragen, Sachverhalten und Texten **differenzierte Argumentationen** zu entwickeln“ (**argumentierendes Schreiben**). In beiden Fällen sind Materialien (kurze Texte, Tabellen, Grafiken, Diagramme) vorgegeben, die entsprechend der Fragestellung ausgewertet werden müssen. Selbstverständlich sind Sie auch aufgefordert, auf **eigenes Wissen** zurückzugreifen.

Beim materialgestützten Schreiben geht es deshalb darum, den Gehalt der vorgegebenen Texte, Bilder oder Grafiken zu analysieren, um im Anschluss die Informationen und Aussagen für das eigene Schreibziel zu nutzen. Dabei gilt es, auf der Basis Ihrer Stoffsammlung (Materialsammlung plus eigenes Wissen) einen **geschlossenen**, stringent **aufgebauten und überzeugenden Text** zu verfassen. Einen Bezug zu den einzelnen Materialien können Sie herstellen, indem Sie direkte oder indirekte **Textzitate** in Ihre Ausarbeitung einbauen. Strukturieren und Gliedern sind für alle Schreibformen von zentraler Bedeutung, aber beim materialgestützten Schreiben müssen Sie Ihren Text besonders sorgfältig planen.
Die Wahl einer materialgestützten Schreibaufgabe ist v. a. dann attraktiv, wenn Sie das vorgegebene und kritisch zu betrachtende Thema anspricht, Sie darüber schon etwas wissen und Sie eine klar definierbare Position entwickeln können. In diesem Fall können die Materialien dazu beitragen, einen informierenden oder argumentierenden Text auf hohem Niveau zu verfassen.

4 Anforderungsbereiche und Operatoren

4.1 Anforderungsbereiche (AFB)

In den curricularen Vorgaben und Bildungsstandards werden **drei Anforderungsbereiche** definiert, die sich in jedem Aufgabenvorschlag, in jeweils leicht variierenden Anteilen, wiederfinden. Die einzelnen Bereiche bauen aufeinander auf und verlangen einen zunehmenden Grad an Abstraktionsfähigkeit und Problemlösungsvermögen. In jedem Aufgabenformat gilt es, eine Verstehensleistung, eine Argumentationsleistung und eine Darstellungsleistung zu erbringen. Der **Schwerpunkt** einer Aufgabe liegt im **AFB II**.

Oftmals wird in Abituraufgaben nur ein umfassender Operator wie „**erörtern**“, „**interpretieren**“ oder „**analysieren**“ eingesetzt, der Leistungen in allen drei Anforderungsbereichen verlangt. Wird die Aufgabe nicht weiter differenziert, entfällt freilich auch eine erste Strukturierungshilfe, die die einzelnen Teilaufträge ansonsten bieten. Folglich haben Sie weniger Orientierungspunkte, aber mehr Freiraum beim Gliedern Ihres Aufsatzes.

- **Anforderungsbereich I** betrifft vornehmlich die **Reproduktion:** die Wiedergabe von gelernten Sachverhalten sowie die wiederholende Zusammenfassung. Der im Unterricht erarbeitete Hintergrund an Lektüre- und Faktenwissen, fachspezifische Arbeitstechniken, Methoden der Texterschließung sowie Darstellungstechniken sollen angewandt werden.
- **Anforderungsbereich II** zielt auf die Anwendung erworbener Arbeitsweisen, auf **Reorganisation von Bekanntem und Transferleistungen**. Dazu gehören ein selbstständiges Auswählen, Ordnen, Erläutern, Interpretieren oder Vergleichen. Erwartet wird eine eigenständige, argumentativ begründete Interpretation beziehungsweise Erörterung, die zeigt, dass Sie in der Lage sind, Gelerntes auch auf unbekannte Zusammenhänge anzuwenden. Allerdings ist hier der Übergang zum Anforderungsbereich III fließend.
- **Anforderungsbereich III** betrifft die gedankliche Selbstständigkeit der Leistung, die oft besonders in der letzten Teilaufgabe nötig wird: Hier müssen Sachverhalte und Zusammenhänge eigenständig ausgewertet, durchdacht und begründet beurteilt oder gestaltet werden. Sie sollen zu einer differenzierten und kritischen Wertung von Texten und Sachverhalten gelangen und Ihre Fähigkeit zur **Reflexion und Problemlösung** beweisen.

Zweiteilige Aufgaben können unterschiedlich **gewichtet** sein, je nachdem auf welcher Teilaufgabe der Schwerpunkt liegt: So kommt beispielsweise der Interpretation eines unbekannten literarischen Textes ein größeres Gewicht zu als dem folgenden Vergleich mit der Prüfungslektüre. Bei der literarischen Erörterung ist dagegen die erste Teilaufgabe, die auf das Herausarbeiten von Thesen abzielt, weniger umfangreich und komplex, also weniger gewichtig als die Erörterung, bei der diese Thesen anhand der Pflichtlektüre überprüft werden sollen.

4.2 Operatoren

Operatoren sind **Arbeitsanweisungen**. Sie machen deutlich, welche Art von Aufgabenstellung gemeint ist, lassen sich den einzelnen **Anforderungsbereichen** zuordnen und geben einen Hinweis auf das Gewicht der entsprechenden Aufgabe. Durch ihre konkreten Vorgaben dienen Operatoren sowohl dazu, Arbeitsaufträge eindeutig zu formulieren und voneinander abzugrenzen, als auch einheitliche Bewertungs- und Korrekturmaßstäbe zu setzen.

Am häufigsten werden Ihnen in Abituraufgaben **übergeordnete Operatoren** begegnen, die auf das Untersuchen (Analysieren, Interpretieren), auf das Erörtern und auf das Gestalten von Texten abzielen. Folgende Operatoren fordern von Ihnen eine eigenständige Planung und Strukturierung des Analyse- und Schreibprozesses. Aufgrund dieser Komplexität sind alle drei Anforderungsbereiche angesprochen.

Anforderungsbereich I–III (übergeordnete Operatoren)		
analysieren	Sie sollen einen Text entsprechend einer in der Aufgabenformulierung vorgegebenen oder selbst gewählten Aspektorientierung in elementare inhaltliche, formale, strukturelle und sprachliche Merkmale zergliedern und diese in ihrer Wechselbeziehung zueinander darstellen.	*Analysieren Sie das Gedicht.*
erörtern	Es wird von Ihnen erwartet, dass Sie eine These oder Problemstellung, eine Argumentation durch Für-und-Wider- bzw. Sowohl-als-Auch-Argumente auf ihre Stichhaltigkeit hin prüfen und auf dieser Grundlage eine Schlussfolgerung bzw. eigene Stellungnahme dazu entwickeln.	*Erörtern Sie die Notwendigkeit von Sprachförderkonzepten im Zusammenhang mit den Aussagen der beiden vorliegenden Texte.*
gestalten	Erarbeiten Sie hier in Verbindung mit einer Textvorlage, auf der Grundlage einer konkreten Arbeitsanweisung, einen eigenen Text nach ausgewiesenen Kriterien.	*Gestalten Sie ein Flugblatt, das die Intention der analysierten Rede widerspiegelt.*
interpretieren	Zu einer literarischen Textvorlage sollen Sie nach vorhergehender Analyse der Textstrukturen sowie der sprachlichen Besonderheiten die inhaltlichen wie formalen und sprachlichen Elemente in ihrer funktionalen Bezogenheit aufeinander deuten. Eine Interpretation des Textes / Textausschnitts erfordert eine fachlich ausgewiesene Methodik, fachsprachliche Präzision und einen stringenten Gedankengang.	*Interpretieren Sie das vorliegende Gedicht.* *Interpretieren Sie den vorliegenden Text im Zusammenhang mit den Ihnen bekannten Dramentheorien.*
verfassen	Bei Aufgaben zum materialgestützten Schreiben müssen Sie zunächst ein Dossier mit Materialien auswerten und auf dieser Grundlage und unter Einbeziehung Ihres eigenen Wissens wesentliche Aspekte eines Sachverhaltes in informierender oder argumentierender Form adressatenbezogen und zielorientiert darlegen.	*Verfassen Sie auf Grundlage der Materialien einen Essay zum Thema „Glück haben – glücklich sein“.*

Neben diesen übergeordneten Operatoren existieren Handlungsanweisungen, die eher einzelne Teilkompetenzen aufrufen und sich einzelnen Anforderungsbereichen zuweisen lassen.

Anforderungsbereich I (ausschließlich Reproduktion)		
(be)nennen	Hier sollen Sie zielgerichtet Informationen zusammentragen, ohne diese zu kommentieren.	*Nennen Sie die wesentlichen Merkmale eines Sonetts.*

Anforderungsbereich I/II (Aufgaben zwischen Reorganisation und Reproduktion)		
beschreiben	Spezifische Textaussagen oder Sachverhalte müssen in eigenen Worten, aber ohne Wertung, strukturiert und fachsprachlich richtig dargestellt werden.	*Beschreiben Sie den Aufbau des Gedankengangs.*
darstellen	Größere Zusammenhänge und komplexere Sachverhalte sollen von Ihnen strukturiert, methodisch überlegt und unter Verwendung von Fachsprache formuliert werden.	*Stellen Sie die Wirkungsabsicht dar, die der Autor mit seinem Text verfolgt.*
wiedergeben	Sie sollen Inhalte bzw. Kernaussagen/ Hauptgedanken zusammenfassend in eigener Formulierung, stringentem Gedankengang und sprachlich angemessen referieren.	*Geben Sie die Hauptgedanken der Rede wieder.*
zu-/einordnen	Sie sollen eine Aussage, eine Problemstellung, einen Sachverhalt in einen vorgegebenen Zusammenhang oder selbst gewählten Kontext einbinden.	*Ordnen Sie dieses Naturgedicht begründet einer literarischen Epoche zu.*
zusammenfassen	Es wird von Ihnen erwartet, dass Sie Inhalte, Aussagen, Zusammenhänge komprimiert (linear oder aspektorientiert) sprachlich angemessen wiedergeben.	*Fassen Sie die unterschiedlichen Meinungen zum Thema X zusammen.*

Anforderungsbereich II/III (Aufgaben mit unterschiedlichen Anteilen von Reorganisation, Transfer und Reflexion)		
begründen	Hier ist wichtig, dass Sie ein Analyseergebnis, ein Urteil, eine Einschätzung, eine Wertung, aber auch eine Vorgehensweise, fachlich und methodisch korrekt durch Argumente und entsprechende Textbelege und Beispiele absichern.	*Schreiben Sie dem Verfasser eine Antwort; begründen Sie anschließend die von Ihnen gewählte Darstellungsform und die von Ihnen gewählten Stilmittel.*
beurteilen	Sie müssen zu einem Sachverhalt, der ästhetischen Qualität eines Textes oder einem Problem ein stimmiges Urteil fällen und sich dabei vornehmlich auf fachliches Wissen stützen.	*Beurteilen Sie den Versuch des Autors, die Ereignisse und Folgen des 11. September 2001 in lyrischer Form darzustellen.*
bewerten	Es wird von Ihnen erwartet, dass Sie zu einem Sachverhalt, Text oder Problem eine eigene, subjektiv formulierte Ansicht vertreten, die sich an selbst gewählten oder vorgegebenen Werten und Normen ausrichtet.	*Bewerten Sie Jandls lyrische „Sprachspiele" vor dem Hintergrund Ihres eigenen Verständnisses von der Aufgabe der Lyrik in der Gegenwart.*
charakterisieren	Sie sollen Figuren, Vorgänge, Sachverhalte (meist aus einem literarischen Text) treffend beschreiben und ihre Funktion für den Handlungsverlauf oder für die Konfliktentfaltung etc. aufzeigen.	*Charakterisieren Sie die Figur des Kommissars in Friedrich Dürrenmatts Drama „Die Physiker".*

entwerfen	Sie müssen zu einer literarischen oder pragmatischen Textvorlage nach vorhergehender Analyse unter vorgegebenen oder selbst gewählten Aspekten ein Konzept oder eine eigene Produktion ohne anschließende Erläuterung skizzieren oder gestalten.	*Entwerfen Sie einen Dialog zwischen den Romanfiguren zu dieser Lektüre.*
erläutern	Es wird von Ihnen erwartet, dass Sie Textaussagen und Sachverhalte auf der Grundlage Ihrer fachlichen Kenntnisse bzw. durch Zusatzinformationen und Beispiele veranschaulichen sollen.	*Erläutern Sie Schillers Theaterverständnis am Beispiel des Dramas X.*
in Beziehung setzen	Hier geht es darum, Zusammenhänge unter vorgegebenen oder selbst gewählten Gesichtspunkten begründet herzustellen.	*Setzen Sie Iphigenies „unerhörte Tat" in Beziehung zum Menschenbild der Weimarer Klassik.*
prüfen, überprüfen	Hier müssen Sie die Gültigkeit bzw. Angemessenheit einer These, Argumentation, Textaussage etc. auf einen selbst gewählten oder vorgegebenen Aspekt hin differenziert untersuchen und schließlich ein Resümee formulieren.	*Überprüfen Sie die Stimmigkeit der Aussage anhand der Gliederung und der rhetorischen Mittel.*
sich auseinandersetzen mit	Dieser Operator liegt eng bei „Stellung nehmen" und verlangt von Ihnen, zu einem Sachverhalt, einer These, einer Problemstellung eine differenzierte Argumentation zu entwickeln und eine begründete und nachvollziehbare abschließende Position zu formulieren.	*Setzen Sie sich mit der Frage der Aktualität des Dramas „Die Physiker" von Friedrich Dürrenmatt auseinander.*
(kritisch) Stellung nehmen	Hier geht es darum, zu einzelnen Meinungen, Textaussagen, Problemstellungen eine in der Sache fundierte, differenzierte und wertende Einsicht zu formulieren.	*Nehmen Sie zu den Aussagen des Autors Stellung, indem Sie Erkenntnisse der Sprachsoziologie berücksichtigen.*
vergleichen	Sie sollen Texte, Problemstellungen, Sachverhalte unter vorgegebenen oder selbst gewählten Aspekten einander gegenüberstellen, in Beziehung zueinander setzen und Gemeinsamkeiten und Unterschiede feststellen.	*Vergleichen Sie die Figurenkonstellation mit derjenigen im Drama X.* *Vergleichen Sie Art und Wirkung der Metaphorik in beiden Gedichten.*

4.3 Besonderheiten

In der Regel bezieht sich jeder Aufgabenvorschlag im Schwerpunkt auf ein abgrenzbares Thema, das durch die jeweiligen Rahmenthemen gegeben ist. Die Abiturprüfungsaufgaben sind allerdings so konzipiert, dass immer auch die Verknüpfung mit einem weiteren Rahmenthema erkennbar ist. Abituraufgaben sind folglich **semesterübergreifend**. Dieser Übergriff kann einen großen Raum einnehmen oder auch nur einen begrenzten Aspekt berühren. Wenn z. B. der Prüfungsschwerpunkt auf Rahmenthema 4 (Vielfalt lyrischen Sprechens) mit dem WPM 1 (Liebeslyrik) liegt, könnte im Abitur ein zu interpretierendes Eichendorff-Gedicht vorgelegt werden; eine Teilaufgabe, die den Bezug zur Epoche der Romantik thematisiert, würde den Übergriff zu Rahmenthema 1 (Literatur und Sprache um 1800) herstellen.

Zwischen den Aufgaben für das **grundlegende** und **erhöhte Anforderungsniveau** besteht kein prinzipieller, sondern nur ein **gradueller Unterschied**. Er betrifft die Komplexität des Stoffs, den Grad an Differenzierung, Abstraktion und Methodenbeherrschung sowie die Selbstständigkeit der Problemlösung.

5 Bewertungskriterien

Die Gesamtnote stellt eine Gesamtwürdigung der erbrachten Leistung dar.
Bei der Bepunktung werden folgende Bewertungskategorien berücksichtigt:

- inhaltliche Leistung,
- methodische Leistung,
- sprachliche Leistung/Darstellungsleistung.

Besonderes Gewicht wird in der Bewertung darauf gelegt, dass

- die Ausfertigung sachlich richtig ist,
- die Aussagen folgerichtig und begründet sind,
- die Darstellung und das Verständnis der Thematik den prinzipiellen Ansprüchen des grundlegenden oder erhöhten Anforderungsniveaus entsprechen,
- die Arbeit einen bestimmten Grad an Selbstständigkeit, zum Beispiel in der Entwicklung von Gedankengängen, aufweist,
- die Arbeit über einen klaren Aufbau und eine klare Sprache verfügt,
- der Umgang mit der Fachsprache und den entsprechenden Methoden eine grundlegende Sicherheit beweist und
- die Darstellung sprachlich richtig und in ihrer äußerlichen Form angemessen ist.

Bei schwerwiegenden und gehäuften **Verstößen** gegen die normsprachliche Korrektheit und die äußere Form – unleserliche Handschrift, unklare Streichungen, unübersichtliche Anordnung, Unklarheit in Aufbau und Ausdruck – kann es zu einem Abzug von ein bis zwei Punkten von der Gesamtpunktzahl kommen.

Interpretation von literarischen Texten

Einen guten Eindruck macht es immer, wenn korrekt **zitiert** wird. Sie sollten nicht zu umfangreich zitieren oder dem Leser das Zitat kommentarlos vorsetzen. Zitate, oft nur eine Wendung oder ein besonderes Wort, werden gewählt, weil sie aufschlussreich und vielsagend sind: Man muss also damit arbeiten, sie erläutern und kommentieren. Wer nur bequem wiederholt, was der Autor sagt, bleibt an der Oberfläche. Die Anstrengung hingegen, Fremdes selbstständig in der eigenen Sprache wiederzugeben, wirft unwillkürlich Fragen auf und bedeutet damit den ersten Schritt zum Verständnis eines Textes.

Über **Fachbegriffe** sollten Sie so verfügen, dass Sie über Erzähltes und Dargestelltes präzise sprechen können. So könnten Sie etwa schreiben: „Die Peripetie erkenne ich in dem Moment, in dem …“; „Hier wird der Beziehungsaspekt wichtiger als der Inhalt.“; „In diesen Ellipsen drückt sich aus, wie …“. – Ebenso sollten Wortarten, Satzglieder und Nebensatztypen korrekt bezeichnet werden. Erwartet wird zudem, dass Sie die wichtigsten rhetorischen Figuren erkennen, die gestalteter Sprache ihre Wirkung verleihen.

Jeder gelungene Deutschaufsatz entsteht aus einem Zusammenspiel von genauem Eingehen auf die Aufgabenstellung und individuellem Zugang, also der Fähigkeit, den Text „zum Sprechen“ zu bringen. Für die Prüfungssituation kann es hilfreich sein, über ein **Repertoire an Fragen** zu verfügen, mit denen man an literarische Texte herangeht.

Interpretation einer dramatischen Szene

- Hier sollten Sie – immer vorausgesetzt, dass die Aufgabenstellung nicht ausdrücklich einen bestimmten Untersuchungsaspekt vorgibt – nach Kommunikationssituation und Redeanteilen fragen.
- Welche Redeziele verfolgen die Akteure? Wie spitzt sich die Auseinandersetzung zu?
- Was bleibt hinter dem gesprochenen Wort unausgesprochen, ist mitzudenken und lässt ahnen, wie es in der Figur wirklich aussieht und was sie vielleicht plant?
- Gibt es einen Höhe- und Wendepunkt?
- Welche Rolle spielen der Schauplatz und eventuell ein Requisit oder ein Gang beziehungsweise eine Geste?
- Was tragen die Regieanmerkungen zum Verständnis bei?
- Über das Textimmanente hinaus ist von entscheidender Bedeutung, welchen Platz die Szene im Handlungszusammenhang hat und welche Funktion ihr zukommt: Welche Auswirkungen hätte es, wenn sie gestrichen würde?

Gedichtinterpretation

- Aufgrund der Kürze des Gedichts kommt der Analyse beinahe jedes einzelnen Wortes besondere Bedeutung zu.
- Bei Gedichten sollten Sie nicht mechanisch das Metrum bestimmen, ohne anzugeben, was es bewirkt.

- Welche Funktion haben die eingesetzten rhetorischen Mittel? Beachten Sie, dass die Verknüpfung von sprachlicher Analyse und inhaltlicher Deutung das Herzstück einer Gedichtinterpretation ausmacht.
- Aus welcher Perspektive wird im Gedicht gesprochen?
- Was entwickelt sich vom ersten bis zum letzten Vers? Denn auch Gedichte können eine Handlung oder einen Vorgang ausdrücken.
- Wie lässt sich das Gedicht gliedern?
- Wie ist ein Motiv durchgeführt und inwieweit wandelt es sich?
- Was ist mit dem Ich, das implizit oder explizit sich und seine Sicht der Welt zum Ausdruck bringt? Wie spricht es? Welche sprachliche Ebene wählt es?
- Ist das Gedicht stimmungshaft-atmosphärisch oder handelt es sich eher um einen intellektuell gebauten Text, der argumentiert oder reflektiert?

Hören Sie hin und überlegen Sie, wie das Gedicht wirkt. Untersuchen Sie, wodurch diese Wirkung zustande kommt. Wie das eine oder andere letztlich zu verstehen ist, ist nicht immer eindeutig zu entscheiden: Gedichte haben oft einen offenen Deutungsraum. Hüten Sie sich vor einseitigen, absoluten Aussagen, sondern zeigen Sie, welche Passagen mehrdeutig sind und unterschiedliche Lesarten zulassen.

Interpretation von epischen Texten

- Bei erzählender Literatur geht es um mehr als um bloße Inhaltsparaphrase.
- Ein Romanausschnitt sollte erst einmal in das Romanganze eingeordnet und zusammengefasst werden, bevor man zur Untersuchung übergeht. Die Konzentration auf Wesentliches, auf den thematisierten Erzählstrang oder Aspekt, und die Strukturierung der eigenen Darstellung sind hier besonders wichtig.
- Entscheidend für das Verständnis ist es sehr oft, die Erzählperspektive und Haltung des Erzählers zu erkennen und zu deuten. Weiß er nicht mehr, als die einzelne Person wissen kann, erzählt er aus ihr heraus, also personal? Oder überschaut er eine Welt? Oder verschwindet er ganz hinter einem erzählenden Ich? Hegt der Erzähler Sympathie für seine Helden oder bleibt er ironisch distanziert?
- Wird chronologisch und kontinuierlich erzählt oder gebrochen in Zeitsplittern, Facetten, Vorwegnahmen und Rückblenden?
- Entsteht ein Abbild unserer Wirklichkeit oder erscheint sie ins Künstliche, Groteske, Absurde verfremdet?
- Und welches Zeitbild wird entworfen, mit welchen epochentypischen Fragen setzt sich der Autor in seinem Text auseinander?

Analyse von Sachtexten

- Bei Sachtexten ist es wichtig, Textsorte, Adressatenbezug und Kommunikationszusammenhang zu klären, denn oft reagiert der Autor auf eine ganz bestimmte Situation, greift mit seinem Beitrag in eine öffentliche Debatte ein oder löst eine öffentliche Debatte aus.
- Entscheidend ist es, das zentrale Problem zu erfassen, die Intention/ These/ Haltung des Autors bzw. der Autorin aus der Fülle der Aussagen herauszuschälen und die wichtigsten Argumente zu finden, die diese Intention stützen.

- Bei Reden wäre zu fragen, ob überzeugend argumentiert oder ob eher manipuliert, verschleiert und mit Emotionalität und Suggestion Stimmung erzeugt wird. Aufschlussreich ist es, nach Merkmalen zu suchen, die vielleicht eine Wir-Gruppe von einer Feind-Gruppe abgrenzen.
- Mitunter ist der Übergang von Sachtexten zu literarischen Texten fließend.
- Bei Glossen und Polemiken kommt es darauf an, Mittel der Ironie, der satirischen Zeichnung und Zuspitzung zu erkennen.

Erörtern

Die Schreibform des Erörterns wird genutzt, um eine Behauptung (eine These) oder ein Problem kritisch abzuwägen und am Ende zu einem Ergebnis oder zu einem Urteil zu gelangen. Dies gilt sowohl für die literarische als auch die sachtextbasierte Erörterung. Dabei kann die Aufgabenstellung selbst die **strittige Frage** vorgeben oder aber Sie dazu auffordern, diese aus seinem Sachtext herauszufiltern. Weil es darum geht, den Leser zu überzeugen, muss in Ihrer Argumentation jede **These** durch entsprechende **Begründungen** belegt werden. Daraus ergeben sich folgende Bewertungskriterien, die Sie leicht selbst überprüfen können:

- Wird die **Hauptthese** meiner Erörterung deutlich?
- Ist klar erkennbar, gegen welche Behauptung ich Stellung beziehe?
- Habe ich die Hauptthese und alle anderen Behauptungen jeweils **gut begründet**?
- Stimmen die Aussagen meines Textes **logisch** überein?
- Ist meine Argumentation auch **sprachlich überzeugend**?
- Sind die **Beispiele**, die die Begründungen untermauern sollen, tragfähig?
- Komme ich zu einem für den Leser **nachvollziehbaren Schluss**?

Materialgestütztes Schreiben

Klären Sie zunächst, ob von Ihnen ein **informierender oder ein argumentierender Text** erwartet wird. Beim materialgestützten Schreiben wird in der Aufgabenstellung in der Regel ein **Adressat** genannt, an den sich der Text richten soll. Dieser muss sich deshalb erkennbar am (potenziellen) Leser orientieren. Darüber hinaus achten Sie auf folgende Aspekte:

- Haben Sie **alle Materialien** ausgewertet und geprüft, inwiefern sie sich für Ihren eigenen Text eignen?
- Sind die passenden **Informationen und Erkenntnisse der Materialien** in Ihre Argumentationskette bzw. in die sachlogische Gliederung eines informierenden Textes **eingefügt**?
- Wird **richtig zitiert**? (Achten Sie auf die Angaben in der Aufgabe. Nicht immer muss wissenschaftlich korrekt zitiert werden!)
- Ist ein in sich geschlossener Text entstanden, der eine **klare und eindeutige Aussage** transportiert **oder** der einen **nachvollziehbaren und überzeugenden Standpunkt** vertritt?
- Sind alle **Bedingungen erfüllt**, die sich aus der **Aufgabenstellung** ergeben? (Wenn Sie z. B. aufgefordert werden, eine bestimmte Rolle einzunehmen, dann müssen Sie prüfen, ob Sie Ihren Aufsatz tatsächlich aus deren Sicht verfasst haben!)

Hinweise und Tipps zur mündlichen Abiturprüfung

1 Allgemeines

In Ihrem P5-Fach werden Sie in jedem Fall mündlich, nicht schriftlich geprüft. Daneben sind weitere mündliche Prüfungen im ersten bis vierten Abiturfach möglich, wenn die Leistungen in einer oder mehreren Abiturklausuren nicht die geforderte Mindestpunktzahl erbringen. In dem Fall wird seitens der Prüfungskommission eine (oder mehrere) Nachprüfung(en) angesetzt. Freiwillig kann man sich zu einer mündlichen Nachprüfung melden, um seinen Notendurchschnitt im Abitur zu verbessern. Für mündliche Prüfungen im ersten bis vierten Fach gilt, dass sie nicht dem Stoffgebiet der Abiturklausur entsprechen dürfen.

Die mündliche Prüfung enthält in der Regel zwei gleichwertige Elemente, durch die einerseits die Fähigkeit zum **Vortrag**, andererseits die Fähigkeit zur Beteiligung am **Prüfungsgespräch** überprüft wird. Es gelten ansonsten grundsätzlich dieselben Kriterien für die Bewertung wie bei den schriftlichen Anforderungen, wobei es besonders darauf ankommt, dass Sie sich auch in mündlicher Rede präzise ausdrücken und sicher argumentieren, ohne den Faden zu verlieren.

Zunächst erhalten Sie Ihre Prüfungsaufgabe, die aus einer oder mehreren Teilaufgaben bestehen kann. Für die Bearbeitung dieser Aufgabe stehen Ihnen im Vorbereitungsraum in der Regel 20 Minuten zur Verfügung. Innerhalb dieser Zeit sollen Sie einen 10- bis 15-minütigen Vortrag vorbereiten, der in sich geschlossen und logisch untergliedert ist. Während des Vortrages können Sie sich auf die Texte sowie auf Ihre stichwortartigen Aufzeichnungen stützen.

Die Kürze der Vorbereitungszeit schließt aus, dass Sie Ihren Vortrag schriftlich ausformulieren; vielmehr ist es, ähnlich wie bei der Sichtungsphase in der Klausur, notwendig, den Vortrag durch sinnvolles Markieren und knappe Anmerkungen vorzubereiten.

Der zweite Prüfungsteil besteht aus einem Prüfungsgespräch, in dem Ihr Hintergrundwissen und Ihre Fähigkeit, größere fachliche und sachliche Zusammenhänge zu erschließen, überprüft werden.

Eine gewisse Herausforderung bei der mündlichen Abiturprüfung liegt erfahrungsgemäß im ersten Teil, also im mindestens 10-minütigen zusammenhängenden, gegliederten Vortrag. Da es für solch lange Vorträge nicht immer gründliche Übungsmöglichkeiten im Unterricht gibt, zumindest nicht für jeden Einzelnen, fehlt es häufig an konkreten Vorerfahrungen; daher im Folgenden einige Tipps, wie Sie sich auf diese Prüfungssituation vorbereiten und Ihren Vortrag ansprechend gestalten können.

Tipps für die 20-minütige Vorbereitung

- *Themenstellung:* Was ist die Zielrichtung der geforderten Bearbeitung?
- *Operatoren:* Welche konkreten Anforderungen werden gestellt? Bei Mehrteiligkeit: Welche Gliederungshilfe bieten die Teilaufgaben? Welcher Aufgabe kommt das größte Gewicht zu?
- *Grobstruktur:* Nennung der Aufgabenstellung – Einleitung – Bearbeitung der Teilaufgaben – Schlussteil.
- *Einstieg:* Mit welcher Einführung führt man den Vortrag schnell und stringent zum Kern der Aufgabenstellung?
- *Texte:* Fachbegriffe an den Rand schreiben, Quellen-Anmerkungen ergänzen, Stichworte für den Vortrag festlegen; wichtige Zitatstellen markieren.
- *Gliederung:* Nummerieren Sie Ihre Markierungen, damit Sie Ihren Vortrag anhand dieser Reihenfolge gestalten können.
- Beenden Sie Ihren Vortrag mit einem klaren *Fazit.*

Tipps für den Vortrag

- *Zeitmanagement:* Legen Sie eine Armbanduhr neben Ihr Konzept, schreiben Sie, bevor Sie zu sprechen anfangen, den konkret geplanten Zeitraum für Ihren Vortrag auf Ihr Konzept – so haben Sie klare zeitliche Anhaltspunkte.
- Nutzen Sie die Anmerkungen, die Sie während der Vorbereitungszeit angefertigt haben, als *Leitfaden* Ihres Vortrages.
- Sprechen Sie möglichst *frei,* klammern Sie sich nicht an Ihr Konzept.
- Sprechen Sie *klar,* deutlich und hinreichend laut.
- Achten Sie auf ein *angemessenes Sprechtempo*. Sprechen Sie nicht zu schnell.
- Vermeiden Sie sowohl „Endlossätze“ als auch Aneinanderreihungen und monotone Satzanfänge („Und … und … und …“).
- Verwenden Sie die *Fachsprache*, die Sie gelernt haben, um zu verdeutlichen, dass Sie Ihr Metier beherrschen.
- *Zitate/Textbelege:* Verdeutlichen Sie während des Vortrages, woher Sie Ihre Aussagen beziehen, indem Sie Kernstellen mit Zeilenhinweis anführen.
- Ein gelegentlicher *Blickkontakt* zu Ihrem Prüfer oder den übrigen Beisitzern zeugt von einem souveränen Umgang mit der Situation und den Kommunikationsregeln.

- Bewegen Sie sich bei Ihrem Vortrag auf einer *einheitlichen Sprachebene* und vergegenwärtigen Sie sich, dass die Adressaten Ihres Vortrages Deutschlehrerinnen und Deutschlehrer, also Fachleute sind.
- Seien Sie darauf gefasst, dass die Prüfungskommission nach dem Vortrag noch vertiefende Fragen stellen kann.

Sie können diesen ersten Teil der mündlichen Prüfung üben und simulieren, indem Sie Arbeitsaufträge aus diesem Band zugrunde legen, die Vorbereitungszeit exakt einhalten und zwei Kursmitglieder als fiktive Prüfungskommission hinzuziehen. Lassen Sie sich anschließend von Ihrer „Prüfungskommission" begründet darlegen, ob Ihr Vortrag sprachlich und inhaltlich verstanden wurde.
Ebenso können Sie natürlich in der Familie oder im Freundeskreis das Referieren üben oder zu diesem Zweck Ihren Vortrag selbst aufnehmen und überprüfen.

3 Prüfungsteil II: das Prüfungsgespräch

Die zeitliche Dauer des zweiten Prüfungsteils entspricht derjenigen des ersten Teils: 10 bis 15 Minuten je nach Verlauf. Das Thema des Prüfungsgesprächs muss einem anderen Kurshalbjahr entnommen sein als der für den vorangegangenen Vortrag vorgegebene Gegenstand. Meistens stellt der Prüfer durch eine kurze Überleitung einen Zusammenhang zwischen Ihrem Vortrag und dem Gegenstand des zweiten Teils der Prüfung her; das gibt auch Ihnen die Gelegenheit, an Ihren Vortrag anzuknüpfen. Sie sollten sich dabei aber nicht wiederholen oder gar den Eindruck erwecken, dass Sie dem Thema des Prüfungsgesprächs ausweichen wollen.

Im weiteren Verlauf sollen Sie Ihre Kommunikationskompetenzen im Rahmen eines Fachgespräches unter Beweis stellen: Zeigen Sie sich also als gewandter Gesprächspartner, der adressatengerecht und sachkundig die Fragen und Impulse aufgreift und möglichst selbstständig und ergiebig damit umgeht.

Tipps für das Prüfungsgespräch

- *Sprechanteil:* Je eigenständiger und umfassender Sie als Prüfling mit den Fragen und Impulsen umgehen, desto besser! Begnügen Sie sich nicht mit Kurzantworten, führen Sie länger aus.
- *Erfassen der Frageintention:* Achten Sie auf die Operatoren und auf fachliche Kernbegriffe! Führen Sie sinnvolle Beispiele oder Vergleiche aus dem Unterricht an, zeigen Sie Ihr Hintergrund- und Allgemeinwissen. Aber schweifen Sie nicht ab, bleiben Sie beim Thema.
- *Gesprächsaufbau durch den Prüfer:* In der Regel gestaltet der Prüfer ein solches Gespräch nach dem Prinzip „Vom Einfachen zum Schwierigen, vom Einzelfallbeispiel zum Allgemeinen/Modellhaften".
  Wenn Sie einen Bezug zu einer Ihnen passend erscheinenden Theorie oder zu einem aus dem Unterricht bekannten Beispiel selber herstellen können: Tun Sie dies!

- *Unterrichtsbezüge:* Hintergrund aller Fragen und Impulse ist das aus dem Unterricht Bekannte. Stellen Sie also dort nach Möglichkeit über das gerade angesprochene Einzelbeispiel hinaus Vergleiche zu dem im Unterricht Behandelten an, weisen Sie auf Gemeinsamkeiten oder auch auf Unterschiede hin. Machen Sie somit deutlich, dass Sie den Gesprächsgegenstand aus dem Prüfungsgespräch in größere Zusammenhänge einordnen können.
- *Verständnisproblem:* Sollten Sie mit einer einzelnen Frage einmal nichts anfangen können: Verlieren Sie keine Zeit, bitten Sie an einer solchen Stelle um eine kurze ergänzende Erläuterung.
- *Unterbrechungen:* Lassen Sie sich nicht irritieren. Der Prüfer möchte Ihnen entweder zurück auf den Haupt(frage)weg helfen oder den Themenschwerpunkt wechseln, was vielleicht nur daran liegt, dass die Prüfungszeit allmählich knapp wird: Werten Sie solche Unterbrechungen als für Sie günstig und hilfreich.
- *Mimik und Gestik:* Lassen Sie sich nicht durch Äußerlichkeiten irritieren: Die Prüfer werden sich bemühen, eine neutrale Atmosphäre herzustellen. Wenn das Prüfungsgespräch beispielsweise weniger persönlich verläuft als eine normale Unterrichtsstunde, ist das kein beunruhigendes Zeichen.

4 Die Präsentationsprüfung

Voraussetzungen

Bei der Präsentationsprüfung besteht aus einem **Präsentationsteil und einem Prüfungsgespräch**. Dabei handelt es sich um eine Variante der **mündlichen Abiturprüfung**, die ab dem Abitur 2021 möglich ist. Das Anforderungsniveau ist mit dem einer mündlichen Prüfung vergleichbar, verlangt von Ihnen jedoch durch den Grad der Offenheit der Aufgabenstellung ein höheres Maß an Eigenständigkeit bei der Bearbeitung. Die Prüfungsaufgabe ist von Ihnen selbstständig zu lösen und durch Unterschrift als eigenständig erbrachte Leistung zu bestätigen.

Allgemeine Grundsätze

Die Präsentationsprüfung wird wie beim mündlichen Abitur als Einzelprüfung vor dem zuständigen Fachprüfungsausschuss durchgeführt. Sie soll **mindestens 30 und höchstens 45 Minuten** dauern, wobei die Zeiten für die Präsentation und das Prüfungsgespräch in etwa gleich verteilt sein sollen. Im Präsentationsteil besteht die Prüfungsleistung aus einem **mediengestützten Vortrag** und dessen **schriftlicher Vorbereitung/Dokumentation**.

Aufgabenstellung

Die Festlegung des Themas und der Aufgabenstellung der Präsentationsprüfung erfolgt durch Ihre Lehrkraft. Diese stellt **zwei Wochen vor dem Prüfungstermin** eine Prüfungsaufgabe. Sie können auch selbst einen thematischen Vorschlag unterbreiten. Ihre Lehrkraft entscheidet, inwieweit dieser berücksichtigt wird.

Der Umfang der Prüfungsaufgabe, die in Teilaufgaben gegliedert sein kann, muss so konzipiert sein, dass sie der Prüfling im Zeitraum von der Ausgabe bis zum Prüfungstermin bearbeiten und lösen kann. Dies beinhaltet auch die Vorbereitung des mediengestützten Vortrages. Dabei sind sowohl materialfreie als auch materialgestützte Prüfungsaufgaben denkbar, jedoch kann die Materialsuche angesichts des Zeitrahmens nur in sehr begrenztem Maße Voraussetzung für die Bearbeitung der Aufgabenstellung sein. Die Präsentation der bearbeiteten Prüfungsaufgabe soll mithilfe analoger und/ oder digitaler Medien erfolgen, die Prüflingen im Allgemeinen zugänglich sind. Sie müssen dabei selbst eine für die Aufgabenstellung **geeigneten Präsentationsform** (z. B. Power-Point-Präsentation) wählen.

Ablauf der Prüfung

- Die Präsentationsprüfung besteht aus drei Elementen: schriftliche Dokumentation, mediengestützter Vortrag (beide sind Bestandteile des **Präsentationsteils**) und anschließendes **Prüfungsgespräch**.
- Eine Woche nach Erhalt der Prüfungsaufgabe geben Sie eine **schriftliche Dokumentation** in der Schule ab. Diese verdeutlicht die inhaltliche Struktur des geplanten Vortrages und nennt die von Ihnen verwendeten Quellen. Darüber hinaus müssen Sie die gewählte Präsentationsform angeben.
- Sie präsentieren Ihre Ergebnisse freisprechend in einem zusammenhängenden, **mediengestützten Vortrag**.
- Das **Prüfungsgespräch** knüpft an den Vortrag an, geht – wie bei der mündlichen Prüfung – aber über die Aufgabe hinaus und bezieht semesterübergreifend größere fachliche Zusammenhänge mit ein.

Bewertung der Prüfungsleistung

Die beiden Prüfungsteile, der **mediengestützte Vortrag** (und dessen vorherige schriftliche Vorbereitung bzw. Dokumentation) sowie das **Prüfungsgespräch**, werden etwa **gleich gewichtet**.

Präsentationsprüfung (Beispiel)

Das niedersächsische Kultusministerium stellt auf seiner Internetseite eine Beispielprüfung zum Thema „**Gotthold Ephraim Lessing – ein politischer Schriftsteller?**" zur Verfügung (www.nibis.de), anhand der Sie die Strukturierung einer Präsentationsprüfung nachvollziehen können. Das Beispiel enthält Materialien (Aufgabenstellung) für die Schüler*innen sowie Material für die Lehrkräfte. Ein Erwartungshorizont listet die zu erbringenden Leistungen auf. Zudem wird ein möglicher weiterer Verlauf des Prüfungsgesprächs skizziert.

Zu dieser Aufgabensammlung

Die **Übungsaufgaben** sind – unter Berücksichtigung der offiziellen Vorgaben und vor dem Hintergrund der Erfahrungen mit dem Zentralabitur in Niedersachsen – so konzipiert, dass sie auf die Abituraufgaben vorbereiten, indem sie zur vertieften Beschäftigung mit einzelnen Aspekten der Schwerpunktthemen anleiten.
Um vielfältige Anregungen vermitteln zu können, sind die **Musteraufsätze** oft umfangreicher, als unter Abiturbedingungen erstellte Aufsätze es sein können. Aus diesem Grund liegt auch das inhaltliche Niveau der Lösungsvorschläge zumeist über dem, was im Abitur erwartet wird. Daher sollten die Musterlösungen Sie nicht entmutigen. Es geht ja nicht darum, zu zeigen, was Lehrer unter Abiturbedingungen zu leisten vermögen. Vielmehr sollen Anregungen zu einer **vertieften Auseinandersetzung mit den Schwerpunktthemen** gegeben werden, die den Abituraufgaben zugrunde liegen werden, um so überdurchschnittlich gut vorbereitet in die Prüfung zu gehen.

Schließlich soll noch daran erinnert werden, dass es *die* allgemeingültige Interpretation nicht gibt, sondern dass der Umgang mit Literatur auch immer ein individueller ist und persönliche Erfahrungen mit der Welt widerspiegelt.

ÜBUNGSAUFGABEN

Niedersachsen Deutsch
Erhöhtes Anforderungsniveau ▪ Übungsaufgabe 1

INTERPRETATION LITERARISCHER TEXTE

Aufgabenstellung

1 Interpretieren Sie den Auszug aus Theodor Fontanes Roman *Effi Briest.*

2 Vergleichen Sie Innstetten mit Diederich Heßling aus Heinrich Manns Roman *Der Untertan* in Bezug auf das jeweilige Verständnis von Ehre und Konventionen. Berücksichtigen Sie dabei den gesellschaftskritischen Gehalt der beiden Texte.

Material **Theodor Fontane (1819–1898): Effi Briest (1895)**

Effi Briest, aus märkischem Landadel, wird 17-jährig mit dem wesentlich älteren und ehrgeizigen Baron Geert von Innstetten verheiratet. Die Ehe verläuft zunächst ruhig und korrekt. In Kessin, wo Innstetten Landrat ist, fühlt sich Effi einsam, da sie nur in die Rolle der Mutter und Gattin gedrängt ist. Sie lässt sich auf eine kurze Affäre mit Major Crampas ein und empfindet es als Befreiung, als Innstetten nach Berlin versetzt wird. Nach sechs Jahren erfährt Innstetten vom Ehebruch seiner Frau, als er durch Zufall ihre alten Liebesbriefe entdeckt. Er bittet seinen Kollegen, Geheimrat Wüllersdorf, zu sich.

[…] Wüllersdorf trat ein und sah auf den ersten Blick, dass etwas vorgefallen sein müsse.

„Pardon, Wüllersdorf“, empfing ihn Innstetten, „dass ich Sie gebeten habe, noch gleich heute bei mir vorzusprechen. Ich störe niemand gern in seiner Abendruhe, am wenigsten einen geplagten Ministerialrat. Es ging aber nicht anders. Ich bitte Sie, machen Sie sich's bequem. Und hier eine Zigarre.“

Wüllersdorf setzte sich. Innstetten ging wieder auf und ab und wäre bei der ihn verzehrenden Unruhe gern in Bewegung geblieben, sah aber, dass das nicht gehe. So nahm er denn auch seinerseits eine Zigarre, setzte sich Wüllersdorf gegenüber und versuchte, ruhig zu sein. „Es ist“, begann er, „um zweier Dinge willen, dass ich Sie habe bitten lassen: erst um eine Forderung zu überbringen und zweitens um hinterher, in der Sache selbst, mein Sekundant[1] zu sein: das eine ist nicht angenehm und das andere noch weniger. Und nun Ihre Antwort.“

„Sie wissen, Innstetten, Sie haben über mich zu verfügen. Aber eh ich die Sache kenne, verzeihen Sie mir die naive Vorfrage: muss es sein? Wir sind doch über die Jahre weg, *Sie*, um die Pistole in die Hand zu nehmen, und *ich*, um dabei mitzumachen. Indessen missverstehen Sie mich nicht, alles dies soll kein ‚Nein' sein. Wie könnte ich Ihnen etwas abschlagen. Aber nun sagen Sie, was ist es?"

„Es handelt sich um einen Galan meiner Frau, der zugleich mein Freund war oder doch beinah."

Wüllersdorf sah Innstetten an. „Innstetten, das ist nicht möglich."

„Es ist mehr als möglich, es ist gewiss. Lesen Sie."

Wüllersdorf flog drüber hin. „Die sind an Ihre Frau gerichtet?"

„Ja, ich fand sie heut' in ihrem Nähtisch."

„Und wer hat sie geschrieben?"

„Major Crampas."

„Also Dinge, die sich abgespielt, als Sie noch in Kessin waren?"

Innstetten nickte.

„Liegt also sechs Jahre zurück oder noch ein halb Jahr länger."

„Ja."

Wüllersdorf schwieg. Nach einer Weile sagte Innstetten: „Es sieht fast so aus, Wüllersdorf, als ob die sechs oder sieben Jahre einen Eindruck auf Sie machten. Es gibt eine Verjährungstheorie, natürlich, aber ich weiß doch nicht, ob wir hier einen Fall haben, diese Theorie auch gelten zu lassen."

„Ich weiß es auch nicht", sagte Wüllersdorf. „Und ich bekenne Ihnen offen, um diese Frage scheint sich hier alles zu drehen."

Innstetten sah ihn groß an. „Sie sagen das in vollem Ernst?"

„In vollem Ernst. Es ist keine Sache, sich in jeu d'esprit[2] oder in dialektischen Spitzfindigkeiten zu versuchen."

„Ich bin neugierig, wie Sie das meinen. Sagen Sie mir offen, wie stehen Sie dazu?"

„Innstetten, Ihre Lage ist furchtbar, und Ihr Lebensglück ist hin. Aber wenn Sie den Liebhaber totschießen, ist Ihr Lebensglück sozusagen doppelt hin, und zu dem Schmerz über empfangenes Leid kommt noch der Schmerz über getanes Leid. Alles dreht sich um die Frage, müssen Sie's durchaus tun? Fühlen Sie sich so verletzt, beleidigt, empört, dass einer weg muss, er oder Sie? Steht es so?"

„Ich weiß es nicht."

„Sie müssen es wissen."

Innstetten war aufgesprungen, trat ans Fenster und tippte voll nervöser Erregung an die Scheiben. Dann wandte er sich rasch wieder, ging auf Wüllersdorf zu und sagte: „Nein, so steht es nicht."

„Wie steht es denn?"

„Es steht so, dass ich unendlich unglücklich bin; ich bin gekränkt, schändlich hintergangen, aber trotzdem, ich bin ohne jedes Gefühl von Hass oder gar von Durst nach Rache. Und wenn ich mich frage, warum nicht? so kann ich zunächst nichts anderes finden als die Jahre. Man spricht immer von unsühnbarer Schuld; vor Gott ist es gewiss falsch, aber vor den Menschen auch. Ich hätte nie geglaubt, dass die *Zeit*, rein als Zeit, so wirken könne. Und dann als zweites: ich liebe meine Frau, ja, seltsam zu sagen, ich liebe sie noch, und so furchtbar ich alles finde, was geschehen, ich bin so sehr im Bann ihrer Liebenswürdigkeit, eines ihr eignen heiteren Charmes, dass ich mich, mir selbst zum Trotz, in meinem letzten Herzenswinkel zum Verzeihen geneigt fühle."

Wüllersdorf nickte. [...] „ja, wenn es so liegt, Innstetten, so frage ich, wozu die ganze Geschichte?"

„Weil es trotzdem sein muss. Ich habe mir's hin und her überlegt. Man ist nicht bloß ein einzelner Mensch, man gehört einem Ganzen an, und auf das Ganze haben wir beständig Rücksicht zu nehmen, wir sind durchaus abhängig von ihm. Ging' es, in Einsamkeit zu leben, so könnt' ich es gehen lassen; ich trüge dann die mir aufgepackte Last, das rechte Glück wäre hin, aber es müssen so viele leben ohne dies ‚rechte Glück', und ich würde es auch müssen und – auch können. Man braucht nicht glücklich zu sein, am allerwenigsten hat man einen Anspruch darauf, und den, der einem das Glück genommen hat, den braucht man nicht notwendig aus der Welt zu schaffen. Man kann ihn, wenn man weltabgewandt weiterexistieren will, auch laufen lassen. Aber im Zusammenleben mit den Menschen hat sich ein Etwas ausgebildet, das nun mal da ist und nach dessen Paragraphen wir uns gewöhnt haben, alles zu beurteilen, die andern und uns selbst. Und dagegen zu verstoßen, geht nicht; die Gesellschaft verachtet uns, und zuletzt tun wir es selbst und können es nicht aushalten, und jagen uns die Kugel durch den Kopf. Verzeihen Sie, dass ich Ihnen solche Vorlesung halte, die schließlich doch nur sagt, was sich jeder selber hundertmal gesagt hat. Aber freilich, wer kann was Neues sagen! Also noch einmal, nichts von Hass oder dergleichen, und um eines Glückes willen, das mir genommen wurde, mag ich nicht Blut an den Händen haben; aber jenes, wenn Sie wollen, uns tyrannisierende Gesellschafts-Etwas, das fragt nicht nach Charme und nicht nach Liebe und nicht nach Verjährung. Ich habe keine Wahl. Ich muss."

„Ich weiß doch nicht, Innstetten ..."

Innstetten lächelte. „Sie sollen selbst entscheiden, Wüllersdorf. Es ist jetzt zehn Uhr. Vor sechs Stunden, diese Konzession will ich Ihnen vorweg machen, hatt' ich das Spiel noch in der Hand, konnt' ich noch das eine und noch das andere, da war noch ein Ausweg. Jetzt nicht mehr, jetzt stecke ich in einer Sackgasse. Wenn Sie wollen, so bin ich selber schuld daran; ich hätte mich besser beherrschen und bewachen, alles in mir verbergen, alles im eigenen Herzen auskämpfen sollen. Aber es kam mir zu plötzlich, zu stark, und so kann ich mir kaum einen Vorwurf machen, meine Nerven nicht geschickter in Ordnung gehalten zu haben. Ich ging zu Ihnen und schrieb Ihnen diesen Zettel, und damit war das Spiel aus meiner Hand. Von dem Augenblicke an hatte mein Unglück und, was schwerer wiegt, der Fleck auf meiner Ehre einen halben Mitwisser, und nach den ersten Worten, die wir hier gewechselt, hat es einen ganzen. Und weil dieser Mitwisser da ist, kann ich nicht mehr zurück."

[...] „Innstetten, es ruht alles in mir wie in einem Grabe."

„Ja, Wüllersdorf, so heißt es immer. Aber es gibt keine Verschwiegenheit. Und wenn Sie's wahrmachen und gegen andere die Verschwiegenheit selber sind, so wissen *Sie* es, und es rettet mich nicht vor Ihnen, dass Sie mir eben Ihre Zustimmung ausgedrückt und mir sogar gesagt haben: ich kann Ihnen in allem folgen. Ich bin, und dabei bleibt es, von diesem Augenblicke an ein Gegenstand Ihrer Teilnahme (schon nicht etwas sehr Angenehmes), und jedes Wort, das Sie mich mit meiner Frau wechseln hören, unterliegt Ihrer Kontrolle, Sie mögen wollen oder nicht [...]. Habe ich Recht Wüllersdorf, oder nicht?"

Wüllersdorf war aufgestanden. „Ich finde es furchtbar, dass Sie recht haben, aber Sie *haben* recht. Ich quäle Sie nicht länger mit meinem ‚Muss es sein'. Die Welt ist einmal, wie sie ist, und die Dinge verlaufen nicht, wie *wir* wollen, sondern wie die *andern* wollen. Das mit dem ‚Gottesgericht', wie manche hochtrabend versichern, ist freilich ein Unsinn, nichts davon, umgekehrt, unser Ehrenkultus ist ein Götzendienst, aber wir müssen uns ihm unterwerfen, solange der Götze gilt."

Innstetten nickte.

Sie blieben noch eine Viertelstunde miteinander, und es wurde festgestellt, Wüllersdorf sollte noch denselben Abend abreisen. Ein Nachtzug ging um zwölf.

Dann trennten Sie sich mit einem kurzen: „Auf Wiedersehen in Kessin."

Aus: Fontane, Theodor: Effi Briest, in: Keitel, W. (Hrsg.): Theodor Fontane – Sämtliche Werke, Bd. 4, München 1963, S. 233–237 (für Prüfungszwecke gekürzt).

Anmerkungen

1 Sekundant: Beistand, Zeuge bei einem Duell
2 jeu d'esprit (frz.): Gedankenspiel

TIPP **Bearbeitungshinweise**

Voraussetzungen

Die Aufgabe ist im aktuellen Wahlpflichtmodul „Literatur als Zeitdiagnose" (Rahmenthema 3: Literatur und Sprache um 1900 – neue Ausdrucksformen der Epik) verankert. Die Textinterpretation konfrontiert Sie mit einem Ihnen vermutlich unbekannten Roman, der folgende Vergleich schlägt dann den Bogen zu Heinrich Manns Roman *Der Untertan*, den Sie im Unterricht genau untersucht haben. Für die Bearbeitung benötigen Sie Kompetenzen, die Sie während mehrerer Halbjahre der Oberstufe erworben haben. Die Interpretation geht mit 60 %, der Vergleich mit 40 % in die Benotung ein.

Erläuterung der Aufgabenstellung

TEILAUFGABE 1: Der Operator „**interpretieren**" verlangt von Ihnen eine genaue Analyse und Deutung des epischen Textes, wobei Sie Inhalt, formale Elemente und sprachliche Gestaltung untersuchen müssen. Am besten lesen Sie sich den gegebenen Auszug mehrmals durch. Dabei können Sie inhaltliche und sprachliche Auffälligkeiten farbig markieren oder am Rand notieren. Suchen Sie nach **Sinnabschnitten** in dem wiedergegebenen Gespräch und überlegen Sie sich Überschriften, die den Inhalt des jeweiligen Abschnitts auf den Punkt bringen.

Bevor Sie mit dem Schreiben beginnen, müssen Sie sich entscheiden, wie Sie vorgehen wollen. Wollen Sie **Inhalt**, **Form** und **Sprache** getrennt voneinander darstellen oder alles miteinander verweben? Die zweite Variante ist zwar anspruchsvoller, dafür aber die elegantere Lösung. Sie vermeiden so Wiederholungen und zeigen, dass Sie alle Bestandteile des Romanauszugs zueinander in Beziehung setzen können.

Beginnen Sie Ihren Aufsatz mit einer **Einleitung**, die zum Thema hinführt und den Textauszug kurz vorstellt. Es bietet sich an, Ihre **Interpretation** genäß den von Ihnen ermittelten Sinnabschnitten zu entfalten. Gehen Sie sowohl auf den Inhalt der einzelnen Teile ein als auch auf deren jeweilige Bedeutung.

Besonderes Gewicht kommt bei der Epik-Interpretation dem **Erzählverhalten** zu. Bleibt es gleich oder können Sie Passagen identifizieren, die aus einer anderen Perspektive erzählt werden? Wie ist die Erzählzeit gestaltet? Der Auszug besteht im Wesentlichen aus einem Entscheidungsgespräch, dessen argumentative Struktur Sie nachzeichnen müssen. Welche Positionen vertreten die Gesprächspartner jeweils? Überzeugt die eine Seite die andere? Zu welchem Ergebnis gelangen die beiden Figuren? Wie ist die Sprache gestaltet? Erlaubt Sie Rückschlüsse auf den Gemütszustand oder den Charakter des Sprechers? Belegen Sie Ihre Aussagen immer am Text. Behalten Sie schon bei Ihrer Interpretation die von der zweiten Aufgabe vorgegebenen Vergleichsaspekte im Hinterkopf – sie können Ihnen eine elegante **Überleitung** ermöglichen.

TEILAUFGABE 2 fordert Sie zu einem **Vergleich literarischer Texte** im Hinblick auf zwei vorgegebene Aspekte auf. Sie sollen die Einstellung der beiden Figuren zu Ehre und Konventionen herausarbeiten und einander gegenüberstellen. Diederich Heßling ist Ihnen aus der unterrichtlichen Behandlung von Manns Roman vertraut. Ein Vergleich soll den Blick öffnen für **Gemeinsamkeiten, Ähnlichkeiten und Unterschiede**. Rekapitulieren Sie die Romanhandlung, wobei der Fokus auf den gegebenen Aspekten liegen muss. Eine reine Nacherzählung würde an der Aufgabenstellung vorbeigehen. Suchen Sie dann geeignete **Unteraspekte**, die Ihnen eine systematische Gegenüberstellung der beiden Texte erlauben: Wie gehen Innstetten bzw. Heßling mit Konventionen um? Akzeptieren oder hinterfragen sie sie? Welche Rolle spielt Ehre für sie? Innstetten will ein Duell bestreiten. In welchen Zusammenhängen tauchen Duelle im „Untertan" auf? Entspricht der Umgang der Figuren mit Frauen den damaligen Konventionen? Die Aufgabenstellung verlangt explizit eine Berücksichtigung der **gesellschaftskritischen Stoßrichtung**, d. h., Sie müssen vergleichend herausarbeiten, wie sich die beiden Texte zu Verhältnissen im Kaiserreich positionieren. Hier hilft nicht nur der Blick auf die **inhaltliche Entwicklung**, sondern auch auf die **erzähltechnische Gestaltung** weiter.

Ein prägnantes **Fazit** sollte Ihren Vergleich abschließen. Dieses kann auch einen Gegenwartsbezug enthalten, um die zeitlose Bedeutsamkeit der literarischen Werke zu unterstreichen.

Verwendete Textausgabe: Heinrich Mann: Der Untertan. Stuttgart: Reclam 2021.

Lösungsvorschlag

TEILAUFGABE 1

„Kein Mensch muss müssen!" Der Protagonist aus Lessings Drama *Nathan der Weise* fordert aus aufklärerischer Überzeugung, dass jeder Mensch frei und selbstbestimmt handeln könne. Ein solch optimistisches Welt- und Menschenbild hat in Theodor Fontanes 1895 erschienenem Roman *Effi Briest* keine Gültigkeit mehr: In dem vorliegenden Auszug gelangt Baron von Innstetten zu der Einsicht, dass er sich den gesellschaftlich vorgegebenen Zwängen beugen muss, auch wenn er ihre Fragwürdigkeit durchschaut und auch wenn er damit sein Lebensglück zerstört.

Einleitung
Autor, Gattung, Titel, Jahr, Thema

Nachdem Geert von Innstetten durch alte Liebesbriefe von einer Affäre seiner Frau Effi erfahren hat, fasst er in einem Gespräch mit seinem Kollegen Wüllersdorf den Entschluss, den ehemaligen Liebhaber seiner Frau zum Duell zu fordern. Diese folgenschwere **Unterredung** durchläuft **vier Phasen**.

kurze Zusammenfassung des Inhalts

In der **ersten Phase des Gesprächs** (Z. 1–30) eröffnet Innstetten dem Besucher seine **Absicht, sich zu duellieren**, und erläutert die **Hintergründe**. Nur schwer kann er seine innere Erregung verbergen – ein personaler Erzähler gibt einen Einblick ins Innenleben der Figur und verrät, dass Innstetten am liebsten seine „verzehrend[e] Unruhe" (Z. 8) durch Bewegung kompensiert hätte, sich dann aber doch zurückhält. Seine Entschuldigung dafür, dass er Wüllersdorf so spät am Abend hergebeten hat, sowie die lapidare Feststellung „Es ging aber nicht anders." (Z. 5) verdeutlichen zudem die **Dringlichkeit** seines Anliegens. Umgehend und ohne weit auszuholen, knapp und in militärischer Kürze bittet Innstetten Wüllersdorf, in seinem Namen eine Duellforderung zu überbringen und sich ihm bei diesem Zweikampf als Sekundant zur Verfügung zu stellen. Zwar versichert der Angesprochene zweimal, dass Innstetten auf ihn zählen könne (vgl. Z. 14, 17 f.), doch rahmen die Beteuerungen seiner Loyalität die kritische Frage „muss es sein?" (Z. 15) ein. Mit einer Anspielung gibt er zudem zu verstehen, dass sie beide sich in einem reiferen Alter befinden, in dem man sich nicht sofort und leichtfertig duelliert. Diesen grundsätzlichen Erwägungen folgt ein rascher Wechsel von Fragen und Antworten, die immer knapper ausfallen und zuletzt nur noch aus Ellipsen oder einem Nicken bestehen. Wüllersdorf bringt so den Auslöser für Innstettens Entschluss in Erfahrung. Auch hier bleibt Innstetten knapp und schmückt nichts aus: Der Verweis auf den „Galan [s]einer Frau" (Z. 19) reicht aus, um **Effis Ehebruch zu offenbaren**, ihre Liebesbriefe dienen als

abschnittsweise Interpretation
Gespräch von Innstetten und Wüllersdorf
1. Sinnabschnitt:
Innstettens Absicht, sich zu duellieren, und Erläuterung der Hintergründe

Beweis. Effi hat ihren Mann vor mehr als sechs Jahren, als sie noch in Kessin lebten, mit Innstettens Freund, Major Crampas, betrogen.

2. Sinnabschnitt: Argumente gegen ein Duell

Nachdem die Ausgangslage umrissen ist, kreist der Dialog der beiden Männer im Folgenden um die Frage, ob der Ehebruch zwangsläufig ein Duell nach sich ziehen muss. Die **zweite Phase** der Unterredung (Z. 31–62) widmet sich den **Argumenten, die gegen einen Zweikampf sprechen**. Indem Wüllersdorf auf die Tatsache, dass die Affäre bereits einige Jahre zurückliegt, in Schweigen verfällt, zwingt er Innstetten, seine Haltung zu rechtfertigen und die Frage nach der Verjährung in den Raum zu stellen (vgl. Z. 33 f.). Dabei interessiert sich Wüllersdorf nicht für theoretische Erörterungen, die er als „dialektische Spitzfindigkeiten" (Z. 38 f.) abtut, sondern er will den Blick auf die **praktischen Konsequenzen** lenken. Seiner Meinung nach setzt eine Aufforderung zum Zweikampf ein Gefühl der Empörung und des Verletztseins voraus. Mit dem Duell würde Innstetten seine eigene psychische Lage nicht verbessern, sondern sein Lebensglück vielmehr durch eine Bluttat erst recht zerstören, was Wüllersdorf durch eine saloppe Formulierung unterstreicht: Innstettens „Lebensglück [wäre] sozusagen doppelt hin" (Z. 42). Mit der Wiederholung der Schlüsselbegriffe „Leid" und „Schmerz" malt er dunkle Zukunftsaussichten aus (vgl. Z. 43).

– Verjährung

– Zerstörung des eigenen Lebensglücks

Als Wüllersdorf vehement mit **Fragen** darauf drängt, dass Innstetten sich seiner Motivation bewusst wird, indem er ihm mit einer Klimax mögliche Beweggründe – „verletzt, beleidigt, empört" (Z. 44 f.) – aufzählt, **offenbart** sein Gesprächspartner **seine Gefühlslage**. Während sich seine vorherigen Äußerungen stets auf das Nötigste beschränkten, bricht nun geradezu ein Wortschwall aus Innstetten hervor. Typisch für eine solche **schonungslose Selbsterforschung** ist die Häufung des Personalpronomens „ich" (vgl. Z. 52 ff.). Mit einer Reihung von Emotionen gewährt er Einblick in sein Unglück und tastet sich redend an seine Motive heran. Dabei muss er trotz der ihm zugefügten Kränkung eingestehen, dass er **keinerlei Hass und Rachegedanken** verspürt. Die Redensart, dass es eine „unsühnbar[e] Schuld" (Z. 55) gebe, hält er aufgrund seiner eigenen Erfahrung für nicht zutreffend. Zu seinem eigenen Erstaunen lassen ihn die vielen Jahre, die zwischen dem Ehebruch und seiner Entdeckung liegen, die Affäre frei von Hass betrachten. Effis Verrat und seine Liebe stehen sich antithetisch gegenüber („und so furchtbar ich alles finde, was geschehen, ich bin so sehr im Bann ihrer Liebenswürdigkeit", Z. 58 f.). Er **liebe seine Frau immer noch**, sodass er ihr, folgte er seinem Herzen, verzeihen müsste. Die Metapher vom „letzten Herzenswinkel" (Z. 60) verrät seine innersten Empfindungen, deutet aber auch schon an, dass Innstetten nicht auf seine Gefühle hören wird.

– kein Rachewunsch, sondern Liebe zu Effi

Folgerichtig bringt nun die **dritte Gesprächsphase** (Z. 63–104) wie in einer klassischen Erörterung die **Argumente, die für ein Duell sprechen**. Mit **monologischen Passagen** dominiert Innstetten fortan die Unterredung, selbstironisch nennt er seine Erwägungen eine „Vorlesung" (Z. 76). Wüllersdorf ist nur noch Stichwortgeber.

3. Sinnabschnitt: Argumente für ein Duell

Trotz aller Gründe, die für das Verzeihen sprechen – die Verjährung der Affäre, seine ungebrochene Liebe zu Effi, das Fehlen von Rachegefühlen –, glaubt Innstetten sich **in seiner Entscheidung nicht frei**, da er nicht einsam und losgelöst vom Sozialgefüge existiert. Das „Muss", dem er sich unterwirft, ist ein **Resultat des menschlichen Zusammenlebens**. Aufgrund des Indefinitpronomens „man" bzw. des Personalpronomens „wir" und der Reihung kurzer Parataxen erscheinen seine Ausführungen als allgemeingültige Regel: „Man ist nicht bloß ein einzelner Mensch, man gehört einem Ganzen an, und auf das Ganze haben wir beständig Rücksicht zu nehmen, wir sind durchaus abhängig von ihm." (Z. 63 ff.) Dabei kontrastiert Innstetten zwei Lebensweisen – die des Einsiedlers, der „weltabgewandt weiterexistier[t]" (Z. 71) und sich um die Meinung anderer nicht kümmert, und diejenige des Gesellschaftswesens, das sich den Normen des „Ganzen" unterwerfen muss. Er findet keine konkreten Worte für diesen **Zwang**, dieses **„Etwas"** (Z. 72), das auf alle zwischenmenschlichen Prozesse einwirkt. Ein Verstoß gegen die ungeschriebenen, doch verbindlichen Gesetze der Gesellschaft würde den Einzelnen der allgemeinen Verachtung preisgeben, bis er diese völlig verinnerlicht und sein Selbstwertgefühl eingebüßt habe, sodass ihm nichts bliebe als der Suizid (vgl. Z. 74 ff.). Eine polysyndetische Reihung („und", Z. 75) veranschaulicht **Zwangsläufigkeit und Ausweglosigkeit** der Entwicklung. Innstetten weiß nur zu gut, dass er nicht der Einzige ist, der in diesem Dilemma steckt, doch findet er keine andere Lösung, als sich aus **Rücksicht auf die Konventionen und seinen sozialen Status** zu beugen und denjenigen, der seine Ehre beschmutzt hat, zu töten. Er erkennt die **Fremdbestimmung**, wenn er von dem „**uns tyrannisierende[n] Gesellschafts-Etwas**" (Z. 80) spricht, das weder Gefühle noch Barmherzigkeit duldet. Die Personifikation lässt das abstrakte System aus Regeln und Konventionen wie eine Macht wirken, die ihren eigenen Gesetzen gehorcht. Trotz seiner Einsicht begehrt Innstetten nicht dagegen auf, sondern passt sich resigniert an. Der Einzelne erscheint so als Sklave des unpersönlichen Ganzen. „Ich habe keine Wahl. Ich muss." (Z. 81 f.), lautet sein unumstößliches Fazit.

– Macht sozialer Zwänge

Allerdings räumt er ein, dass er selbst einen weiteren Grund geschaffen hat, warum das Duell unausweichlich ist. Die Metaphern, dass er „das Spiel aus [s]einer Hand" (Z. 92) gegeben und sich in eine „Sackgasse" (Z. 87) manövriert hat, besagen nichts anderes, als dass

– Mitwisserschaft Wüllersdorfs

er **sich selbst in Zugzwang gebracht** hat: Indem er Wüllersdorf zu sich gebeten und ihn erst zum „halben", dann zum „ganzen [**Mitwisser**]" (Z. 93 f.) gemacht hat, ist der „Fleck auf [s]einer Ehre" (Z. 93) nicht länger seine Privatangelegenheit. Auch wenn der Kollege Verschwiegenheit verspricht, fürchtet Innstetten das Mitleid des anderen. Er will kein „Gegenstand [von dessen] Teilnahme" (Z. 101) sein und fortan in dem Bewusstsein leben, dass Wüllersdorf sein Verhalten gegenüber Effi kritisch beäugt.

4. Sinnabschnitt: Einschwenken Wüllersdorfs auf Innstettens Linie und konkrete Absprachen

Damit sind alle Argumente ausgetauscht. Der **letzte Abschnitt** des Gesprächs (Z. 105–114) mündet daher in eine **Schlussfolgerung**. Wüllersdorf muss Innstetten Recht geben. **Trotz aller Kritik fügt er sich ebenfalls resigniert in die Konventionen:** „Die Welt ist einmal, wie sie ist, und die Dinge verlaufen nicht, wie *wir* wollen, sondern wie die *andern* wollen." (Z. 106 ff.) Sowohl Innstetten als auch Wüllersdorf wissen, dass der adelige **Ehrenkultus** nichts anderes als „**Götzendienst**" (Z. 109) ist, doch sie wagen es nicht, sich über Traditionen hinwegzusetzen und nach ihrem eigenen Rechtsempfinden und gegen die Gesellschaft zu handeln. Sie gehorchen, „solange der Götze gilt" (Z. 110). Die Metapher des Götzen entlarvt dabei die **Hohlheit und Falschheit der vorherrschenden Werte**. Nachdem die Frage nach der Rechtmäßigkeit des Duells geklärt ist, widmen sich die beiden Männer der konkreten Planung: Noch am Abend will Wüllersdorf nach Kessin reisen und Crampas fordern. Innstetten wird ihm folgen und ihn vor Ort wiedertreffen.

erzählerische und sprachliche Gestaltung

Aufgrund der Dominanz des Dialogs und der weitgehend **neutralen Position des Erzählers**, der nur Gestik und Mimik der Gesprächspartner schildert, sich aber **jeder Wertung enthält**, hat der Romanauszug einen stark **szenischen Charakter** und nähert sich so einem Dialog im Drama an. Erzählzeit und erzählte Zeit sind dadurch fast identisch. Der so erzeugte Eindruck von **Unmittelbarkeit** wird noch verstärkt durch die Sprache der Figuren, die der **mündlichen Redeweise** nachempfunden ist. Elisionen zeigen an, dass am Wortende Vokale verschluckt werden („Ging' es", Z. 65; „hatt' […] konnt'", Z. 85 f.). Der Satzbau ist weitgehend **parataktisch** gehalten, ab und an sogar **elliptisch** (vgl. Z. 13, 26, 38). Auch wenn die Sprache mit den vielen Fragen und konkretisierenden Aufzählungen die innere Anspannung der Figuren widerspiegelt, ist sie stets wohlgewählt. Dabei greifen beide auch immer wieder auf gängige **Redewendungen** zurück („Blut an den Händen haben", Z. 79; „das Spiel noch in der Hand [haben]", Z. 85 f.; „es ruht alles in mir wie in einem Grabe", Z. 96). Innstetten selbst kritisiert implizit dieses Zurückgreifen auf vorgeprägte **Floskeln** („so heißt es immer", Z. 97), doch nutzt er sie ebenso, wie er die fragwürdigen gesellschaftlichen Regeln mitträgt.

Dadurch, dass nur die beiden Figuren, nicht aber ein moralisierender Erzähler das Funktionieren des „Gesellschafts-Etwas" aufdecken, ist die **Kritik** umso schärfer. Die humanere Position Wüllersdorfs, der das Ärgste vermeiden will, wird widerlegt. Im vollen Bewusstsein, einem **sinnentleerten Automatismus** zu gehorchen, fügt Innstetten sich den Erwartungen der Gesellschaft, die auch ihn geprägt haben und aus denen er nicht ausbrechen kann. Eine Verweigerungshaltung würde in seinen Augen das soziale Aus und über kurz oder lang den Suizid bedeuten. Als hohem Beamten und Adeligen bleibt somit dem Baron von Innstetten kaum eine andere Wahl, als den vorgegebenen Weg zu beschreiten, den Liebhaber seiner Frau zu fordern und damit seine Familie zu zerstören. Da er in seinen Entscheidungen nicht frei ist, sondern fremdbestimmt handelt, erscheint er **eher als Opfer denn als Täter**.

gesellschaftskritische Aussage: Ohnmacht des Einzelnen gegenüber Konventionen

TEILAUFGABE 2

Normen und Konventionen sind das Korsett, das jedes Sozialgefüge zusammenhält. Im **wilhelminischen Kaiserreich** – so offenbart Fontanes Roman – war dieses allerdings so eng geschnürt, dass die Individuen nicht mehr selbstbestimmt handeln konnten. Nicht nur *Effi Briest*, auch Heinrich Manns 1914 fertiggestellter Roman *Der Untertan* führt das **Verhältnis von Individuum und Gesellschaft** im Kaiserreich vor. Wie der Landrat Geert von Innstetten nimmt Manns Protagonist **Diederich Heßling** die Position eines **gesellschaftlichen Würdenträgers** ein. Der Roman zeichnet seinen beruflichen und charakterlichen Werdegang nach, der von einer starken Fixierung auf Obrigkeiten geprägt ist. Zwar ist Heßling nicht von Adel, doch gelingt es ihm, seinen Einfluss stetig auszuweiten, in seiner Heimatstadt Netzig zum Stadtverordneten, zum Generaldirektor einer Papierfabrik sowie zum Haupt der Kaiserpartei aufzusteigen. Sein Ideal ist es, sich devot der politischen Macht zu beugen, aber auch selbst rücksichtslos Macht über die ihm Untergebenen auszuüben.

Überleitung
Vorstellung des Vergleichstextes

Innstetten wie Heßling verstehen sich als **Stützen der Ordnung**, die das System und seine Regeln mittragen. **Innstetten durchschaut** dabei scharfsinnig die **Fragwürdigkeit des „Gesellschafts-Etwas"**, dennoch ist sein **Pflichtgefühl** gegenüber dem größeren Ganzen zu stark, um sich daraus zu befreien.

Vergleich
Haltung gegenüber der Gesellschaft

Auch Diederich **Heßling** steht hinter dem konservativ geprägten Gemeinwesen. Anders als Innstetten **bejaht** er es bis auf wenige Momente voll und ganz. Er genießt es geradezu, in Korporationen aufzugehen und beispielsweise die unsinnigen Regeln seiner Burschenschaft Neuteutonia mit Worten oder dem Degen zu verfechten. Als ihm bei einer Veranstaltung seine Tanzpartnerin ausgespannt wird, ist er sofort überzeugt, diese „Schmach“ mit einem **Duell** sühnen zu müssen. Solche Zweikämpfe werden von den Neuteutonen aus völlig nichtigen Anlässen vom Zaun gebrochen und zielen darauf, einen „freudige[n] Blutverlust für die Ehre der Farben“ (S. 440) zu bringen. Als jedoch nach damaligem Verständnis ein tatsächlicher Grund vorliegt, auf eine Ehrverletzung zu reagieren – der Leutnant von Brietzen hat Heßlings Schwester Emmi nach einer Affäre sitzen gelassen und damit entehrt –, unterlässt Diederich es, den treulosen Mann zu fordern. Zum einen wohl aus Feigheit, zum anderen aus **Verehrung für Adel und Militär**, die für ihn beide die Macht repräsentieren. Im Gegensatz zu Innstetten **befriedigt es ihn, sich zu unterwerfen**, auch wenn er dadurch – wie im Fall Emmis – selbst gedemütigt wird: „Die Macht, die über uns hingeht und deren Hufe wir küssen! [...] Gegen die wir nichts können, weil wir alle sie lieben! Die wir im Blut haben, weil wir die Unterwerfung darin haben!“ (S. 68) Heßling geht es stets darum, der Macht zu ihrem Recht zu verhelfen und auf niedrigerer Ebene diese selbst auszuüben. Beide Romanfiguren richten sich nach einem **Abstraktum** aus: Während **Heßling die politische Macht verabsolutiert**, die sich für ihn in der Person des Kaisers Wilhelm II. manifestiert, **respektiert Innstetten das übermächtige „Etwas“** als Inbegriff der **sozialen Zwänge**. Die von Wüllersdorf ins Gespräch gebrachte Metapher „**Götzendienst**“ enthüllt, dass sowohl er als auch Innstetten die Ordnung zwar stützen, sie aber zugleich kritisch-distanziert betrachten. **Heßling** verehrt dagegen den **Kaiser wie Gott**. Jede Kritik an ihm und der Hohenzollern-Dynastie weist er scharf zurück und strengt gegen den Fabrikanten Lauer sogar einen Prozess wegen Majestätsbeleidigung an. In seinem Auftreten, mit seinem spitz zulaufenden Bart, dem blitzenden Blick sowie den markigen Sprüchen bemüht er sich, den **Herrscher zu kopieren**.

Ausrichtung auf abstraktes Größeres

Seine Identifikation mit der Macht und sein großsprecherisches Eintreten für die nationale Sache können allerdings nicht kaschieren, dass Heßling sehr wohl seine **eigene Karriere** verfolgt und dafür auch auf unlautere Mittel zurückgreift: Er sät Gerüchte, verleumdet den alten Buck, dessen Liberalität und angesehene Stellung in Netzig ihm ein Dorn im Auge sind. Er profitiert von dubiosen Aktienverschiebungen und paktiert mal mit der kaiserlichen Seite, repräsentiert durch den Regierungspräsidenten von Wulckow, mal mit der Arbeiterbewegung, repräsentiert durch den Maschinenmeister Napoleon Fischer, um das eigene **Vermögen zu vermehren sowie seinen politischen Aufstieg voranzutreiben**.

Verständnis von Moral und Pflicht

Heßling ist bereit, sich **moralisch zu verbiegen**, um die vermeintlichen deutschen Werte – Aufrichtigkeit, Keuschheit, Treue etc. –

durchzusetzen. Die mehrfach wiederholte Phrase, dass man auch eine Plicht gegenüber sich selbst habe, ist eigentlich nur eine Rechtfertigung dafür, **hart zu anderen zu sein** – etwa um die Geliebte Agnes und ihren verzweifelten Vater von sich zu stoßen. Seine Affäre mit Agnes dient ihm dann perfiderweise als Ausrede dafür, dass er sie nicht heiraten wird – schließlich sei sie keine Jungfrau mehr. Tatsächlich geht es Heßling nur um den eigenen Vorteil. Wenn **Innstetten** dagegen seinem Pflichtgefühl gehorcht, ist er auch **hart gegen sich selbst** und nimmt in Kauf, dass er das eigene Lebensglück zerstört. In seiner Konsequenz wirkt Innstetten authentischer und weniger heuchlerisch als Heßling, der wankelmütig ist und stets ein Schlupfloch zur Durchsetzung seiner Interessen sucht.

Dominanz des Mannes in der Familie

Wäre er in Innstettens Lage, könnte man sich vorstellen, dass er seine untreue Frau sadistisch demütigen würde. Zwar wird auch Innstetten Effis bürgerliche Existenz vernichten, jedoch bereitet ihm dies keinerlei Genugtuung. Vielmehr gesteht er, dass er seine Frau weiterhin liebt. Umso verstörender ist es, dass er nicht einmal in Erwägung zieht, sie wegen der alten Affäre zur Rede zu stellen und um eine Erklärung zu bitten. Der **Ehemann verfügt über seine Frau**. Dieses **patriarchalische Denken** kennzeichnet auch Diederich Heßlings Umgang mit seinen Familienmitgliedern: Er zeigt wenig Empathie für seine Mutter oder seine Schwestern; seine Frau Guste hat zwar viel Geld in die Ehe gebracht, muss sich aber ebenso Heßlings Willen beugen.

Stellenwert von Ehre und gutem Ruf

Gemeinsamkeiten lassen beide Männer in der Sorge um ihren guten Ruf erkennen. Eng mit dem Ansehen ist die **Ehre** verknüpft, die wie eine Fassade nach außen moralische Integrität vorspiegelt. Innstetten würde es nicht ertragen, dass andere von dem Ehebruch seiner Frau wissen und ihn in der Folge bemitleiden oder gar verachten. Aus **Angst vor dem sozialen Aus** unterwirft er sich den Normen, die verlangen, eine Beschmutzung der Ehre mittels Blutvergießen zu bereinigen. Es sind nicht persönliche Affekte, Wut, Rachsucht oder Kränkung, die ihn veranlassen, gleich drei Leben zu zerstören: dasjenige von Effi, das ihres früheren Liebhabers sowie sein eigenes. Vielmehr treibt ihn die Sorge um seinen guten Ruf und um seine **gesellschaftliche Stellung** als hoher Beamter und Adeliger. Heßling geht es dagegen um die Absicherung seiner Karriere. Auch er lebt in der steten Angst vor sozialer Ächtung; bei ihm handelt es sich aber nicht um einen Fehltritt seiner Frau, sondern vielmehr um seine moralisch und politisch fragwürdigen Aktionen, die auffliegen könnten – so etwa die Tatsache, dass er Herrn Lauer zur Majestätsbeleidigung provoziert hat oder dass er heimlich mit Napoleon Fischer kooperiert, den er eigentlich als Vertreter des Umsturzes hasst, aber braucht, um die liberale Partei zurückzudrängen und die

Zustimmung für ein Standbild von Wilhelm I. zu erreichen. Während bei Fontane ein als sinnlos erkannter Ehrbegriff demaskiert wird, an den sich trotzdem alle halten, ist die Ehre in Heinrich Manns Roman noch weiter heruntergekommen zur leeren Worthülse. Immer wieder gibt Heßling sein Ehrenwort und pocht auf die Ehre seiner Korporation, seiner Familie, seines Namens. Doch handelt es sich dabei stets nur um ein Lippenbekenntnis (z. B. „Ich weiß, was ich der Ehre meiner Korporation schulde", S. 73), das zu taktischen Zwecken eingesetzt wird. Er tut dann oft das Gegenteil des zuvor Gesagten.

gesellschaftskritische Stoßrichtung

Sowohl Innstetten als auch Heßling sind **Vertreter und Verteidiger der überkommenen Ordnung**. Diese konservative Einstellung wird in beiden Romanen **kritisch hinterfragt**. Bei **Fontane** sind es die **Figuren selbst** – die Beamten Innstetten und Wüllersdorf –, die in einer angespannten Unterredung die Problematik des Ehrverständnisses und der Konventionen erörtern. Obwohl sie wissen, dass viel gegen den Status quo spricht, stellen sie die Gesellschaft nicht grundsätzlich infrage. Dass sie **voller Resignation die Schwächen des Systems akzeptieren**, muss den Leser bzw. die Leserin befremden. Die Gesellschaftskritik von Fontanes Roman entfaltet sich somit in der schonungslosen Analyse, die die Figuren selbst vornehmen. **Heinrich Manns** *Untertan* ist zwar ebenso ein realistisch erzählter Roman, der aber stark **satirische Züge** trägt. Diederich Heßling ist als **Prototyp eines autoritären Charakters** überzeichnet, der nach oben buckelt und nach unten tritt. Dank der stellenweise **personalen Erzählhaltung** wird ein direkter Einblick in Heßlings egoistische und heuchlerische Gedankengänge ermöglicht. Durch seine kritiklose Vergötterung der Macht, durch seine Darstellung als optisches Abziehbild des Kaisers, durch die Gegenüberstellung von edlen Worten und selbstsüchtigen Taten wird die **Figur des Untertans entlarvt** und zusammen mit dem zugehörigen gesellschaftlichen System **der Lächerlichkeit preisgegeben**. Die Überspitzung erlaubt es der Leserin bzw. dem Leser, sich von Heßling zu distanzieren und ihn abzulehnen. Beim realistischer gezeichneten Innstetten fällt eine solch rasche Verurteilung schwerer.

Fazit

Leserinnen und Leser müssen selbst entscheiden, welche Form der Gesellschaftskritik – die subtile oder die beißende – die größere Wirkung auf sie ausübt. Beiden Romanen gelingt es, das Augenmerk auf den **Stand des Einzelnen in der Gesellschaft** zu lenken und eine Frage von überzeitlicher Gültigkeit aufzuwerfen: Wo bin ich frei, wo muss ich müssen?

INTERPRETATION LITERARISCHER TEXTE

Aufgabenstellung

1 Interpretieren Sie den Auszug aus Daniel Kehlmanns Roman *F*.

2 Vergleichen Sie den vorliegenden Auszug mit Cipollas Vorführung in Thomas Manns Erzählung *Mario und der Zauberer* im Hinblick auf die Darstellung von Macht und Widerstand.

Material **Daniel Kehlmann (* 1975): F (2013)**

Der Schriftsteller Arthur Friedland besucht mit seinen drei Söhnen Martin, Eric und Iwan die Nachmittagsvorstellung eines Hypnotiseurs, der sich „der große Lindemann" nennt. Nachdem dieser sein Können an verschiedenen Zuschauerinnen und Zuschauern demonstriert hat – u. a. lässt er drei von ihnen auf der Bühne tanzen und dann einschlafen –, sucht er sich im Publikum einen neuen Kandidaten aus.

[…] „Wollen Sie zu mir kommen, Arthur?"

Arthur schüttelte den Kopf.

„Sie glauben, Sie möchten nicht. Aber Sie möchten. Glauben Sie mir."

Arthur lachte.

„Es tut nicht weh, es ist nicht gefährlich, es könnte Ihnen sogar gefallen. Machen Sie uns die Freude."

Arthur schüttelte den Kopf.

„Gar nicht neugierig?"
„Bei mir funktioniert es nicht!", rief Arthur.
„Vielleicht nicht. Das kann schon sein, das gibt es. Umso eher könnten Sie heraufkommen."
„Nehmen Sie jemand anderen."
„Aber ich will Sie."
„Warum?"
„Weil ich es will. Weil Sie glauben, Sie wollen nicht."

Arthur schüttelte den Kopf.

„Kommen Sie!"
„Geh schon", flüsterte Eric.
„Das ist doch interessant", flüsterte Martin.

„Alle schauen uns an“, flüsterte Iwan.

„Na und!“, sagte Arthur. „Sollen sie schauen. Warum ist Kindern immer alles peinlich?“

„Sagen wir es gemeinsam!“, rief Lindemann. „Schicken Sie ihn mir herauf, zeigen Sie es ihm, klatschen Sie, wenn er kommen soll. Klatschen Sie laut!“

Wilder Applaus brach los, ein Trampeln und Schreien, als gäbe es plötzlich für niemanden etwas W sichtigeres als die Erfüllung von Lindemanns Wunsch, als könnte keiner sich größeres Glück vorstellen, als Arthur auf der Bühne zu sehen. Der Lärm schwoll immer weiter an, immer mehr Stimmen mischten sich hinein: Die Leute klatschten und brüllten. Arthur rührte sich nicht.

„Bitte!“, rief Eric. „Bitte, geh“, sagte Martin. „Bitte!“

„Nur für euch“, sagte Arthur und stand auf. Durch die johlende Menge arbeitete er sich zum Mittelgang vor, dann ging er zur Treppe und stieg empor. Lindemann machte eine schnelle Handbewegung, der Lärm erstarb.

„Bei mir haben Sie Pech“, sagte Arthur.

„Kann sein.“

„Es geht wirklich nicht.“

„Dieser nette Junge. Das war Ihr Sohn?“

„Es tut mir leid, ich bin nicht der Richtige. Sie möchten jemanden, der erst einmal verlegen ist und dann mit Ihnen plaudert und etwas über sich erzählt, worüber Sie dann einen Scherz machen können, damit alle lachen. Wollen wir das nicht überspringen? Sie können mich nicht hypnotisieren. Ich weiß, wie das funktioniert. Etwas Druck, etwas Neugier, der Wunsch dazuzugehören, die Angst, etwas falsch zu machen. Und natürlich die Sehnsucht nach einem Erlebnis. Aber nicht bei mir.“

Lindemann schwieg. Seine Brillengläser glänzten im Scheinwerferlicht.

„Können die uns hören?“ Arthur zeigte auf die drei reglosen Körper.

„Sie sind mit anderem beschäftigt.“

„Und das möchten Sie mit mir auch machen? Ein anderes Leben?“

Iwan fragte sich, wie sein Vater es anstellte, dass man jedes seiner Worte verstand. Er hatte kein Mikrophon, und er sprach leise; dennoch hörte man ihn deutlich. Gelassen stand er da, als wäre er allein mit dem Hypnotiseur und dürfte fragen, was immer ihm einfiel. Auch sah er nicht mehr geistesabwesend aus. Es schien ihm Spaß zu machen. Lindemann dagegen wirkte zum ersten Mal unsicher. Er lächelte noch, aber auf seiner Stirn lagen Falten. Mit spitzen Fingern nahm er die Brille ab, setzte sie wieder auf, nahm sie von neuem ab, faltete sie und schob sie hinter das grüne Stecktuch in seine Brusttasche. Er hob die rechte Hand und hielt sie über Arthurs Stirn.

„Sehen Sie auf meine Hand.“

Arthur lächelte.

Lindemann legte seine Linke auf Arthurs Schulter.

„Sehen Sie auf meine Hand, sehen Sie darauf, sehen Sie, sehen Sie auf meine Hand.“

„Mache ich doch.“

Ein Kichern ging durch den Saal. Lindemanns Miene verzog sich für einen Moment. „Sehen Sie auf meine Hand, sehen Sie, sehen Sie auf meine Hand. Nur darauf, auf nichts anderes, nur auf die Hand.“
„Ich merke nichts.“
„Das müssen Sie auch nicht.“ Lindemann klang gereizt. „Nur schauen! Auf die Hand schauen, auf die Hand, sonst nichts.“
„Sie richten das Bewusstsein auf sich selbst, oder? Das ist der Trick. Die Aufmerksamkeit richtet sich auf die Aufmerksamkeit. Darauf, wie sie sich auf sich selbst richtet. Eine Schleife, und plötzlich kann man mich nicht mehr –“
„Sind das da unten Ihre Söhne?“
„Ja.“
„Wie heißen sie?“
„Ist das wichtig?“
„Wie sie heißen.“
„Iwan, Eric und Martin.“
„Iwan und Eric?“
„Die Ritter der Tafelrunde.“
„Erzählen Sie über sich.“

Arthur schwieg.

„Erzählen Sie über sich“, wiederholte Lindemann. „Wir sind unter Freunden.“
„Da gibt es wenig zu sagen.“
„Wie schade. Wie traurig, wenn das stimmen sollte.“

Lindemann senkte seine Hand, beugte sich vor und sah Arthur ins Gesicht. Es war ganz still, man hörte nur ein schwaches Rauschen, vielleicht die Klimaanlage, vielleicht die Elektrizität der Scheinwerfer. Lindemann trat einen Schritt zurück, ein Bühnenbrett knarrte, einer der Schlafenden stöhnte.

„Was machen Sie beruflich?“

Arthur schwieg. „Oder haben Sie keinen Beruf?“
„Ich schreibe.“
„Bücher?“
„Würde das, was ich schreibe, gedruckt, wären es Bücher.“
„Ablehnungen?“
„Ein paar.“
„Das ist schlimm.“
„Nein, das macht nichts.“
„Stört Sie gar nicht?“
„Ich habe wenig Ehrgeiz.“
„Stimmt das denn?“

Arthur schwieg.

„Sie sehen nicht aus, als ob Sie wenig wollen. Sie möchten das von sich glauben, aber Sie glauben es nicht. Ich glaube es Ihnen auch nicht. Keiner glaubt es. Was wollen Sie wirklich? Wir sind unter Freunden. Was wollen Sie?“
„Weg.“

„Von hier?"
„Von überall."
„Von zu Hause?"
„Von überall."
„Weg von daheim?"
„Daheim ist man tot."
„Das klingt nicht so, als ob Sie zufrieden sind."
„Wer ist schon zufrieden."
„Bitte antworten Sie."
„Nein."
„Nicht glücklich?"
„Nein."
„Sagen Sie das noch einmal."
„Ich bin nicht glücklich."
„Warum halten Sie noch aus?"
„Was soll man denn tun!"
„Fliehen?"
„Man kann nicht dauernd fliehen."
„Warum nicht?"

Arthur schwieg.

„Und Ihre Kinder? Lieben Sie die?"
„Das muss man."
„Richtig. Man muss. Alle gleich?"
„Iwan mehr."
„Warum?"
„Er ist mehr wie ich."
„Und Ihre Frau? Wir sind unter Freunden."
„Sie mag mich."
„Das war nicht die Frage."
„Sie verdient Geld für uns, sie kümmert sich um alles, wo wäre ich ohne sie?"
„Vielleicht frei."

Arthur schwieg.

„Was denken Sie von mir? Sie wollten nicht auf die Bühne, jetzt stehen Sie hier. Sie dachten, bei Ihnen funktioniert es nicht. Was denken Sie jetzt? Zum Beispiel von mir?"
„Ein kleiner Mensch. Unsicher in allem, deswegen sind Sie, was Sie sind. Weil Sie nichts wären ohne das hier. Weil Sie stottern, wenn Sie nicht hier oben stehen."

Lindemann schwieg eine Weile, als wollte er dem Saal Gelegenheit zum Lachen geben, aber kein Geräusch war zu hören. Sein Gesicht sah bleich und wächsern aus. Arthur stand sehr gerade, seine Arme hingen herab, er rührte sich nicht.
„Und Ihre Arbeit? Ihr Schreiben, Ihr Dichten? Arthur? Was ist damit?"
„Nicht wichtig."
„Warum nicht?"
„Zeitvertreib. Kein Grund, Aufhebens zu machen."
„Es stört Sie nicht, dass Ihre Werke nicht erscheinen?"

„Nein.“

„Dass sie nicht gut sind? Stört Sie nicht?“

Arthur trat einen kleinen Schritt zurück.

„Sie haben keinen Ehrgeiz, glauben Sie? Aber vielleicht wäre es besser, Sie hätten Ehrgeiz, Arthur. Vielleicht wäre Ehrgeiz besser, vielleicht sollten Sie gut sein, vielleicht sollten Sie sich eingestehen, dass Sie gut sein wollen, vielleicht sollten Sie sich anstrengen, vielleicht sollten Sie arbeiten, vielleicht Ihr Leben ändern. Alles ändern. Alles ändern, Arthur. Was meinst du?“

Arthur schwieg. […]

Aus: Daniel Kehlmann: F. Roman. Reinbek bei Hamburg: Rowohlt 2013.

TIPP **Bearbeitungshinweise**

Voraussetzungen

Die Aufgabe besteht aus der Interpretation eines unbekannten epischen Textes sowie aus einem aspektbezogenen Vergleich mit der im Unterricht behandelten Lektüre *Mario und der Zauberer.* Damit wird das Wahlpflichtmodul „Literatur als Zeitdiagnose“ (Rahmenthema 3: Literatur und Sprache um 1900 – neue Ausdrucksformen der Epik) mit dem Rahmenthema 5 (Literatur und Sprache von 1945 bis zur Gegenwart) verklammert. Teilaufgabe 1 geht mit 60 %, Teilaufgabe 2 mit 40 % in die Gesamtnote ein.

Erläuterung der Aufgabenstellung

TEILAUFGABE 1: Der Ihnen vorliegende Romanauszug ist lang, aber leicht zugänglich. Sie sollten ihn mindestens zweimal lesen, zunächst um sich einen Überblick zu verschaffen, dann aktiv mit einem Stift, wobei Sie den Text in Sinnabschnitte einteilen, Einschnitte markieren und sprachliche Auffälligkeiten hervorheben. Sie werden rasch erkennen, dass sehr **wenig an äußerer Handlung** passiert, bemühen Sie sich daher, die **inneren Vorgänge** aufzuspüren. Wie trägt die **Erzählweise** zur Wirkung des Textes bei? Tritt ein Erzähler explizit in Erscheinung? Welche markanten **Stilmittel** finden Sie? Welche Funktion kommt ihnen innerhalb des Textes zu?

Sie können in Ihrem Aufsatz die zu einer Textinterpretation gehörenden **Untersuchungsbereiche** (Inhalt, Aufbau, Sprache, erzählerische Gestaltung) einzeln abarbeiten, doch besteht die Gefahr, dass Sie so zu oft Handlungselemente wiederholen müssen und zu viel Zeit brauchen. Geschickter ist es, die Bereiche zu **verschränken**, also darzulegen, in welchem Sinnabschnitt (Aufbau) was geschieht (Inhalt), wie es sprachlich und erzählerisch vermittelt wird. Vermeiden Sie es unbedingt, das geschilderte Gespräch zwischen Lindemann und Friedland im Detail wiederzugeben. Raffen und strukturieren Sie Ihre Darstellung und lösen Sie sich von der reinen Handlungsebene, indem Sie das Vorgehen Lindemanns, die Position Friedlands und den Ausgang des Geschehens kritisch bewerten.

Behalten Sie schon bei der ersten Teilaufgabe, die immerhin bis zu 40 Punkte einbringt, die von der zweiten Teilaufgabe vorgegebenen **Vergleichsaspekte** im Sinn und arbeiten Sie bereits hier heraus, wie Macht und Widerstand ausgestaltet sind. Wer setzt sich durch? Wann bricht der Widerstand zusammen? Wie wird die Macht eingesetzt?

TEILAUFGABE 2 verlangt einen **aspektgeleiteten Vergleich** mit einer Ihnen bekannten Lektüre. Sie sollen also nicht einfach alles aufschreiben, was Sie zu Thomas Manns Novelle wissen. Stattdessen gilt es, **gezielt** diejenigen Handlungselemente auszuwählen, die Aussagen zu den vorgegebenen Punkten „**Macht**“ und „**Widerstand**“ zulassen. Eine genaue Kenntnis der Ganzschrift ist für die Bearbeitung dieser Aufgabe unerlässlich. Strukturieren Sie Ihre Ausführungen, etwa zu den Formen des Widerstands, zu seinem Erfolg, zum Verhältnis der beiden Gegenspieler Hypnotiseur und Versuchsperson. Bündeln Sie Ihre Erkenntnisse in einem abschließenden **Fazit**.

verwendete Textausgabe: Thomas Mann: Tonio Kröger/Mario und der Zauberer. Frankfurt a. M.: Fischer 1999.

Lösungsvorschlag

TEILAUFGABE 1

Einleitung
Autor, Titel, Erscheinungsjahr, Thema

Eine nachmittägliche Freizeitvergnügung wird zu einem psychischen Zweikampf und mündet in einen Seelen-Striptease. Der Auszug aus Daniel Kehlmanns 2013 erschienenem Roman *F* erzählt vom Besuch des Schriftstellers Arthur Friedland und seiner drei Söhne bei einer Hypnose-Vorführung, die für Friedland einen unerwarteten Verlauf nimmt.

Aufbau

Der Text lässt sich entsprechend der äußeren Handlung in **zwei Sinnabschnitte** gliedern: Im **ersten Abschnitt** (Z. 1–33) wird Friedland vom Hypnosekünstler Lindemann genötigt, gegen seinen Willen auf die Bühne zu kommen. Der **zweite Abschnitt** (Z. 34–156) schildert die schließlich erfolgreiche Manipulation des Schriftstellers durch Lindemann. Noch aufschlussreicher als dieses äußere Geschehen ist allerdings die Frage nach den **inneren Vorgängen**, also danach, wann und wie es Lindemann gelingt, den Widerstand Friedlands zu brechen und ihn seinem Willen zu unterwerfen. Es ist eine genaue Interpretation nötig, um diese Zäsur zu erkennen.

abschnittsweise Interpretation
1. Abschnitt: Lindemann zwingt Arthur zu Auftritt

Lindemanns **Vorführung** ist in vollem Gange, als er unter seinen Zuschauern **Arthur Friedland als neues Demonstrationsobjekt** auserwählt. Er hat bereits einige Besucher zum Tanzen und dann zum Einschlafen gebracht und damit seine Fähigkeiten bewiesen.

Mit Arthur hat er nicht so ein leichtes Spiel. Der **verweigert** hartnäckig eine aktive Teilnahme an der Vorführung und beantwortet Lindemanns Suggestivfrage „Wollen Sie zu mir kommen, Arthur?" (Z. 1), die eigentlich ein Imperativ ist, nonverbal mit Kopfschütteln und Lachen (vgl. Z. 2, 4). So muss sich Lindemann aufs **Werben** verlegen, wobei er Arthur einredet, er kenne dessen Willen besser als dieser selbst: „Sie glauben, Sie möchten nicht. Aber Sie möchten. Glauben Sie mir." (Z. 3) Die antithetische Gegenüberstellung von „mögen" und „nicht mögen" sowie die Wiederholung von „glauben" nehmen eine rhetorische Strategie Lindemanns vorweg, die er auch im weiteren Verlauf des Gesprächs praktiziert: Durch die mehrfache **Wiederholung der immergleichen Wörter** und durch kurze Sätze wirkt seine Redeweise **einlullend**, aber auch verwirrend.

Arthur blockt alle Lockungen Lindemanns ab mit der Aussage: „Bei mir funktioniert es nicht!" (Z. 9) Diese Behauptung kann man als **Kampfansage** verstehen und Lindemann lässt dann auch nicht locker: „Weil ich es will. Weil Sie glauben, Sie wollen nicht." (Z. 15) Lindemanns anaphorische Begründungen für seine Hartnäckigkeit kreisen erneut ums Wollen und Glauben und verraten, dass es dem **Hypnotiseur** auch darum geht, seinen **eigenen Willen durchzusetzen** und sein Gegenüber zu der Erkenntnis zu zwingen, dass es die eigenen Wünsche nicht einschätzen kann. Als alle Einladungen und Appelle nicht greifen, als Arthur auch dem Drängen seiner peinlich berührten Söhne nicht nachgibt, baut Lindemann auf eine andere Weise **Druck** auf, indem er das Publikum dazu aufruft, durch **Klatschen** Arthur zum Mitmachen zu bewegen. Der daraufhin ausbrechende Tumult wirkt so gewaltig, als ob es „für niemanden etwas Wichtigeres" und kein „größeres Glück" (Z. 25 ff.) gebe, als Arthur zur Kapitulation zu bringen. In diesem Vergleich des Erzählers schwingt ein Hauch Ironie darüber mit, dass sich die Menge so absolut mit Lindemanns Wünschen identifiziert. Und selbst diese lautstarke Kundgebung prallt an Friedland ab: „Arthur rührte sich nicht." (Z. 29) Erst das erneute **Bitten der Kinder** bringt ihn dazu, **einzulenken** und zu Lindemann auf die Bühne zu steigen. Wie ein Dompteur lässt der den allgemeinen Jubel abrupt enden – er hat sein Publikum voll im Griff.

2. Abschnitt: Lindemann bricht Arthurs Widerstand gegen die Hypnose

Der **zweite Sinnabschnitt** beginnt zwar mit einer räumlichen Veränderung Arthurs – er steht neben Lindemann –, doch verharrt er innerlich in seiner **Verweigerungshaltung** und zeigt Lindemann sogar etwas wie **Mitleid** dafür, dass der für sein Experiment den Falschen ausgesucht habe: „Bei mir haben Sie Pech" (Z. 34). Er betont seine **Unempfänglichkeit für Hypnose**, blockt die Smalltalk-Versuche Lindemanns ab und **analysiert** vielmehr kritisch dessen

Vorgehensweise, wobei er etwas herablassend seine eigene Überlegenheit herausstellt: „Ich weiß, wie das funktioniert. Etwas Druck, etwas Neugier, der Wunsch dazuzugehören, die Angst, etwas falsch zu machen. Und natürlich die Sehnsucht nach einem Erlebnis." (Z. 41 ff.) Mit der asyndetischen und elliptischen Reihung nennt Arthur wie ein psychologischer Sachverständiger Faktoren, die das Wirken der Hypnose begünstigen würden. Indem er so das **Phänomen rational erklärt**, glaubt er es zu entzaubern. Durch seine gelassene Körperhaltung und gut vernehmbare Artikulation vermittelt er eine **Position der Stärke**, sein Sohn Iwan gewinnt sogar den Eindruck, dass ihm die Veranstaltung Spaß macht (vgl. Z. 51). Die spöttische Frage, ob Lindemann für ihn auch ein anderes Leben vorgesehen habe, lässt diesen wie einen Scharlatan dastehen (vgl. Z. 47).

Selbstsicherheit Arthurs

Arthur hat Oberwasser, **Lindemann** wirkt dagegen „**unsicher**" (Z. 52). Er ist schweigsam, hantiert mit seiner Brille und zeigt ein gezwungenes Lächeln. Auf Arthurs Bemerkungen zur Wirkung von Hypnose geht er überhaupt nicht ein, sondern startet die praktische Übung, indem er Arthur auffordert, sich **auf seine erhobene Hand zu konzentrieren**. Dabei greift er erneut zu dem Stilmittel, beschwörend Wörter zu wiederholen (vgl. Z. 56, 59). Seine Imperative kreisen alle um die zu fokussierende Hand. Doch wird die von ihm angestrebte Anspannung immer wieder **unterwandert** durch Arthurs flapsige Einwürfe („Mache ich doch.", Z. 60; „Ich merke nichts.", Z. 64). Das Publikum reagiert mit Heiterkeit. Zudem durchleuchtet Arthur den „Trick": „Die Aufmerksamkeit richtet sich auf die Aufmerksamkeit. Darauf, wie sie sich auf sich selbst richtet." (Z. 67 ff.) Diese von ihm beschriebene „Schleife", das Um-sich-Kreisen des Bewusstseins korrespondiert mit der Schleife von Lindemanns Wortwiederholungen. Spätestens hier erscheinen der Hypnotiseur und sein Versuchsobjekt als **Kontrahenten in einem psychischen Machtkampf vor Publikum**. Lindemanns Mimik sowie sein gereizter Tonfall verraten, dass es ihn Mühe kostet, die Dominanz in diesem Dialog und in seiner eigenen Show zurückzugewinnen.

Frontstellung von Lindemann und Arthur

Den **Umschwung** erreicht Lindemann erst, als er plötzlich das **Thema wechselt** und sich unerwartet nach den Namen von Arthurs Söhnen erkundigt bzw. ihre Namen einfordert („Wie sie heißen.", Z. 74). Er lädt Arthur ein, etwas aus einem Leben zu erzählen, schließlich sei man „unter Freunden" (Z. 80). Die Unwahrheit dieser Floskel ist an sich leicht zu durchschauen, doch geht **Arthur** dennoch **in die Falle**. Sein Eingeständnis, dass es über ihn wenig zu erzählen gebe, erlaubt es Lindemann, **provokante Fragen** zu stellen („Oder haben Sie keinen Beruf?", Z. 88), Mitleid zu heucheln („Das ist schlimm", Z. 94) und so Arthur aus der Reserve zu locken. Arthur muss **zugeben**, ein **erfolgloser Schriftsteller zu sein**. Mit bohrenden

Zäsur: Lindemann dominiert Dialog und führt Hypnose durch

kurzen Fragen, die an ein **Verhör** erinnern, kitzelt Lindemann Arthurs tatsächliche Wünsche und **verborgene Träume** heraus, seinen Wunsch, aus dem Alltag auszubrechen, sowie das **Eingeständnis der eigenen Unzufriedenheit**. Die Metapher „Daheim ist man tot." (Z. 109) drückt aus, dass Arthur sich vom Alltag angeödet fühlt – möglicherweise ist diese Enge schuld an seiner Erfolglosigkeit im kreativen Bereich.

Selbstoffenbarung Arthurs: Aussagen über sich und seine Familie

Schließlich zwingt Lindemann ihn bewusst, seine Empfindungen auszusprechen, also **Selbstaussagen** zu formulieren: „Ich bin nicht glücklich." (Z. 117) Der Schriftsteller räumt die **Ausweglosigkeit seiner Lage** und die Unmöglichkeit einer Flucht ein. Doch belässt es der Hypnotiseur nicht dabei, Arthur ein Eingeständnis seines Unglücks abzuringen. **Zynisch** agiert er, als er nach **Arthurs Verhältnis zu seinen Kindern und seiner Frau** fragt, schließlich sei man „unter Freunden" (Z. 130). So müssen die Kinder im Saal mitanhören, wie ihr Vater seine Liebe zu ihnen als Pflichtübung beschreibt und zugibt, einen den anderen beiden vorzuziehen. Gegenüber seiner Frau empfindet er statt Liebe Dankbarkeit, da sie die Familie finanziert und organisiert, woraufhin Lindemann suggestiv andeutet, dass diese **Familie eher eine Fessel** sein könnte (vgl. Z. 130 ff.).

Arthurs Urteil über Lindemann

Der **Hypnotiseur** scheint sich **als Sieger** im Willenskampf zu fühlen. Er hält Arthur dessen anfängliche Selbstsicherheit vor, gegenüber Hypnose immun zu sein. Und wird so leichtsinnig, sich nach Arthurs Meinung zu seiner Person zu erkundigen, doch kann ihm die schonungslose Antwort nicht gefallen: „Ein kleiner Mensch. Unsicher in allem, deswegen sind Sie, was Sie sind. Weil Sie nichts wären ohne das hier. Weil Sie stottern, wenn Sie nicht hier oben stehen." (Z. 138 f.) Das Urteil, Lindemann brauche die Auftritte, um seine Defizite und sein **Minderwertigkeitsgefühl zu kompensieren**, kontert dieser mit weiteren **Demütigungen Arthurs**.

Befehl Lindemanns an Arthur, sein Leben zu ändern

Dessen zur Schau getragene Gleichgültigkeit, die Banalisierung seiner eigenen Texte als „Zeitvertreib" (Z. 146) werden durch Lindemanns bohrende elliptische Fragen als Schutzbehauptung entlarvt: „Dass sie nicht gut sind? Stört Sie nicht?" (Z. 149) Arthurs Zurückzucken verrät, dass der Hypnotiseur ihn getroffen hat, was dieser als Angriffspunkt für seine weiteren Forderungen nutzt. Zwar wiederholt Lindemann mantraartig das Adverb „vielleicht", doch lässt er keinen Zweifel aufkommen, dass er keine Möglichkeiten abwägt, sondern eine unausweichliche Tatsache feststellt: „[v]ielleicht sollten Sie sich anstrengen, vielleicht sollten Sie arbeiten" (Z. 153 f.). Er **verlangt** ein **Bekenntnis zu Ehrgeiz** und eine Umstellung der Lebensweise: „Alles ändern. Alles ändern, Arthur. Was meinst du?" (Z. 154 f.) Der unvermittelte Wechsel in die **du-Anrede** zeigt, wie

Lindemann sich **übergriffig** in ein fremdes Leben einmischt. Arthur reagiert darauf nur mit Schweigen, hat dem Hypnotiseur nichts mehr entgegenzusetzen.

erzählerische Gestaltung

Die intensive, spannende Wirkung des Textes beruht auf dem **szenischen, weitgehend zeitdeckenden Erzählen:** Die zahlreichen **Dialoge**, die mit Ellipsen, Fragen und parataktischer Syntax der **gesprochenen Sprache** nachempfunden sind, lassen das Geschehen wie im Drama unmittelbar werden. So zieht nicht nur Lindemanns Hypnosekunst Arthur in seinen Bann, auch der Autor Kehlmann packt mit seiner Erzählkunst die Leserinnen und Leser.

Die **Erzählhaltung** ist vorwiegend **neutral**, nur an einzelnen Stellen wird personal aus Iwans Sicht berichtet (vgl. Z. 48 ff.). Die Außenwahrnehmung wird durch Formulierungen wie „Es schien" (Z. 51) oder „Lindemann […] wirkte" (Z. 52) betont. Diese objektive Haltung des Erzählers gewährt **keinerlei Einblicke in die Gedanken- und Gefühlswelt der beiden Kontrahenten** Arthur und Lindemann, sodass der Leser anhand der Mimik, Körperhaltung und der Verteilung der Redeanteile selbst herausfinden muss, an welchem Punkt der Hypnotiseur den Dialog dominiert. Wo macht Arthur sich noch lustig und ab wann wird er schon von Lindemann manipuliert?

Bewertung von Lindemanns Vorgehen

Der lange Schlagabtausch verdeutlicht, dass es Lindemann einige Mühe kostet, Arthurs kritische und rationale Sichtweise zu besiegen, um zu dessen unbewussten Wünschen vorstoßen zu können. Dann bringt er Unterstellungen vor, die offensichtlich **verborgene Wahrheiten** treffen: Er entlockt Arthur das Eingeständnis, dass der mit seinem Leben, seiner Ehe, seiner Vaterrolle sowie seiner beruflichen Erfolglosigkeit unglücklich ist. **Arthur hat sich eingerichtet in seiner Anspruchslosigkeit** und die eigenen Wünsche verdrängt. Lindemann erspürt sie und zwingt ihn dazu, sein Innerstes nach außen zu kehren. Seine Vorgehensweise ähnelt zwar der eines **Psychotherapeuten** – er holt durch Nachfragen Arthurs unbewusste Anteile ans Licht und stößt so eine Änderung der Lebensweise an –, doch tut er es im Rahmen einer Nachmittagsunterhaltung, vor Publikum und vor Arthurs Kindern. Dass diese **Selbst-Entblößung** vorgeführt wird, dass sie sich vollzieht, ohne dass der Betroffene es bewusst wahrnimmt, steht im krassen Widerspruch zu Lindemanns anfänglicher Beteuerung, dass der Auftritt nicht gefährlich sei (vgl. Z. 5). Der **Hypnotiseur** handelt, möglicherweise erst aufgestachelt durch Arthurs Widerspruch, **verantwortungslos**. Er **missbraucht seine Macht**, um das Gegenüber zu demütigen und ihm zu beweisen, dass er der Stärkere ist. Dennoch existiert auch die Möglichkeit, dass seine psychische Beeinflussung es Arthur erlauben wird, aus seinem unglücklichen Leben auszubrechen. „[V]ielleicht sollten Sie […] Ihr

Leben ändern. Alles ändern. Alles ändern.“ (Z. 154 f.) – Lindemanns Appell ist der **Aufruf zu einem existenziellen Neubeginn**.

TEILAUFGABE 2

Vergleich mit *Mario und der Zauberer*

Situation

Der „große Lindemann“ ist ein moderner **Wiedergänger des Cavaliere Cipolla**. Fast scheint es, als hätte Daniel Kehlmann an Thomas Manns Novelle *Mario und der Zauberer* Maß genommen, so **ähnlich** ist das **Setting:** Ein Vater besucht mit seinen Kindern die Vorführung eines Hypnosekünstlers und wird Zeuge von Manipulationen des freien Willens. Dabei gibt es allerdings den gravierenden **Unterschied**, dass **bei Mann der Vater selbst als Ich-Erzähler aus der Rückschau** berichtet und während des Geschehens passiver Beobachter war, wohingegen bei **Kehlmann der Vater zum Versuchsobjekt** gemacht wird.

Vorgehen der Hypnosekünstler

Cipolla und Lindemann agieren auf vergleichbare Weise: Sie **zwingen dem jeweiligen Gegenüber ihren Willen auf**. Dabei demonstriert Cipolla mit unterschiedlichen Tricks, wie er das Publikum manipulieren kann: Er vollführt Zahlen- und Kartenkunststücke, findet von Zuschauern versteckte Gegenstände und liegt stets richtig. Es gibt empfängliche Besucher, bei denen seine Hypnose sofort anspricht: Ein junger Italiener wird zur Sitzbank umfunktioniert, mehrere Zuschauer werden – wie auch bei Lindemann – zum Tanz auf der Bühne animiert.

Umgang mit Widerstand

Doch stößt der Zauberer auch auf **Widerstand**. Den Giovanotto, der zweimal lautstark Kritik äußert, demütigt er jeweils – zuerst zwingt er ihn, die Zunge herauszustrecken, dann sich vor Schmerzen zu krümmen. Auch der Herr aus Rom stellt sich gegen den Zauberer und bestreitet, dass Cipolla ihn gegen seinen Willen lenken kann, doch er unterliegt. Er wird dazu gebracht, seinen Arm zu heben und sich schließlich an dem enthemmten Tanz auf der Bühne zu beteiligen. Sie alle agieren **nicht mehr selbstbestimmt** und werden so **öffentlich bloßgestellt**.

Kraftanstrengung der Hypnotiseure

Zwar gelingt es Cipolla schneller als Lindemann im Falle Arthurs, **Widerstände zu überwinden** und seinen Willen durchzusetzen. Doch für beide bedeutet die Manipulation anderer eine große **Anstrengung**. Cipolla muss seine Spannkraft immer wieder mit Zigaretten und Alkohol auffrischen. Lindemanns Gesicht wirkt bleich und angespannt (vgl. Z. 141).

Verhältnis Hypnotiseur – Versuchsperson

Das Publikum in Torre di Venere ist beeindruckt von **Cipollas rhetorischem Talent** („Parla benissmio“, S. 95). Er dominiert als Akteur wie als Redner den Abend und tritt gegenüber seinen Versuchspersonen herrisch und herablassend auf. In der Begegnung mit **Mario** wird das **soziale Gefälle** deutlich: hier der gebildete, mit Anspielungen auf den antiken Mythos auftrumpfende Cavaliere, dort der schüchterne, einfache Kellner. Im Vergleich dazu befinden sich **Lindemann und Arthur Friedland auf Augenhöhe**. Anfangs bestimmt sogar Friedland die Unterredung, indem er Lindemanns Hypnosestrategie analysiert und so durchkreuzt. Lange verweigert er sich der Einladung, auf die Bühne zu kommen. Es bedarf erst des Einsatzes des Publikums und des Flehens der Kinder, damit er nachgibt. Mario ist dagegen willfähriger: Als Cipolla ihn mit einer Geste zu sich beordert, gehorcht er nach kurzem Zögern: Es war „wohl eine seelische Unmöglichkeit, daß ein schlichter Bursche wie er dem Zeichen eines so im Erfolg thronenden Mannes, wie Cipolla es zu dieser Stunde war, hätte den Gehorsam verweigern sollen“ (S. 120).

Taktik

Sowohl Cipolla als auch Lindemann **wiegen** ihre **„Opfer“ in Sicherheit**, gaukeln ihnen vor, man sei „unter Freunden“ (Z. 80) und unterhalte sich „freundschaftlich“ (S. 122). Beide stellen Fragen zur Biografie ihres Gegenübers, verwickeln sie in ein persönliches Gespräch. Arthur sträubt sich zwar lange, geht dann aber doch auf die Fragen zu seinen Söhnen ein.

Entblößung der Versuchspersonen

Und sowohl Cipolla als auch Lindemann **erspüren das Unglück ihrer Versuchsperson**, gehen damit aber nicht diskret und einfühlsam um, sondern machen gerade dieses zum Gegenstand der Machtdemonstration. Beide zwingen ihr Gegenüber durch zudringliche und manipulative Fragen zur **Selbstoffenbarung: Mario**, der als „Ritter der Serviette“ (S. 124) verspottet wird, muss widerstrebend seinen **Liebeskummer eingestehen**. **Arthur** gibt zu, mit seinem Familienleben und seinem mangelnden schriftstellerischen Erfolg **unzufrieden** zu sein und aus allen Verpflichtungen ausbrechen zu wollen. Problematisch ist, dass die Hypnosekünstler diese **Preisgaben zur Belustigung** des Publikums herbeiführen. In beiden Fällen verfolgt das Plenum mit angehaltenem Atem die Demontage der Männer. Zugleich ist die Fremdsteuerung, die Lindemann und Cipolla ausüben, Ausdruck ihres **Machtwillens**. Lindemanns wiederholter Einsatz des Verbs „wollen“ zeigt, dass er seinen Willen durchsetzen möchte und dass er sich durch Arthurs Widerstand gereizt fühlt. **Cipolla** tritt mit seiner Reitpeitsche wie ein Herrscher auf, der seine Zuschauer nach Lust und Laune dirigiert, was hier auch eine politische Note hat: Er erscheint als **Prototyp des faschistischen Führers**.

Gegenwehr

Seelisch grausam handelt Cipolla, indem er Mario vorgaukelt, selbst dessen Geliebte Silvestra zu sein, und ihn dazu bringt, ihn zu küssen. Doch **Mario** wehrt sich, als er diesen Missbrauch erkennt. Um sich und seine Selbstachtung zu wahren, **tötet** er den Hypnotiseur. Der Mord erscheint, obwohl er zweifellos Marios Zukunft zerstört, **als Befreiungsschlag** und letztes Mittel, um die Macht Cipollas zu brechen.

Friedlands Widerstand findet **nur vor der Hypnose** und vor der Zurschaustellung seines Gefühlslebens statt. Immerhin gibt ihm Lindemann auch einen **konstruktiven Auftrag** mit – nämlich sich im Leben mehr anzustrengen. **Cipollas Demütigung** hat dagegen nur **destruktiven Charakter:** Er macht Mario lächerlich, woraufhin der das Leben des Zauberers (und auch sein eigenes) zerstört.

Fazit

Beide Texte erzählen von dem **Missbrauch psychologischer Macht**. Sie erzählen auch von der **Sensationslust der Menge**, die diese entwürdigende Vorführung stets mit Applaus bedenkt. Bei Thomas Mann nimmt das Spektakel ein tödliches Ende, bei Kehlmann existiert immerhin die Möglichkeit eines Neuanfangs für Arthur. Ein positiver Widerstand erscheint jeweils unmöglich angesichts der Dominanz des Hypnotiseurs. Eine Verweigerung um der Verweigerung willen scheitert, da ein positives Ziel fehlt. Die Vermutung von Manns Ich-Erzähler bestätigt sich: „Wahrscheinlich kann man vom Nichtwollen seelisch nicht leben; eine Sache nicht tun wollen, das ist auf Dauer kein Lebensinhalt“ (S. 118).

INTERPRETATION LITERARISCHER TEXTE

Aufgabenstellung

1 Interpretieren Sie den Auszug aus Carl Sternheims Komödie *Der Snob.*

2 Vergleichen Sie den wechselseitigen Umgang von Christian Maske und Sybil Hull mit den in Heinrich Manns Roman *Der Untertan* geschilderten Beziehungen von Diederich Heßling zu Agnes Göppel und Guste Daimchen.

Material — Carl Sternheim (1878–1942): Der Snob. Komödie in drei Aufzügen (1914)

Christian Maske, der Protagonist von Sternheims Komödie, hat als Generaldirektor beruflich Karriere gemacht und plant nun auch seinen gesellschaftlichen Aufstieg. Die erste Szene zeigt ihn im Dialog mit seiner Geliebten Sybil Hull.

DER ERSTE AUFZUG

Möbliertes Zimmer Christian Maskes.

Erster Auftritt

CHRISTIAN: […] ich habe auch mit dir ernst zu reden.

SYBIL: Ich muß heim.

CHRISTIAN: Der gestrige Tag war in meinem Leben ein Abschnitt. Vier Jahre, die du mit mir lebst, sahst du mich von Tag zu Tag meinem Ziel näher kommen. […] Die unter meiner Mitwirkung gegründeten afrikanischen Minen prosperieren, es ist kein Zweifel, der gestern in der Sitzung des Aufsichtsrats gemachte Vorschlag, mich zum Generaldirektor der Gesellschaft zu ernennen, wird von den Aktionären akzeptiert.

SYBIL: Welcher Erfolg!

CHRISTIAN: Ich besitze heimlich ein Fünftel der Aktien, die ich kaufte, als sie niemand mochte. Was ich, nunmehr im Sattel, an Möglichkeiten des Vermögens und sozialer Stellung für mich voraussehe, ist glänzend.

SYBIL: Wer wies zuerst auf deine kaufmännischen Talente und machte dem traurigen Studium der Philologie[1] ein Ende?

CHRISTIAN: Du hobst mich aus dem tiefsten Elend, lehrtest mich Kleider anständig tragen, gabst mir, soweit es in deiner Macht stand, Umgangsformen.

SYBIL: Was warst du für eine Erscheinung in zu kurzen Hosen und ausgefransten Ärmeln!

CHRISTIAN: Gabst dich selbst dazu und Geld bisweilen.

SYBIL: Das Entscheidende zuletzt – mich selbst. Lebenssache.

CHRISTIAN: Ganz klar möchte ich einmal vor uns beide hinstellen, wie tief ich dir verpflichtet bin; an so entscheidendem Tag zurückblicken …

SYBIL: Laß das.

CHRISTIAN: Voll Dankbarkeit, um mich alsdann zu vergleichen und es für immer zu vergessen.

SYBIL: Das wäre bequem.

CHRISTIAN: Ich trete in kein neues Viertel meines Lebens, ohne daß aus dem vergangenen die Schuld bezahlt ist. In dieses Buch habe ich nach bestem Wissen und Gewissen aufgezeichnet, was du an Aufwendungen für mich geleistet. Dazu wurde die Summe fünfprozentig von mir verzinst.

SYBIL: Christian!

CHRISTIAN: Möglichkeiten, die du durch den Umgang mit mir versäumtest, sind ins Auge gefaßt, und ich kam auf eine Summe von vierundzwanzigtausend Mark, die ich dir schulde, und die du heute überwiesen erhältst.

SYBIL *nach einer Pause*: Mit Empfindlichkeiten zu kommen …

CHRISTIAN: Die du selbst in entscheidenden Dingen mir aberzogen, mit eisernem Besen aus mir herausgekehrt hast. Heute ist Abrechnung. Kein Fehler in der Addition und im Kalkul! Unsere Beziehungen im Vergangenen sind durch meine wirtschaftliche Gebundenheit in ihrem langen Charakter erklärt. Für die Zukunft hätte ich solche Begründung vor mir selbst nicht mehr. Um den nötigen Glauben an die Wirklichkeit meiner neuen Stellung zu haben, muß sich mit ihr alles um mich entsprechend ändern. Entweder du ziehst diesen Schluß der Vernunft …

SYBIL: Er heißt?

CHRISTIAN: Wie sage ich es? Einfach mehr Distanz in Zukunft. Die genannte Summe und eine monatliche Apanage[2] zwischen uns gesetzt, sorgt schon dafür.

SYBIL: Ich bin in Empfindungen zerrissen.

CHRISTIAN: Du weißt, ich habe nach deinen Lehrsätzen recht. Nur schmerzt es, sie auf dich angewendet zu sehen. Ich trete in das öffentliche Leben. Nirgends ein Fehler im Kalkul.

SYBIL: Die Welt gestattet dir zwar eine bezahlte …

CHRISTIAN *hält ihr den Mund zu*: Und so weiter.

SYBIL: Bin ich denn in deinem Leben der einzige Punkt, der für die Zukunft bedenklich war? Gibt es nichts, das dich entscheidender in deinem Trieb, bürgerliches Ansehen zu gewinnen, stören könnte als ich in meiner bisherigen Stellung zu dir?

CHRISTIAN: Du weißt es.

SYBIL: Willst du folgerichtig handeln …

CHRISTIAN: Ich mache kein Hehl daraus. Was ich selbst bin, Erscheinung und Gedankenwelt, dafür bürge ich der Welt. Aber meine Eltern, dir ist es bekannt, sind Leute aus dem Volk.

SYBIL: Tauchst du also jetzt in die Welt auf …

CHRISTIAN: Laß mich meine Gedanken selbständig denken. Du weißt, ich kann's. Leute aus dem Volk. Meine gute Mutter besonders.

SYBIL: Sie konnten dir das gesellschaftlich Primitivste nicht beibringen.

CHRISTIAN: Der Weg, den ich mache, ist durch meine Geburt ein besonders ungewöhnlicher. Daß es falsch wäre, durch Hervorzerren der Erzeuger den Abgrund zwischen Herkommen und errungener Stellung offenbar zu erhalten, liegt auf der Hand. Es wäre mehr als töricht-geschmacklos.

SYBIL: Und da du heute nur den guten Geschmack anbetest …

CHRISTIAN: Ironien auf dem schlechten Gewissen deiner eigenen Vergangenheit wirken nicht. Was weiß irgend jemand von *deinen* Eltern? Du hast sie einfach unterschlagen, still gemordet. Vielleicht saß dein Vater im Zuchthaus? Hieß er wirklich Hull?
Er lacht: Du hättest doch den Reiz, von dem du lebst. Er hatte in jedem Falle Eigenschaften, da der Glanz solcher Tochter von ihm ausging.
Du unterbrachst mich mit deiner Zwischenrede. Die Differenz zwischen Herkunft und Heute ist erläutert. Doch kommt noch hinzu: das Bewußtsein, überhaupt zu verdanken, sei es das Leben, ist in meiner Rüstung ein schwacher Punkt. Wie alles in meiner Welt aus mir entstand, wie ich nur auf mich beziehe, für mich hoffe und fürchte, muß ich frei sein von Rücksicht auf jedermann, um zu marschieren. Und so fürchte ich Vater und Mutter.

SYBIL: Was willst du tun? Ihnen eine Summe bieten, daß sie fortbleiben?

CHRISTIAN: Mein Vater ist nicht schüchtern; hier verlangt er sie selbst.

SYBIL: Du hast gelernt mit Geld umgehen.

CHRISTIAN: Ich habe allerhand gelernt.

SYBIL: Und da du konsequent bist, muß, wer dich liebt, zwar schweren Herzens zustimmen.

CHRISTIAN: Die gleiche Einsicht hoffe ich von den Eltern. Wir sind einig?

SYBIL: Ich erlebe die Änderung gerade: dich aus einer gewissen Entfernung mit einer Spur von Unterwürfigkeit ansehen.

CHRISTIAN: Dinge gewinnen nicht an Wahrheit, wenn man sie ausspricht; wenn man sie tut.

SYBIL: Doch an Klarheit.

CHRISTIAN: Kluger Kopf.

SYBIL: Ich liebe dich, Christian. Du bist der Fehler in der Rechnung meines Lebens. Ich gäbe die vierundzwanzigtausend für deinen Besitz jetzt.

CHRISTIAN: So verdienst du in Not und Elend zu sterben. Da nimm einen Kuß umsonst. – Du hast mir die Krawatte verschoben.

SYBIL: Sie saß schon vorher infam[3].

CHRISTIAN: So viel ich von dir lernte, das allein faßte ich nicht: den tadellosen Sitz einer Krawatte. Zeig ihn mir zum hundertsten Male.

SYBIL *bindet die Krawatte um den Hals einer großen Vase*:
Zuerst einfaches Schlingen des Knotens. Zweitens Unterlegen des einen Endes als Masche. Durchziehen des anderen drittens.

CHRISTIAN: Steht rechts ein Stück vor.

SYBIL: Man schneidet's mit der Schere fort.

CHRISTIAN: Kostet jedes Binden eine Krawatte.

SYBIL: Und bringt ein: die Anerkennung der Verstehenden.

CHRISTIAN: Worauf es bei allen Dingen ankommt.

SYBIL, *tiefer Knicks*: Ergebene Dienerin, Herr Generaldirektor.

CHRISTIAN: Keinen Scherz.

SYBIL: Ich habe vollkommen begriffen.

Sybil exit.

Aus: Carl Sternheim: Der Snob. Komödie in drei Aufzügen. In: ders.: Aus dem bürgerlichen Heldenleben. Neuwied/Berlin: Luchterhand 1969, S. 140–146.

Anmerkungen
1 Philologie: Sprach- und Literaturwissenschaft
2 Apanage: regelmäßige finanzielle Zuwendung
3 infam: eigentlich: bösartig, hier im Sinne von: schlecht, falsch

TIPP **Bearbeitungshinweise**

Voraussetzungen

Die Aufgabe besteht aus der Interpretation eines unbekannten literarischen Textes sowie aus einem aspektbezogenen Vergleich mit der Pflichtlektüre *Der Untertan*. Damit wird das Wahlpflichtmodul „Literatur als Zeitdiagnose" (Rahmenthema 3: Literatur und Sprache um 1900 – neue Ausdrucksformen der Epik) mit dem Rahmenthema 2 (Drama und Kommunikation) verklammert. Die Bearbeitung der Aufgabe setzt voraus, dass Sie über Kompetenzen in der Dramenanalyse sowie über fundierte Kenntnisse zu Heinrich Manns Roman verfügen.
Teilaufgabe 1 geht mit 60 %, Teilaufgabe 2 mit 40 % in die Gesamtnote ein.

Erläuterung der Aufgabenstellung

TEILAUFGABE 1: Der Operator „**interpretieren**" verlangt von Ihnen eine genaue Analyse und **Deutung des Dramenauszugs**, wobei Sie Inhalt, formale Elemente und sprachliche Gestaltung der Szene untersuchen müssen. Lesen Sie sich den gegebenen Auszug zunächst durch. Dabei können Sie bereits inhaltliche und sprachliche Auffälligkeiten farbig markieren oder am Rand notieren. Da es sich bei der Szene um einen Dialog zwischen zwei Personen handelt, sollten Sie Ihr besonderes Augenmerk auf die **Gesprächsanalyse** legen. Stellen Sie sich dazu zum Beispiel folgende Fragen: Wer spricht hier miteinander? Verläuft die Unterhaltung ausgewogen oder wird sie von einem der beiden Gesprächspartner dominiert? Wo wechselt das Thema oder die Atmosphäre? Wer ist dafür verantwortlich? Nur mit einer aufmerksamen Lektüre spüren Sie die unterschwelligen Töne, die zeigen, wann sich die Stimmung verändert. Wenn Sie solche Stellen ausgemacht haben, wird es Ihnen leichtfallen, den Auszug in **Sinnabschnitte** einzuteilen. Diese können Sie dann der Reihe nach durchgehen und auf Sprache, Form und Inhalt untersuchen.
Bevor Sie mit dem Schreiben beginnen, müssen Sie sich entscheiden, wie Sie vorgehen wollen. Stellen Sie die Analysen von **Inhalt**, **Form** und **Sprache** getrennt dar oder verweben Sie alles miteinander? Die zweite Variante ist zwar anspruchsvoller, dafür aber eleganter. Sie vermeiden so Wiederholungen und zeigen, dass Sie alle Bestandteile des Dramenauszugs zueinander in Beziehung setzen können. Wichtiger als einzelne **rhetorische Mittel** ist die Art und Weise, wie die beiden Figuren miteinander sprechen. Welche Worte benutzen sie, wie gestalten sie ihre Sätze? Dies lässt Rückschlüsse auf ihre jeweiligen Charaktere zu.
Beginnen Sie Ihren Aufsatz am besten mit einer **Einleitung**, die zum Thema hinführt und den Textauszug kurz vorstellt. Danach folgt Ihre **Interpretation** nach Sinnabschnitten. Gehen Sie sowohl auf den Inhalt der einzelnen Teile ein als auch auf deren jeweilige Bedeutung und weisen Sie alle Ihre Feststellungen am Text nach. Wählen Sie besonders prägnante formalsprachliche Mittel aus und beschreiben Sie diese in ihrer **Funktion und Wirkung**. Am Ende sollten Sie Ihre Ergebnisse zur **Figurencharakteristik** und **Kommunikationssituation** zusammenfassen.

TEILAUFGABE 2 fordert Sie zu einem **Vergleich literarischer Texte** im Hinblick auf die dargestellten **Mann-Frau-Beziehungen** auf. Sie sollen den gerade interpretierten Auszug aus Sternheims Komödie Heinrich Manns Roman *Der Untertan* gegenüberstellen, wobei Sie auf Ihr **schulisches Wissen** zurückgreifen müssen. Die Aufgabenstellung gibt Ihnen vor, dass Sie sich auf den **Umgang der jeweiligen Partner miteinander** konzentrieren sollen. Dabei werden für den *Untertan* explizit die Beziehungen Diederich Heßlings zu **Agnes Göppel** und **Guste Daimchen** genannt. Diese Zweiteilung hilft Ihnen bei der Strukturierung des zweiten Teils Ihres Aufsatzes: Stellen Sie Diederichs Beziehung zu Agnes kurz vor, um danach auf einzelne **Unterschiede und Gemeinsamkeiten** einzugehen, die diese Liebe im Vergleich mit dem Paar in *Der Snob* aufweist. Betrachten Sie dabei sowohl die Rolle des Mannes als auch diejenige der Frau. In gleicher Weise sollten Sie dann verfahren, wenn es um Diederich und Guste geht. Skizzieren Sie auch hier kurz allgemein, wie deren Beziehung aussieht, und widmen Sie sich anschließend dem Vergleich. Am Ende können Sie in einem **Schlussteil** die jeweils von Sternheim und Mann gewählte Darstellung thematisieren. So zeigen Sie, dass Sie auch über gattungstheoretisches Wissen verfügen.

verwendete Textausgabe:
Heinrich Mann: Der Untertan. Stuttgart: Reclam 2021.

Lösungsvorschlag

TEILAUFGABE 1

Einleitung
Thema, Autor, Titel, Erscheinungsjahr, Inhalt und Aufbau

Die Redewendung „**über Leichen gehen**“ drückt aus, dass jemand skrupellos und ohne Rücksicht auf andere Menschen seine Ziele verfolgt. Zwar kommt dabei nicht wirklich jemand zu Tode, aber es kann durchaus passieren, dass derjenige, der den eigenen Erfolg über alles andere stellt, ein paar gebrochene Herzen zurücklässt. Als eine solche Person erweist sich auch **Christian Maske**, der Protagonist in Carl Sternheims 1914 erschienenem Drama *Der Snob*, der im vorliegenden Auszug seiner **Geliebten Sybil Hull** den **Laufpass gibt**. Die Szene lässt sich in **fünf Sinnabschnitte** einteilen, die sowohl durch ihren unterschiedlichen Inhalt als auch durch Veränderungen im Gesprächsverlauf voneinander abgegrenzt werden können.

Hauptteil
Interpretation
1. Sinnabschnitt: Erfolgsmeldungen Christians

Der erste Sinnabschnitt (Z. 1–12) beginnt mit **Christians Eröffnung**, er habe ein ernstes Gespräch mit Sybil zu führen (vgl. Z. 1). Seine Geliebte scheint zu ahnen, dass dieses unangenehm für sie verlaufen könnte, und reagiert ausweichend („Ich muß heim.“, Z. 2). Darauf geht ihr Freund jedoch nicht ein, sondern setzt zu längeren Ausführungen an, die in Sprachstil und Inhalt an eine **einstudierte**

politische Rede erinnern (vgl. Z. 3 ff.). Man hat hier nicht den Eindruck, als würde Christian im Privaten allein mit seiner Geliebten sprechen, sondern als würde er einem größeren Publikum seine kürzlichen **wirtschaftlichen Erfolge** im afrikanischen Minengeschäft vermelden. Es ist deshalb nicht unwahrscheinlich, dass Sybils bewundernder Ausruf „Welcher Erfolg!" (Z. 9) ironisch gemeint ist. Unbeeindruckt setzt Christian sein Eigenlob fort und betont die finanziellen und gesellschaftlichen Aufstiegsmöglichkeiten, die sich ihm nun eröffnen, was seinen **Wunsch nach sozialer Anerkennung** offenbart (vgl. Z. 10 ff.).

2. Sinnabschnitt: Rückblick auf die Vergangenheit und Christians Aufstieg

Sybil schafft es erst im zweiten Sinnabschnitt (Z. 13–26), dem Gespräch eine andere Richtung zu geben, als sie mithilfe von **rhetorischen Fragen** („Wer wies zuerst auf deine kaufmännischen Talente und machte dem traurigen Studium der Philologie ein Ende?", Z. 13 f.) auf ihre **Rolle bei Christians Erfolg** hinweist. Und tatsächlich steigt Christian wie ein folgsamer Schüler auf die Wendung ein und blickt in Form einer Aufzählung auf die Vergangenheit sowie die **Verdienste Sybils** zurück, die ihn „aus dem tiefsten Elend" (Z. 15) geholt habe. Obwohl diese Aussage sicher hyperbolisch verstanden werden muss (ein Philologiestudium ist kaum das, was man sich gemeinhin unter „tiefstem Elend" vorstellt), greift Sybil sie auf und erinnert ihren Freund daran, wie armselig er einmal war (vgl. Z. 17 f.). Dabei ist es bemerkenswert, dass sie sich in ihrem Ausruf nur auf Äußerlichkeiten bezieht („zu kurz[e] Hosen und ausgefranst[e] Ärme[l]", Z. 17 f.), die bei ihrem Geliebten aber gleich verfangen, da es ihm hauptsächlich um sein **gesellschaftliches Ansehen** geht. Sybil gelingt es also, ihre Bedeutung für Christians Aufstieg zu betonen, sodass dieser anerkennen muss, dass sie ihm „[s]ich selbst [...] und Geld" (Z. 19) zur Verfügung gestellt hat. Dabei bleibt Sybil in ihrer **Rolle als Christians Mentorin**, wenn sie ihn in Form einer knappen Ellipse korrigiert und verlangt, „[d]as Entscheidende zuletzt" (Z. 20) zu nennen, nämlich „[s]ich selbst" (Z. 20). Die verkürzten Sätze dienen hier dazu, ihre **Emotionen zu verschleiern**, die aufkommen, da es sich bei ihrer Unterstützung für Christian um eine „Lebenssache" (Z. 20), also ihren Lebensinhalt gehandelt hat. Es muss für sie also wie ein Schlag ins Gesicht sein, wenn Christian sich im Anschluss daran wieder in **formelle Floskelhaftigkeit** flüchtet („Ganz klar möchte ich einmal vor uns beide hinstellen, wie tief ich dir verpflichtet bin", Z. 21 f.). Auch hier klingt er erneut nicht wie ein Liebender, der mit seiner Freundin spricht, sondern wie ein Geschäftsmann, der eine Rede hält. Verstärkt wird dieser Eindruck durch die **wirtschaftlichen Ausdrücke**, die Christian verwendet (vgl. „verpflichtet [sein]", Z. 21 f.; „[s]ich [...] vergleichen", Z. 24), wenn er sagt, dass er einen **Schlussstrich** unter sein Verhältnis mit

Sybil ziehen will („es für immer zu vergessen“, Z. 24 f.). Seine Freundin wird dementsprechend immer einsilbiger (vgl. Z. 23, 26), weil sie merkt, dass sie auf verlorenem Posten steht.

3. Sinnabschnitt: Wunsch Christians nach Neuanfang und Reaktion Sybils

Der nächste Sinnabschnitt (Z. 27–55) zeigt dann deutlich, dass Christian einen **völligen Neuanfang** anstrebt. Auch hier hebt er die **Beziehung** mit Sybil wieder auf eine **ökonomische Ebene**, da er in einem Büchlein festgehalten hat, was seine Geliebte „an Aufwendungen für [ihn] geleistet“ (Z. 29) hat. Es setzt dem Ganzen die Krone auf, dass er die an Sybil zu zahlende Summe sogar verzinsen will. Ohne den entsetzten Ausruf seiner Geliebten (vgl. Z. 31) zu beachten, fährt er mit der **Entemotionalisierung der Beziehung** fort, wenn er ankündigt, Sybil „vierundzwanzigtausend Mark“ (Z. 33) überweisen zu wollen und dabei auch „Möglichkeiten, die du durch den Umgang mit mir versäumtest“ (Z. 32), einberechnet zu haben. Wie tief **Sybil davon getroffen** ist, lässt die Regieanweisung erkennen: Sie kann erst *„nach einer Pause“* (Z. 35) weitersprechen und weist dann vorsichtig darauf hin, dass Christian sie verletzt hat. Sobald seine Freundin ihm aber einen Spiegel vorhält, reagiert Christian mit besonders langen Ausführungen und betet herunter, was er alles (von ihr) gelernt hat. Wie wenig er bereit ist, sich auf ein wirkliches Gespräch über die Beziehung einzulassen, zeigen wiederum **Wirtschaftsvokabeln** wie „Heute ist Abrechnung.“ (Z. 37) oder „Kein Fehler in der Addition und im Kalkul!“ (Z. 37 f.). Er führt sein Verhältnis mit Sybil allein auf wirtschaftliche Gründe zurück (vgl. Z. 38 f.), die jetzt weggefallen seien. Seinen Vortrag beendet er mit einer angedeuteten Drohung und der impliziten **Aufforderung an Sybil, sich** zukünftig von ihm **fernzuhalten**. Dabei lässt sich Christian nicht zu einer gefühlsechten Äußerung hinreißen, sondern kleidet seinen Wunsch in **sachlich-neutrale Worte** (vgl. Z. 44 f.). Die Verantwortung für seine Unerbittlichkeit schiebt er letztlich wieder Sybil zu, die es nicht ertragen könne, ihre „Lehrsätz[e] […] auf [s]ich angewendet zu sehen“ (Z. 47 f.). Indirekt bezeichnet er seine Geliebte als „Fehler im Kalkul“ (Z. 48 f.) und verhindert jeglichen Einwand ihrerseits, indem er ihr den Mund zuhält. Trotzdem bestürmt sie ihn mit Fragen und führt ihm vor Augen, dass er nach seiner Logik auch noch andere Bindungen abbrechen muss (vgl. Z. 52 ff.).

4. Sinnabschnitt: Offenbarung von Christians Skrupellosigkeit

Im folgenden Sinnabschnitt (Z. 56–82) fungiert **Sybil als Stichwortgeberin**, die dafür sorgt, dass Christian seine ganze Grausamkeit darlegt. So offenbart er, dass er **völlig mit seiner Vergangenheit brechen** will. Im weiteren Verlauf des Gesprächs weist er allerdings Sybils Redeanstöße explizit zurück („Laß mich meine Gedanken selbständig denken.“, Z. 61) und macht auch auf der Ebene der Gesprächsführung deutlich, dass er sich von ihr emanzipieren und **alle Abhängigkeiten abschütteln** will. Das Wiederaufgreifen von bereits exakt genauso gebrauchten Worten („Leute aus dem Volk“, Z. 58 f. und 62) und die Verwendung von Nominalisierungen (vgl. Z. 65 f.) betonen die **Formelhaftigkeit von Christians Äußerungen**, der sich genauso von seinen Eltern wie von Sybil lossagen will, da ihm seine Herkunft in seiner neuen Position im Weg stehen könnte. Sybils ironischen Einwurf (vgl. Z. 68) weist er in Form eines Gegenangriffs zurück: Mit harschen Worten („still gemordet“, Z. 71) hält er ihr vor, dass sie sich im Hinblick auf ihre Eltern genauso schändlich verhalten habe wie er. Überheblich teilt er **Gemeinheiten gegen Sybil** aus, wenn er sie lachend auf ihre (weiblichen) Reize reduziert (vgl. Z. 73 f.). Vielleicht merkt er, dass er dabei ist, sich zu einem **emotionalen Ausbruch** hinreißen zu lassen, weshalb er im nächsten Moment wieder umschaltet und auf den Höhepunkt seiner Ausführungen zusteuert. Er will sich – nach dem Motto: „Wer liebt, ist verletzlich“ – von allen Beziehungen lossagen und nur noch **egozentrisch** für sich selbst leben, „um zu marschieren“ (Z. 79). Die Militärmetapher zeigt, dass er zukünftig **ohne jede Rücksichtnahme** agieren wird. Unterstrichen wird dies noch durch eine **Umkehrung des vierten Gebots** („Du sollst Vater und Mutter ehren“), wenn er seine Eltern „fürchte[t]“ (Z. 80), was nichts anderes heißt, als dass er Angst davor hat, dass sie ihn blamieren könnten. Der zynische Vorschlag von Sybil, seine Eltern ebenso wie sie mit Geld abzuspeisen (vgl. Z. 81), ist vielleicht ein letzter **Versuch, ihm seine Unmenschlichkeit vor Augen zu führen**. Doch Christian gibt unumwunden zu, dass sein Vater genau das gefordert habe (vgl. Z. 82). Christian scheint also bereits aus einer verkorksten geldgierigen Familie zu kommen.

5. Sinnabschnitt: Gefühlsäußerungen und Liebeserklärung von Sybil

Zu Beginn des nächsten Sinnabschnitts (Z. 83–96) kehren Sybil und Christian zum Anfang des Gesprächs und den **Lernerfolgen Christians** zurück. Resigniert muss Sybil akzeptieren, dass sie Christian nicht mehr von seinem Weg abbringen kann, verbindet das aber mit einem zunächst noch unpersönlich geäußerten **Eingeständnis ihrer Liebe**, in dem fast so etwas wie Verzweiflung mitschwingt („wer dich liebt, [muss] schweren Herzens zustimmen“, Z. 85 f.). Christian geht darüber geschäftsmäßig hinweg und ist augenscheinlich froh, dass eine Einigung erzielt werden konnte (vgl. Z. 87). Als Sybil in Worte fasst, wie sie Christian zukünftig begegnen soll („aus einer gewissen Entfernung mit einer Spur von Unterwürfigkeit“, Z. 88 f.), reagiert dieser mit Ablehnung und inszeniert sich als Mensch der Tat (vgl. Z. 90 f.). Dennoch beharrt seine Geliebte in Form eines Reims („Wahrheit“, Z. 90; „Klarheit“, Z. 92) darauf, dass Dinge durch Worte deutlicher hervortreten, und **erklärt ihm offen ihre Liebe** (vgl. Z. 94) und ihre **Abkehr von einem durchkalkulierten Leben** ohne Gefühle („Fehler in der Rechnung meines Lebens“, Z. 94).

Auch auf diese Selbstoffenbarung geht Christian nicht weiter ein, sondern hält das **Gespräch auf einer geschäftlichen Ebene**, indem er Sybil „einen Kuß umsonst“ (Z. 96) anbietet.

6. Sinnabschnitt: Verstecken von Emotionen hinter abschließendem Geplänkel

Die durch den **angedeuteten Flirt** aufkommende Emotionalität unterbindet Christian im letzten Sinnabschnitt (Z. 97–112), indem er zu einer Äußerlichkeit zurückkehrt und Sybil vorwirft, ihm „die Krawatte verschoben“ (Z. 97) zu haben. Diese oberflächliche Aussage lässt sich auch metaphorisch deuten, da sie Christians Ansicht zum Ausdruck bringt, dass eine **Liebesbeziehung** seine **Karriere durcheinanderbringen** würde. Im weiteren Gesprächsverlauf kommt Christians ganze Lächerlichkeit zum Vorschein, wenn er glaubt, der tadellose Sitz einer Krawatte sei das Einzige, was er in den vergangenen Jahren nicht gelernt habe (vgl. Z. 99 f.). Stattdessen hat er es verlernt, ein Mensch zu sein, und sieht keine Alternative zur **Trennung von seiner Lebensgefährtin**. Auch Sybil hat dies erkannt und versucht ein letztes Mal, die für sie tragische Situation wie einen Scherz aussehen zu lassen (vgl. Z. 109), was Christian zurückweist. Damit ist das **Ende der Beziehung** der beiden besiegelt.

Charakterisierung von Christian und Sybil

Christian und Sybil sind in dem vorliegenden Auszug **Gegenspieler**. Während **Christian** zu einem **gefühllosen und egoistischen Geschäftsmann** geworden ist, dem sein gesellschaftliches und wirtschaftliches Vorankommen über alles geht (vgl. Z. 40 ff., 77 ff.), tritt **Sybil** seiner nüchternen Sachlichkeit mit dem **Mut der Verzweiflung** entgegen. Sie hält ihrem Geliebten seine **Charakterlosigkeit** vor, obwohl sie es war, die ihm vieles davon beigebracht hat (vgl. Z. 35 ff., 69 ff.). Auch sie ist also eigentlich berechnend und auf Erfolg sowie gesellschaftliche Anerkennung aus (gewesen) (vgl. Z. 47), ihr sind jedoch ihre **Gefühle für Christian** in die Quere gekommen. Sie hat sich in ihn verliebt (vgl. Z. 94) und ist erschüttert, mit welcher Konsequenz er das von ihr Gelernte auf sie anwendet (vgl. Z. 95). Christian scheint mit seiner Herkunft und seinen Bindungen auch seinen Charakter abgelegt zu haben, da er wie das **Abziehbild eines gesellschaftlichen Emporkömmlings** wirkt (nicht umsonst trägt er den sprechenden Nachnamen „Maske“). Er hält gelehrt klingende Vorträge (vgl. Z. 3 ff., 32 ff.), in denen er aber eigentlich nur Gelerntes wiedergibt, sodass man ihm eine **charakterliche Leere** bescheinigen kann. Die zwischenmenschliche **Entfremdung** prägt auch die **Sprache** des Dialogs: Sie wirkt getragen-distanziert, **künstlich** und alltagsfremd.

Analyse der Kommunikationssituation

Sybil hat Christian durchschaut (vgl. Z. 85 f., 111), aber dennoch ist sie ihrem Geliebten im Gespräch zumindest **auf den ersten Blick unterlegen**, da sie durch ihre echten Gefühle für ihn verletzbar ist.

Somit kann es nicht weiter verwundern, dass **Christian** den **Hauptanteil des Gesprächs** bestreitet, während **Sybil** ihm weitgehend als **Stichwortgeberin** dient (vgl. Z. 56, 60) oder versucht, seine Vorträge zu unterbrechen (vgl. Z. 23, 43). Diese Rollenverteilung spiegelt einerseits das Verhältnis der beiden wider, bei dem **Sybil lange Zeit als Mentorin** oder Erzieherin **von Christian** fungiert hat. Andererseits zeigt sich an ihren geringen und häufig unterbrochenen Gesprächsanteilen aber auch, dass sie nicht mehr zu ihrem Geliebten durchdringt. Dieser hat sie nur **für seinen Aufstieg benutzt** und will sie jetzt wie ein lästig gewordenes Anhängsel abschütteln. Dennoch kann man Sybil auch bescheinigen, dass sie dem **Gespräch** durch ihre Einwürfe an mehreren Stellen eine **neue Richtung** gibt. Beispielsweise sind es ihre rhetorischen Fragen (vgl. Z. 13 f.), die Christian auf die gemeinsame Vergangenheit zurückblicken lassen, sie zwingt ihren Freund dazu, auszusprechen, dass er die Trennung wünscht (vgl. Z. 43 ff.), und sie erreicht durch ihre Nachfragen, dass Christian sich zur Lossagung von seinen Eltern bekennt (vgl. Z. 60, 63, 81). Zwar erscheint die Kommunikation nicht als gleichberechtigt, jedoch lässt sich auch nicht ohne Weiteres sagen, wer der überlegene Gesprächspartner ist.

TEILAUFGABE 2

Überleitung zum Vergleich

Überlegenheit ist eine Eigenschaft, die für **Diederich Heßling**, den Protagonisten von Heinrich Manns 1914 fertiggestelltem Roman ***Der Untertan***, eine immense Bedeutung hat. Einerseits bewundert er jede ihm übergeordnete Macht und sehnt sich aufgrund eigener Schwäche danach, in einem größeren Machtgefüge aufzugehen und sich einer Autorität zu unterwerfen. Andererseits triumphiert er selbst gnadenlos über schwächere Personen, indem er das Verhalten der von ihm bewunderten Autoritäten nachahmt. Gerade im Kontakt mit Frauen tritt Diederichs **autoritärer Charakter** deutlich hervor. Deshalb ist es interessant, seine **Beziehungen zu Agnes Göppel und Guste Daimchen** näher zu betrachten und sie dem Verhältnis von Christian Maske und Sybil Hull vergleichend gegenüberzustellen.

Diederich und Agnes
kurze Charakterisierung der Beziehung

Als Student lernt Diederich **Agnes Göppel**, die Tochter eines Berliner Geschäftsfreunds seines Vaters, kennen und fühlt sich, fast gegen seinen Willen, zu der ruhigen und zurückhaltenden jungen Frau hingezogen. Allerdings hat sie mit Mahlmann bereits einen anderen Verehrer, dem Diederich sich unterlegen fühlt. Trotz der Konkurrenz werden Diederich und Agnes schließlich ein Paar. Nach einer ersten **gemeinsamen Nacht** schwelgt Diederich im **Liebesglück** und lässt sich zu Treueschwüren hinreißen, **kehrt sich** bald darauf aber **von Agnes ab**. Als Herr Göppel ihn auffordert, Agnes zu heiraten, lehnt

Diederich mit der scheinmoralischen Begründung ab, nur eine Jungfrau als Gattin akzeptieren zu können. Er ist zwar traurig über das zerstörte Glück, empfindet aber auch Freude über seine eigene **Unerbittlichkeit**.

Unterschiede charakterliche Verschiedenheit der beiden Frauen und unterschiedliche Beeinflussung der beiden Männer durch die Frauen

Im Vergleich mit dem Paar in Sternheims *Der Snob* fällt zunächst auf, dass Agnes ein vollkommen anderer Charakter ist als die **selbstbewusste Sybil**, die durchaus weiß, was sie von Christian erwartet und was dieser ihr zu verdanken hat (vgl. Z. 13 f.). **Agnes** dagegen ist anspruchslos, bedürftig und jederzeit **bereit, sich Diederich unterzuordnen**. So bittet sie ihn beim ersten Alleinsein in Diederichs Wohnung: „Sei lieb mit mir! Ich hab nur dich!" (S. 75) Sie **weckt echte Gefühle in Diederich**, da sie seine weiche Seite anspricht und ihn mit ihrer Begeisterung für Kunst und Musik ansteckt. Durch die Liebe zu ihr **nimmt Diederich die Welt emotionaler wahr** und nach der Trennung von Agnes vergießt er sogar bitterliche Tränen (vgl. S. 108). Genau diese **Gefühlsintensität** ist es aber auch, die Diederich die Beziehung beenden lässt, weil er die **Ablehnung seiner eigenen Weichheit** auf Agnes projiziert und sie bestrafen muss, um der Rollenvorstellung vom harten Mann gerecht zu werden. Bei Sybil und Christian dagegen ist es genau umgekehrt: **Christian** hat früher Philologie studiert, sich also geisteswissenschaftlich betätigt, hat sich im Laufe der „Erziehung" **durch Sybil** aber alle „Empfindlichkeiten" (Z. 35) abtrainiert und ist **zu einem gefühllosen Geschäftsmann geworden**. Während Christian durch Sybil erst auf diesen Weg gebracht wurde (was diese am Ende der Beziehung bereut), wäre **für Diederich** an der Seite von Agnes auch ein **anderer Lebensweg möglich gewesen**, wenn er nicht seine empfindsame Seite unterdrückt hätte.

echte Gefühle bei Diederich vs. Zweckbeziehung vonseiten Christians

Ein weiterer Unterschied ist, dass **Diederich Agnes liebt** und ihr das in Momenten, in denen er seine Gefühle zulässt, auch überschwänglich sagt (vgl. S. 99). Die beiden erleben **intensive Momente der Zweisamkeit** und Diederich spürt, dass er mit Agnes glücklich sein könnte („So schön kommt es im ganzen Leben nicht wieder!", S. 77). Es ist die **von der Gesellschaft deformierte Seite** Diederichs, die ihn dazu bringt, seine Gefühle für Agnes zu leugnen. Zwar weiß man nicht, ob Christian einmal ähnlich für Sybil empfunden hat, doch in der vorliegenden Szene geht er auf die Liebeserklärung von Sybil nicht ein (vgl. Z. 94 ff.). Zudem erklärt er, dass er nur aus Gründen der **wirtschaftlichen Abhängigkeit** vier Jahre mit ihr zusammengeblieben ist (vgl. Z. 38 f.), scheint also **keine echten Gefühle** für seine Freundin zu haben. Dies gibt er allerdings unumwunden zu und schiebt bei der Trennung **keine moralischen Gründe** vor, wie es Diederich gegenüber Herrn Göppel tut: „Mein moralisches Empfinden verbietet mir, ein Mädchen zu heiraten, das mir ihre Reinheit nicht mit in die Ehe bringt." (S. 107) Heinrich Manns Protagonist versteckt sich hier hinter der Moral einer **scheinheiligen Gesellschaft**, obwohl er Agnes eigentlich deshalb zurückweist, weil er sich eine bessere Partie erhofft.

Im Endeffekt haben beide Männer also den **gleichen Grund für die Trennung:** Sie **opfern** ihre **Beziehung ihrem Karrierestreben** und zeigen so ihre **charakterliche Ähnlichkeit**. Ihr Selbstwertgefühl gewinnen sie nicht über die Liebe zu einer Frau, im Gegenteil: Diederich muss **Agnes als Person abwerten**, weil sie ihn schwach erscheinen lässt und seine Gefühle für sie ihm Angst machen. Und auch Christian geht zum **Angriff auf Sybil** über, als diese ihm mit ihren Vorhaltungen zu nahe tritt (vgl. Z. 69 ff.). In beiden Fällen greift also der Mechanismus, dass die Männer ihre Freundinnen schlechtmachen müssen, um ein **eigenes Fehlverhalten oder Versagen zu kompensieren**.

Gemeinsamkeit
Grund für die Trennung: Opfern der Beziehung für gesellschaftlichen Aufstieg

Bei der Frau, die Diederich Heßling schließlich heiratet, handelt es sich um **Guste Daimchen**, die eigentlich mit seinem Gegenspieler Wolfgang Buck verlobt ist. Diederich streut jedoch das Gerücht, dass die beiden Halbgeschwister sein könnten, und sorgt so dafür, die **reiche und selbstbewusste Guste** ehelichen zu können. Sie ist ihm nach außen eine treusorgende **Gattin**, während er sie mit der **Prostituierten Käthchen** betrügt.

Diederich und Guste
kurze Charakterisierung der Beziehung

Betrachtet man Guste und Diederich im Vergleich zu Sybil und Christian, fällt zunächst der **Unterschied des gesellschaftlichen Status** der beiden Frauen auf. **Diederich** macht Guste offiziell zu seiner Frau, bekommt **drei Kinder** mit ihr und führt nach außen hin ein mustergültiges Familienleben. **Guste** ist also **in die soziale Ordnung integriert** und auch nach der Hochzeit wichtig für Diederichs Ansehen. Genau das Gegenteil ist bei Christian und Sybil der Fall. Als **Christian** gesellschaftlichen und wirtschaftlichen Erfolg hat, ist ihm daran gelegen, seine **Geliebte loszuwerden**, da diese ein schlechtes Licht auf ihn werfen könnte (vgl. Z. 40 ff.).

Unterschied
gesellschaftliche Stellung der beiden Frauen

Dabei ist es Sybil, der er seinen sozialen Aufstieg überhaupt erst zu verdanken hat (vgl. Z. 13 f.). Dies verbindet die beiden mit Diederich und Guste, weil Heßling sich aus einem ähnlichen Grund für Guste entschieden hat. Er ist der Meinung, dass ihr **Reichtum seiner sozialen Stellung förderlich** ist, was sie ihm auch unverhohlen unter die Nase reibt: „Wer mein Geld kriegt, mit dem geht es überhaupt nicht bergab." (S. 192) Und Diederich ist „erschrocken vor Hochachtung" (S. 113), als er das erste Mal von Gustes Millionenerbe hört, das seiner Papierfabrik zum Erfolg verhelfen kann. Seine Beziehung zu Guste hat also genauso wie Christians Liebelei mit Sybil einen **geschäftlichen Bezug**. Liebe sucht man bei Christian und Diederich

Gemeinsamkeiten
Wahl der Frau aus ökonomischen Gründen

vergeblich, sondern eine Frau ist für sie nur insofern nützlich, wie sie dem **gesellschaftlichen Fortkommen** dient. Beide Männer haben einen zweckmäßigen Blick auf ihre jeweilige Beziehung. Augenscheinlich wird dies auch in ihren **sprachlichen Äußerungen** gegenüber ihrer jeweiligen Partnerin: So gedenkt Diederich selbst in der Hochzeitsnacht „Seiner Majestät unseres allergnädigsten Kaisers", dem „tüchtig Soldaten" (S. 398) geliefert werden sollen, während Christian zu Sybil von „Aufwendungen" (Z. 29) spricht, die er ihr „verzins[en]" (Z. 30) wird.

teilweise tonangebende Rolle der beiden Frauen → Kompensation vonseiten der Männer durch Herabwürdigung

Trotzdem lässt sich bei beiden Paaren feststellen, dass die **Frauen** in der Beziehung **teilweise das Sagen** haben. **Sybil** hat Christian erst **Umgangsformen beigebracht** und ihn gesellschaftstauglich gemacht (vgl. Z. 15 f.). Auch vier Jahre später durchschaut sie seine Beweggründe und steuert über ihre Einwürfe das Gespräch. Guste, die ebenso wie Sybil **Selbstbewusstsein** und eine gewisse Resolutheit auszeichnet, lässt sich von Diederich nicht unterbuttern, was ihm, der zu jeder Macht aufschaut, **eine Art von Respekt** vor ihr einflößt („So eine könnte man getrost heiraten.", S. 112). Besonders **im ehelichen Schlafzimmer kehren sich die Rollen der beiden um** und Guste darf ihren Ehemann demütigen und unterwerfen. Allerdings wird am nächsten Morgen die Ordnung wiederhergestellt, indem Diederich sich gleich die Rechenbücher vorlegen lässt und seine **Frau** vor allen Dienstboten **herabwürdigt**. Ähnliches ist bei Christian zu beobachten, der seine **Abhängigkeit von Sybil** durch eine **kühl kalkulierte Trennung** ausgleicht.

Schluss

parodistische Darstellung eines Machtmenschen und Egoisten

Bei allen Unterschieden im Einzelnen stellen beide Texte einen **Machtmenschen und Egoisten** dar: Sowohl für Christian als auch für Diederich **zählt** letztlich **nur das eigene Vorankommen**, dem jegliche familiäre und emotionale Bindungen geopfert werden. **Frauen** sind für beide Männer **nur Mittel zum Zweck** und werden nach ihrer Bedeutsamkeit für den eigenen Aufstieg beurteilt. Obwohl Carl Sternheim und Heinrich Mann ganz unterschiedliche Gattungen gewählt haben, setzen sich beide auf parodistische Weise mit ihren Protagonisten auseinander – Sternheim in einer **Komödie** und Mann in einem **satirischen Roman**. Durch die Zuspitzung und Überzeichnung werden die **Hauptfiguren** der Lächerlichkeit preisgegeben und dadurch **kritisiert**. Doch auch die **Gesellschaft** kommt nicht ungeschoren davon, da sie der Grund dafür ist, dass die Männer zu dem werden, was sie sind: ein Snob bei Carl Sternheim und ein autoritärer Charakter, der ideale Untertan, bei Heinrich Mann.

Niedersachsen Deutsch
Erhöhtes Anforderungsniveau ▪ Übungsaufgabe 4

INTERPRETATION LITERARISCHER TEXTE

Aufgabenstellung

1 Interpretieren Sie den vorliegenden Auszug aus der antiken Tragödie *Antigone* von Sophokles.

2 Vergleichen Sie auf der Grundlage Ihrer Analyseergebnisse den Auszug aus Sophokles' *Antigone* mit Juli Zehs Roman *Corpus Delicti* im Hinblick auf die Situation und das Verhalten der Protagonistinnen.

Material **Sophokles (497/496 v. Chr.–406/405 v. Chr.): Antigone (ca. 442 v. Chr. uraufgeführt)**

Antigone und Ismene, Töchter des Ödipus[1], haben ihre Brüder Eteokles und Polyneikes im Kampf um Theben, in dem die beiden Männer feindlichen Lagern angehörten, verloren. Polyneikes zog gegen die eigene Stadt, die von Eteokles regiert und heldenhaft verteidigt wurde. Dem Befehl Kreons[2], des nun herrschenden Königs, entsprechend, wurde Eteokles ehrenhaft bestattet, während Polyneikes als Landesverräter weder betrauert noch beerdigt werden durfte. Zunächst verdächtigte man einen der Wächter, aber es war Antigone allein, die sich dem Verbot widersetzte und Polyneikes begrub. Sie wird zum Tode verurteilt und lebendig in eine Grabkammer eingemauert, wo sie sich erhängt, um einem qualvollen Tod zu entgehen.

[…]

KREON: *zu Antigone*

Dich frag ich nun, du senkst den Blick zu Boden:
Gestehst du oder leugnest du die Tat?

ANTIGONE:

Ich sage, daß ich's tat, und leugne nicht.

KREON: *zum Wächter*

Du mach dich fort, wohin es dir beliebt,
Von einem schweren Vorwurf bist du frei!
Wächter ab.
Du aber sag mir – ohne Umschweif, kurz:
Hast du gewußt, daß es verboten war?

ANTIGONE:

Ich wußt' es, allerdings, es war doch klar!

KREON:

Und wagtest, mein Gesetz zu übertreten?

ANTIGONE:

Der das verkündete, war ja nicht Zeus,
Auch Dike[3] in der Totengötter Rat
Gab solch Gesetz den Menschen nie. So groß
Schien dein Befehl mir nicht, der sterbliche,
Daß er die ungeschriebnen Gottgebote,
Die wandellosen, konnte übertreffen.
Sie stammen nicht von heute oder gestern,
Sie leben immer, keiner weiß, seit wann.
An ihnen wollt' ich nicht, weil Menschenstolz
Mich schreckte, schuldig werden vor den Göttern.
Und sterben muß ich doch, das wußte ich
Auch ohne deinen Machtspruch. Sterbe ich
Vor meiner Zeit, nenn ich es noch Gewinn.
Wes Leben voller Unheil ist, wie meines,
Trägt der nicht, wenn er stirbt, Gewinn davon?
Drum schmerzt mich nicht, daß sich mein Schicksal nun
Erfüllt. Ja, hätt' ich meiner Mutter Sohn,
Den Toten, unbestattet liegen lassen,
Das schmerzte mich, doch dies tut mir nicht weh.
[Mag ich dir nun auch eine Törin scheinen –
Vielleicht zeiht[4] mich der Torheit nur ein Tor.][5]

CHOR:

Des Vaters trotzige Art verrät das Kind,
Dem Unglück sich zu beugen weiß sie nicht.

KREON:

So merke dir: Der allzu starre Sinn
Zerbricht am ehsten, und der stärkste Stahl,
Wenn man ihn überhart im Feuer glühte,
Zersplittert und zerspringt zuallererst.
Ich weiß, mit kleinem Zügel bändigt man
Die wilden Rosse. Überheblichkeit
Ist nicht am Platz, wo man gehorchen muß.
Die war im Frevelmut schon Meisterin,
Als sie erlassene Gesetze brach.
Und ihrem ersten Frevel folgt der zweite:
Hohnlachend prahlt sie noch mit ihrer Tat.
Wenn sie sich ungestraft das leisten darf,
Bin ich kein Mann mehr, dann ist sie der Mann!
Nein – sei sie meiner Schwester Kind und näher
Als alle Blutsverwandten mir verwandt –,
Sie wird der schwersten Buße nicht entgehn,

Samt ihrer Schwester! Die ist gleichfalls schuldig
An dem Begräbnis, hat es mitgeplant.
Ruft sie mir her! Noch eben sah ich sie
Wie eine Rasende im Hause toben.
Meist spielt das Herz schon vorher den Verräter,
Wenn einer krumme Wege geht im Dunkeln.
Erst recht verhaßt ist mir, wer sein Verbrechen
Verschönern will, bei dem man ihn ertappt.

ANTIGONE:
Willst du noch mehr, als daß ich sterben muß?

KREON:
Sonst nichts. Damit hab ich vollauf genug.

ANTIGONE:
Was zögerst du? Wie alles, was du sagst,
Mir nicht gefällt und nie gefallen soll,
Muß meine Art auch dir zuwider sein.
Und doch, wie hätt' ich rühmlicheren Ruhm
Gewonnen, als daß ich den eignen Bruder
Begrub? All diese[6] sprächen freudig ja
Dazu, verschlösse Furcht nicht ihren Mund.
[Auch darin hat es herrlich der Tyrann:
Frei darf er tun und sagen, was er will.][5]

KREON:
Das siehst nur du von Kadmos'[7] ganzem Volk.

ANTIGONE:
Die sehen's auch, nur kneift ihr Mund vor dir.

KREON:
Schämst du dich nicht mit deinem Eigensinn?

ANTIGONE:
Die Blutsverwandten ehren schändet nicht.

KREON:
Den er erschlug, war er nicht auch dein Bruder?

ANTIGONE:
Ja, gleichen Vaters, gleicher Mutter Kind.

KREON:
Und kränkst ihn so mit deinem Liebesdienst!

ANTIGONE:
Das wird der Tote niemals dir bezeugen!

KREON:
Wo du ihn gleich wie diesen Frevler ehrst!

ANTIGONE:
Sein Bruder, nicht ein Sklave war's, der starb!

KREON:
Der schirmte Theben, der verheerte es.

ANTIGONE:
Und dennoch fordert Hades[8] gleiches Recht.

KREON:
Man ehrt nicht gleich den Edlen und den Schlechten.

ANTIGONE:
Wer weiß, ob drunten das geheiligt ist?

KREON:
Nie, auch nicht, wenn er starb, lieb ich den Feind.

ANTIGONE:
Mitlieben, nicht mithassen ist mein Teil.

KREON:
So geh, und muß geliebt sein, lieb die drunten!
Mich wird im Leben nie ein Weib regieren.

Ismene wird aus dem Haus geführt.

CHOR:
Da tritt Ismene heraus,
Tränen der Schwesterliebe vergießend,
Blutig geschändet das Antlitz.
Aus der Brauen Gewölk
Rinnt es auf liebliche Wangen.

KREON:
Du krochst an mich heran wie eine Natter
Und sogst mein Blut im stillen! Ahnungslos
Zog ich zweifachen Fluch und Umsturz groß.
Nun steh mir Rede: Hast du mitbegraben?
Gestehst du oder schwörst: Ich weiß von nichts?

ISMENE:
Ich hab's getan. Wenn sie es denn gesteht,
Bin ich beteiligt, trage mit die Schuld.

ANTIGONE:
Das ist nicht wahr! Dazu hast du kein Recht!
Du wolltest nicht, allein hab ich's getan.

ISMENE:
Doch jetzt in deiner Not schäm ich mich nicht,
Der Leiden Bootsgefährtin dir zu sein.

ANTIGONE:
Wer es getan, weiß Hades und die Toten,
Ich mag nicht Liebe, die mit Worten liebt.

ISMENE:
Ach, Schwester, laß mich würdig sein, mit dir
Zu sterben und den Toten zu versöhnen!

ANTIGONE:
Du sollst nicht mit mir sterben. Was du miedest,
Das eigne dir nicht zu – mein Tod genügt.
[…]

Aus: Sophokles: Antigone. Übersetzt von Wilhelm Kuchenmüller. Stuttgart: Reclam 1992, S. 22–26.

Anmerkungen

1 Ödipus: König von Theben, tötete unwissentlich seinen Vater Laios und ehelichte seine Mutter Iokaste, mit der er vier Kinder (Antigone, Ismene, Polyneikes und Eteokles) hat; die Tragik dieser Geschichte wirkt sich als schicksalhafter Fluch auch auf das Leben der Kinder aus
2 Kreon: Schwager des Ödipus, Onkel von Antigone und ihren Geschwistern
3 Dike: Göttin des Rechts, herrscht auch im Totenreich
4 zeihen: vorwerfen; nur der, der selbst ein Tor sei, könne Antigone Torheit vorwerfen
5 Verse 36 f. und 78 f.: stammen wahrscheinlich nicht von Sophokles
6 Mit „All diese" meint sie die Bewohner Thebens
7 Kadmos' Volk: Bewohner Thebens (Kadmos war Gründer und König von Theben)
8 Hades: Gott der Unterwelt, auch Totenreich

TIPP **Bearbeitungshinweise**

Voraussetzungen

Die Aufgabe bezieht sich auf das Wahlpflichtmodul 8, „Neue und neueste Tendenzen der Erzählliteratur", das dem Rahmenthema 5, „Literatur und Sprache von 1945 bis zur Gegenwart", zugeordnet ist. Es gibt zwei Teilaufgaben, in denen die Aufgabentypen **Interpretation und Vergleich** gefordert werden. Für den Vergleich ist die als verbindlich ausgewiesene Lektüre *Corpus Delicti. Ein Prozess* (2009) von Juli Zeh heranzuziehen. Die sichere Kenntnis des Romans ist Voraussetzung für die Bearbeitung der zweiten Teilaufgabe. Die **erste Teilaufgabe** deckt die Anforderungsbereiche I, II und III ab. Sie geht zu **60 Prozent** in die Bewertung ein. Entsprechend wird die **zweite Teilaufgabe**, die überwiegend die Anforderungsbereiche II und III umfasst, **mit 40 Prozent** gewichtet.

Erläuterung der Aufgabenstellung

TEILAUFGABE 1: Die Interpretation des vorliegenden Auszugs erfordert dessen sorgfältige **Analyse**. Die wesentlichen **inhaltlichen und sprachlich-formalen Details** werden dabei erarbeitet und gedeutet. Diese Analyse bildet die Grundlage für eine **schlüssige Gesamtinterpretation** des Auszugs, in der Sie Ihre Beobachtungen zusammenführen. Da es sich um einen dramatischen Text handelt, steht die **Dialoganalyse** im Vordergrund. Zur besseren Nachvollziehbarkeit des Gesprächsverlaufs bietet sich eine **chronologische Vorgehensweise** an.

Ihr Text beginnt mit der **Einleitung**, die den thematischen Fokus für die Interpretation bzw. die Deutungshypothese nennt. Es folgt eine **funktionale Inhalts-**

angabe. Die allgemeine Charakterisierung der Gesprächssituation bildet einen geeigneten Ausgangspunkt für den **Hauptteil:** Erfasst werden neben dem **Gesprächsanlass** das **Verhältnis der Figuren** zueinander, die **Absichten** der Sprecher sowie die **Art des Gesprächs**. Dann wird der **Dialogverlauf** untersucht, der ggf. in verschiedene Phasen eingeteilt werden kann, wobei Höhe- oder Wendepunkte zu ermitteln sind. Ihr Blick sollte sich darauf richten, was (Inhalt) wie (Sprache: Wortwahl, rhetorische Mittel, Satzbau) warum (Funktion) gesagt und welche Wirkung damit erzielt wird. Ziehen Sie immer auch Rückschlüsse und **charakterisieren** Sie die **Figuren** anhand ihrer Absichten, Ansichten und ihres Gesprächsverhaltens. Wie sind die **Redeanteile** verteilt? Wie sprechen die Figuren miteinander? Wer ergreift die Initiative oder dominiert? Gehen die Figuren aufeinander ein? Auch das **nonverbale Verhalten** ist einzubeziehen. Wichtig ist die Benennung der Sprechakte (konkrete Sprechhandlungen wie *fragen, befehlen, auffordern, bitten, belehren* etc. statt des Verbs *sagen*) und der **argumentativen Strategien**. Bringen Sie das Ergebnis des Gesprächs auf den Punkt: Wohin hat es geführt? Wurde eine Problemlösung erzielt? Welche Konsequenzen ergeben sich daraus? Abschließend sollten Sie die Ergebnisse Ihrer Analyse auf einer allgemeineren Ebene behandeln, indem Sie diese pointiert zusammenfassen. Ein **Rückbezug** auf die eingangs formulierte Deutungshypothese bietet sich an. Vermeiden Sie reine Wiederholungen von im Hauptteil dargestellten Einzelheiten.

TEILAUFGABE 2: Die Analyseergebnisse der ersten Teilaufgabe bilden die Grundlage für den Vergleich. Verglichen werden die beiden Texte unter dem in der Aufgabenstellung benannten **Schwerpunkt**, der die beiden **weiblichen Hauptfiguren** in den Mittelpunkt rückt. Es gilt, Gemeinsamkeiten, Ähnlichkeiten und Unterschiede der Protagonistinnen und ihrer Situation strukturiert und nachvollziehbar herauszustellen. Wählen Sie dazu geeignete **Vergleichsaspekte** aus. Die von Ihnen herangezogenen Einzelheiten sollten ausreichend erklärt und so in Beziehung gesetzt werden, dass die Darstellung schlüssig und vor allem aussagekräftig ist. Wenig zielführend sind Auflistungen irrelevanter Details. Relevant ist ein Vergleichsaspekt in der Regel dann, wenn er über die reine Feststellung der Gemeinsamkeit oder des Unterschiedes hinaus eine gewisse Tragweite hat und entsprechend vertieft sowie mit einem Erkenntnisgewinn verbunden werden kann. Aufschlussreich ist auch die Frage, woraus sich Gemeinsamkeiten und vor allem Unterschiede ergeben und inwiefern die **literarische Form** dabei eine Rolle spielt. So verfügen das Drama und der Roman über unterschiedliche Möglichkeiten, wobei die erzählerische Umsetzung viel mehr Raum zur Darstellung der Entwicklung der Protagonistin bietet. Zum Schluss sollten Sie den Vergleich auf einer allgemeineren bzw. abstrakteren Ebene **zusammenfassen**, Schlussfolgerungen formulieren und ggf. eine literarische Bewertung vornehmen.

verwendete Textausgabe:
Juli Zeh: Corpus Delicti. Ein Prozess. München: btb 2010.

Lösungsvorschlag

TEILAUFGABE 1

Einleitung
Autor, Titel, Erscheinungsjahr, Thema

In dem Auszug aus der antiken Tragödie *Antigone*, die von Sophokles verfasst und ca. 442 v. Chr. uraufgeführt wurde, wendet sich die Protagonistin gegen Kreon, den König von Theben, indem sie ihr eigenes Verständnis von Recht und Unrecht über das des tyrannischen Herrschers stellt. Durch ihr Schicksal als Märtyrerin wird sie zum Inbegriff unbeugsamen Widerstands und unbedingter Humanität.

Hauptteil
kurze Inhaltsangabe

Antigone hat ihren **Bruder Polyneikes**, der gegen seine Stadt und seinen Bruder Eteokles in den Kampf zog und diesen tötete, **bestattet**. Damit hat sie Kreons Befehl missachtet, Polyneikes aufgrund seines Verrats an Land und Bruder weder zu betrauern noch beizusetzen. In der vorliegenden Szene **konfrontiert Kreon Antigone mit der Tat**, die diese ohne Umschweife gesteht, genauso wie die Tatsache, dass sie sehr wohl um das Verbot wusste. Antigone erklärt, dass ihr Kreons Gesetz nicht so bedeutend erschienen sei wie das der Götter. Kreon warnt sie vor den bösen Folgen ihres Starrsinns, er tadelt den Gesetzesbruch und verspricht, sie trotz Blutsverwandtschaft hart zu bestrafen. Als Kreon Ismene der Komplizenschaft verdächtigt, versichert sich Antigone, dass Kreon nur sie zu bestrafen gedenkt, und hinterfragt sein Zögern. Sie behauptet, die Bewohner Thebens befürworteten ihre Tat, hätten sie nicht so große Angst vor dem tyrannischen Herrscher. Den Vorwurf Kreons, sie habe mit der Bestattung Polyneikes' ihrem Bruder Eteokles geschadet, weist Antigone zurück. Da erscheint Ismene, die von Kreon zur Befragung gerufen wurde. Obwohl unschuldig, bekennt sie sich aus Solidarität mit Bruder und Schwester zur Mittäterschaft, wird jedoch von Antigone daran gehindert, Schuld auf sich zu nehmen.

Dialoganalyse: Beginn des Verhörs und Schuldbekenntnis Antigones

Als ihr Onkel steht Kreon mit Antigone zwar in einem **verwandtschaftlichen Verhältnis**, er tritt ihr jedoch als **König** von Theben entgegen und weist ihr die **Rolle der Untergebenen** zu. Kreon will herausfinden, ob Antigone ihren Bruder begraben hat. Entsprechend seiner Intention hat das Gespräch den Charakter eines **Verhörs**. Kreon registriert Antigones gesenkten Blick (vgl. V. 2), was ihr den Anschein von Demut verleiht, und konfrontiert sie unmittelbar mit seiner Anklage. Durch die Inversion wird die Betonung auf das Anredepronomen gelegt (vgl. V. 2) und die Eindringlichkeit der folgenden Frage, ob sie die Tat begangen habe, intensiviert. Antigones **Schuldbekenntnis** erfolgt ebenso **direkt**, ohne Begründung und in nur einem Satz (vgl. V. 5). Bereits an dieser Stelle kommt die den gesamten Dialog durchziehende Haltung der Figur zum Ausdruck, die von großer **Klarheit und Furchtlosigkeit** geprägt ist, obwohl ihr Blick zunächst etwas anderes nahelegte. Entsprechend ist auch ihre zweite Antwort, in der sie Kreons Frage nach der Kenntnis des Verbots bejaht, kurz und nachdrücklich. Zudem bekräftigt die aufsässige Formulierung „[...] allerdings, es war doch klar!“ (V. 13) die Tatsache, dass Antigone **bewusst gegen Kreons Gesetz gehandelt** hat. Der Dialogbeginn, parataktisch im **schnellen Wechsel von Rede und Gegenrede** zur Klärung der Schuldfrage gestaltet, endet mit Kreons Frage: „Und wagtest, mein Gesetz zu übertreten?“ (V. 15) Die als rhetorische Frage, d. h. als Feststellung zu interpretierenden Worte offenbaren die **Fassungslosigkeit Kreons**. Durch den Einsatz des Possessivpronomens wird das Gesetz zudem personalisiert: Kreon sieht in dem Gesetzesbruch eine **Missachtung seiner Person** und seines Status. Er gerät deshalb umso mehr in Rage.

Antigones Darlegung ihrer moralischen Wertmaßstäbe

In einer längeren Passage erklärt Antigone anschließend das ihr Handeln leitende **Selbstverständnis**, welches darauf gründet, zwischen **göttlichen und den von Menschen gemachten Geboten** zu unterscheiden. Bereits durch den Hinweis, „[d]er das verkündete, war ja nicht Zeus“ (V. 17), degradiert sie Kreon, indem sie auf die übergeordnete göttliche Instanz Bezug nimmt. Deren ewige Gesetze erklärt sie, antithetisch zu dem Befehl eines Sterblichen (vgl. V. 20), zu ihrem Maßstab. **Schuld** ergibt sich laut Antigone **nur aus der Missachtung der Gottgebote**, etwa wenn sie ihren Bruder nicht begraben hätte (vgl. V. 33–35). Diese moralische Überzeugung verleiht ihr die Stärke, sich Kreon **selbstbewusst** entgegenzustellen und sich von „Menschenstolz“ (V. 25) nicht abschrecken zu lassen. Antigone verweist damit auf die Eitelkeit Kreons und auf die Vermessenheit des Bestrebens, sein Gesetz über das der Götter zu stellen. Darin zeigt sich **Kreons Hybris** – eine Eigenschaft, die den Göttern als Provokation gilt und in der Regel bestraft wird. In **Antigones unerschrockener Einstellung** gegenüber dem Tod liegt auch ein gewisser **Fatalismus**. Sie begreift ihr eigenes Ende als unumgänglich (vgl. V. 27 f.), wobei das ihr als Ödipus' Tochter auferlegte Schicksal einen frühen Tod durchaus positiv erscheinen lässt, wie der wiederholte Gebrauch des Wortes „Gewinn“ (V. 29, 31) und die rhetorische Frage (vgl. V. 30 f.) andeuten. Abschließend fasst sie den Eindruck, den ihre Worte bei Kreon erwecken würden, selbst zusammen: Er müsse sie wohl für eine „Törin“ (V. 36) halten. Dabei bezeichnet sie ihn indirekt als einen Narren, indem sie zu bedenken gibt, dass vielleicht „nur ein Tor“ (V. 37) ihr den Vorwurf der Torheit machen könne. Zur **Kommentierung** des Geschehens tritt der **Chor** auf, der den Trotz und die Unbeugsamkeit Antigones hervorhebt und ihre Ähnlichkeit mit Ödipus, ihrem Vater, bezeugt. Dadurch erhält der Kommentar eine **vorausdeutende Funktion** und legt nahe, dass sich der Familienfluch für Antigone erfüllen wird.

Der von Antigone provozierte Kreon antwortet mit in Metaphern gekleideten Sentenzen, deren bedrohliche Wirkung durch Alliterationen mit „s", „st" und „z" im Anlaut verstärkt wird (vgl. V. 42ff.). Seine **Erregung** wird durch den **pathetisch-erhabenen Stil** des in **Blankversen** abgefassten Stücks in Bahnen gehalten. Er beginnt mit den Worten: „So merke dir [...]" (V. 42), was belehrend wirkt. Indem Kreon Antigones Willensstärke und Widerstandskraft mit einem „allzu starre[n] Sinn" (V. 42) und zu hart im Feuer geglühtem „stärkste[n] Stahl" (V. 43) gleichsetzt, weist er auf die Notwendigkeit hin, den Zeitpunkt zu kennen, wann man nachgeben sollte. Die Analogie zu Antigones Haltung ist offensichtlich – sie könnte an ihrem Starrsinn zerbrechen, den Kreon als „Überheblichkeit" (V. 47), „Frevelmut" (V. 49) und Prahlerei (vgl. V. 52) bezeichnet.

Kreons Drohung

Antigones Beweggründe werden von Kreon ignoriert. Stattdessen reagiert er in **egozentrischer Manier** auf die Infragestellung seiner Person. Die Bestrafung Antigones erscheint daher umso mehr als eine Notwendigkeit, die auch durch Blutsverwandtschaft nicht verhindert werden kann. Kreon beklagt den doppelten Frevel – den der Tat und den der Haltung, die Antigone an den Tag legt. Dabei wird das **Frevelhafte** durch die Tatsache ins Unermessliche gesteigert, dass es sich um eine Frau handelt, die sich ihm entgegenstellt. Empört ruft Kreon aus: „Wenn sie sich ungestraft das leisten darf, / Bin ich kein Mann mehr, dann ist sie der Mann!" (V. 53f.) Er meint, **weiblicher Ungehorsam unterminiere Männlichkeit** und damit auch seine Macht, weshalb Kreon an späterer Stelle nochmals konstatiert: „Mich wird im Leben nie ein Weib regieren." (V. 114) Es geht also nicht nur um die Bestrafung von Antigones Tat, sondern auch um die grundsätzliche **Konsolidierung geschlechtsspezifischer Machtverhältnisse**. Vielleicht benutzt Kreon während seines **affektbetonten Sprechens** (vgl. V. 53–58) deshalb den Superlativ und spricht von der „schwersten Buße" (V. 57), der Antigone nicht entgehen werde – ebenso wenig wie ihre Schwester **Ismene** (vgl. V. 58). Dieser **schreibt er eine Mitschuld zu**, weil er ihr aufgeregtes Verhalten fehlinterpretiert als Versuch, sich einer gerechten Strafe zu entziehen (vgl. V. 60–65). Metaphorisch formuliert er seinen Verdacht, das Herz würde denjenigen verraten, der „krumme Wege geht im Dunkeln" (V. 63). Mit der **sentenzhaften** Wendung spricht er seiner Ansicht eine allgemeine Gültigkeit zu.

Verteidigung der männlichen Herrschaft und Anklage von Antigone und Ismene

Antigone geht auf seine Allgemeinplätze nicht ein. Vielmehr bringt sie das Gesagte auf den Punkt und vermutet, dass Kreon auch den Tod der Schwester will (vgl. V. 67). Zwar beschwichtigt Kreon sie (vgl. V. 69), widerspricht damit aber dem zuvor von ihm Geäußerten (vgl. V. 57f.). Unerschrocken direkt, so als habe sie nun endgültig nichts mehr zu verlieren, **hinterfragt Antigone Kreons Zögern**

Antigones Rechtfertigung ihrer Tat

(vgl. V. 71) und fasst ihre ablehnende Haltung gegenüber seinen Äußerungen in Worte. Sie steigert sich damit nochmals in ihrer **offensiven Sprechweise**. Es wirkt, als wolle sie das Urteil gegen sich besiegeln, auch zu Ismenes Schutz. Erneut verteidigt sie ihre Tat anhand einer rhetorischen Frage (vgl. V. 74 ff.) und stellt ihr scheinbar **alternativloses Handeln** mittels der etymologischen Figur „rühmlicheren Ruhm" (V. 74–76) **als ehrenhaft** dar. Selbstsicher verweist Antigone auf die Tatsache, dass das Volk Thebens ihre Tat befürwortete, wäre es nicht aus Angst vor Kreon zum Schweigen gezwungen. **Spöttisch** ist ihr Ton, wenn sie bemerkt, der Tyrann habe es gut, weil er sich, im Gegensatz zum Volk, frei äußern und agieren könne (vgl. V. 79). Kreon wird nun ganz unverblümt als das bezeichnet, was sein Verhalten ohnehin nahelegt, als **Tyrann**.

Entlarvung Kreons als Tyrann

Es folgt eine Stichomythie (V. 80–114), die das Denken Kreons mit demjenigen Antigones kontrastiert. Die im Verlauf der Argumentation sich häufenden Ausrufezeichen unterstreichen die **zunehmend emotionale Sprechweise** der beiden Figuren. Während Kreon in Antigones Handeln eine Demütigung ihres Bruders Eteokles sieht (vgl. V. 93), da sie seinem Mörder die letzte Ehre zuteilwerden ließ, **verteidigt Antigone ihre Tat** (vgl. V. 95–111). Über die Feindschaft zwischen den Brüdern stellt Antigone deren brüderliche Verbundenheit. Wie sein Freund-Feind-Denken **setzt Kreon auch sein Verständnis von Recht und Unrecht absolut**. Antigone hinterfragt die Gültigkeit dieses Denkens im Jenseits, dem Hades (vgl. V. 107), und stellt dem Hass die Liebe entgegen. Durch die Negation des Gegenteils, „[m]itlieben, nicht mithassen […]" (V. 111), unterstreicht Antigone ihre vorrangige Aufgabe. Sie benennt ihre **menschliche Verpflichtung** und den handlungsleitenden Gedanken der **Humanität**. All das lässt den Herrscher unbeeindruckt. Kreon beendet die Diskussion und bekräftigt ignorant und trotzig seinen **männlichen Anspruch auf Überlegenheit** (vgl. V. 114).

Zuspitzung der beiden Positionen und Bekenntnis Antigones zur Humanität

Durch das **Hereinführen von Ismene** ändert sich die Gesprächssituation. Der **Chor** liefert in seiner kommentierenden Funktion eine emotionale Beschreibung der sichtbar **mitgenommenen Schwester** (vgl. V. 119). Zwar offenbart ihr Äußeres Schönheit (vgl. V. 119, 121), doch ist sie gezeichnet. Kontrastiert wird dieses Bild auch durch den **Trotz**, der sich in ihrem Gesicht, in „der Brauen Gewölk" (V. 120) spiegelt, als sie „Tränen der Schwesterliebe" (V. 118) weint. Im Gegensatz zur Beschreibung des Chores steht der Vergleich, mit dem **Kreon** Ismene als blutsaugende Schlange (vgl. V. 123 f.) darstellt. Er unterstreicht damit das **Gefühl des Verrats** an ihm, der umso schwerer wiegt, da er die beiden Mädchen großzog.

Auftritt Ismenes

Der Herrscher setzt sein Verhör fort und konfrontiert auch Ismene direkt mit der **Frage nach ihrer Mittäterschaft**. Trotz ihres gebeutelten Zustands ist Ismene, ähnlich wie Antigone, entschieden in ihrer Antwort. Sie **gesteht** die Tat, die sie nicht begangen hat, ohne Umschweife, um der Schwester „Bootsgefährtin" (V. 136) zu sein: „Wenn sie es denn gesteht, / Bin ich beteiligt […]." (V. 129 f.) Ihre veränderte Haltung resultiert auch aus der Einsicht, das Schicksal ohnehin nicht mehr abwenden zu können. Zuvor hatte sie sich bei der Entscheidung zwischen göttlichem und menschlichem Gesetz als Bürgerin Thebens dem Edikt Kreons untergeordnet, was vernünftig schien, weil es die Erfüllung des Familienfluchs verhindert hätte. Sie hatte sich **gegen die heroische Tat entschieden**, derer sich Antigone rühmt. Mit kurzen energischen Ausrufesätzen **dementiert Antigone Ismenes Beteiligung** und spricht ihr das Recht zu einer solchen Behauptung ab (vgl. V. 132). Die Rigorosität, mit der Antigone sich für das Recht der Familie und das Gesetz der Götter entschieden hat, prägt auch ihre Reaktion auf Ismenes Versuch, sich mit ihr zu solidarisieren. In vorwurfsvollem Ton benennt sie die Nichtigkeit von Lippenbekenntnissen (vgl. V. 139). Die Interjektion „[a]ch" (V. 141) macht aus Ismenes Wunsch eine flehende Bitte, doch **Antigone bleibt hart** und billigt der Schwester nicht zu, ihre Meinung zu ändern und Mitheldin zu sein. Antigone **beansprucht** in erster Linie die **Strafe**, aber damit auch den **Ruhm für sich allein**. Im Gegensatz zu Ismene wankt sie in ihrer Haltung nicht ein einziges Mal. Die **Kompromisslosigkeit** der Figur kann als **Stärke** interpretiert werden, weist aber auch **Stolz und Unerbittlichkeit** auf. Bezüglich der Unzugänglichkeit für Argumente und Emotionen gleicht ihr Verhalten durchaus demjenigen Kreons. Unumstößlich legt Antigone fest: „[…] mein Tod genügt." (V. 145)

Ismenes Versuch, sich mit Antigone zu solidarisieren, und Antigones abweisende Reaktion

Antigone wirkt **fast übermenschlich** in ihrer Unerschrockenheit dem Tyrannen und dem eigenen Tod gegenüber. Sie bittet nicht um Gnade, weint nicht, lenkt nicht ein – im Gegenteil, sie **trotzt Kreon**. Aus dieser Haltung in Verbindung mit ihrer klaren und überzeugenden Argumentation erwächst ihre **moralische Überlegenheit**, was nichts daran ändert, dass Kreon aufgrund seiner Position zunächst als Sieger aus diesem Konflikt geht. Antigone muss sterben und wird zur Märtyrerin, wodurch sie dem moralischen Gesetz, das sie vertritt, umso mehr zum Sieg verhilft. Sie **repräsentiert Mut und Entschlossenheit** dem Tyrannen gegenüber und stellt ihm ihr Verständnis von Recht und Humanität entgegen. Die Figur der Antigone **verkörpert** damit ein **Ideal**, dem man in seiner Unbeugsamkeit und Kompromisslosigkeit sowohl mit Bewunderung als auch mit Befremden begegnen kann.

Fazit: Bewertung von Antigones Charakter

TEILAUFGABE 2

In dem 2009 erschienenen Roman *Corpus Delicti* von Juli Zeh steht wie bei Sophokles eine Frau im Zentrum, die durchaus als moderne Antigone-Version betrachtet werden kann. Wie ihr antikes Vorbild wird auch Zehs Protagonistin Mia Holl durch äußere Umstände zur **Opposition gegen die bestehende Herrschaft** gezwungen und steht **als Einzelne einem totalitären und dadurch feindlichen System gegenüber**. Diese Grundproblematik hat sich als Thema über die Zeit von der Antike bis zur Gegenwart erhalten und könnte auch in Zukunft eine Herausforderung darstellen, was Juli Zeh nahelegt, wenn sie ihren Roman in der Mitte des 21. Jahrhunderts ansiedelt und mit ihrer **Dystopie** die Abgründe möglicher Entwicklungen beleuchtet.

Überleitung
Vorstellung des Vergleichstextes

Der Roman führt den Leser in eine Zeit, in der, legitimiert durch den Wunsch nach einem von Krankheit, Schmerz und Leid befreiten Leben, die **Gesundheit zum höchsten Gut** und damit auch zum Ziel der Politik erklärt wurde. Privates und öffentliches Interesse fließen ineinander bei dem Bestreben, durch die Gesunderhaltung des Menschen zum Wohl des Staates und zur **Perfektionierung der Gesellschaft** beizutragen. Der Einzelne ist dabei gezwungen, sich dem Diktat der Gesunderhaltung unterzuordnen und einer allumfassenden staatlichen Kontrolle auszusetzen. Diese dringt bis in den letzten Winkel des Privaten vor, indem sie körperliche Ertüchtigung ebenso wie Ernährung und sogar die Suche nach dem immunologisch passenden Partner überwacht. Alles, was der Gesundheit nicht zuträglich ist, gilt als Straftat. So ist beispielsweise der Konsum toxischer Substanzen wie Alkohol oder Nikotin strengstens verboten. Die **totalitäre Ausrichtung von staatlicher Herrschaft**, in Zehs Roman als *Methode* bezeichnet, gleicht dem Gesetz Kreons durchaus, und wie Antigone gerät Mia Holl ungewollt **durch ihren Bruder in Konflikt mit den bestehenden Verhältnissen**.

Vergleich
Formen staatlicher Herrschaft

Während Polyneikes im Kampf um die Herrschaft in Theben zum Landesverräter und Brudermörder wird, macht sich Moritz Holl allein durch seinen Lebenswandel verdächtig. Der rein rationalen Ausrichtung der *Methode* stellt er das Prinzip Liebe entgegen und möchte selbstbestimmt leben. Er genießt es, lebendig zu sein, zu rauchen, zu fischen und sich in Liebesabenteuer zu stürzen. Leben bedeutet für ihn auch Konfrontation mit Schmerz und Tod. Aufgrund seiner subversiven Art hält man ihn für einen Unruhestifter. Vereinnahmen lässt er sich aber von keiner Seite, weder durch die *Methode* noch durch ihre Gegner (vgl. S. 73). Das System erklärt ihn dennoch zum Feind und beschuldigt ihn der Vergewaltigung und des Mordes an einer jungen Frau. Er verweigert ein Geständnis und entzieht sich seiner Strafe durch Selbstmord. Die Beteuerung seiner Unschuld

Rolle der Brüder für die Protagonistinnen

gibt methodenkritischen Kreisen Aufwind, was die „*causa* Moritz Holl“ (S. 41) auch nach seinem Tod sowohl für den Staat als auch für seine Schwester zum Problem macht.

Zerrissenheit der Protagonistinnen zwischen Bruderliebe und staatlichem Gesetz

Die **durch das Verhalten der Brüder heraufbeschworene Situation** führt die Protagonistinnen jeweils in ein **Dilemma**. Kreons Gebot verlangt, den Landesverräter nicht zu bestatten, was Antigone dazu zwingt, sich zwischen geltendem Recht und ihrem Bruder zu entscheiden. Das **System zu verfluchen oder den Bruder zu verraten** (vgl. S. 39) scheinen auch Mias einzige Optionen zu sein. Die Romanform bietet an dieser Stelle aber andere Möglichkeiten als das Drama: Während **Antigone unmittelbar** gegen Kreons Gebot verstößt, ihren Bruder bestattet, dem Herrscher die Stirn bietet und ihre Strafe erfährt, wird die Ungerechtigkeit des Systems bei Zeh erst im Verlauf der Geschichte offensichtlich. Entsprechend entwickelt sich **Mia Holl sukzessive von einer Befürworterin der *Methode* zur Gegnerin**. Im Gegensatz zu ihrem Bruder ist sie keine Träumerin und Freidenkerin. Als Biologin ist sie geprägt von naturwissenschaftlichem Denken. Trotz der Unterschiedlichkeit ihrer Einstellungen und Prinzipien fühlen sich beide einander sehr verbunden, was ein wichtiges Handlungsmotiv für Mia ist. Der Tod des Bruders stürzt sie zunächst in eine **persönliche Krise**, die sie nicht bewältigen kann, ohne gegen einige der strengen Regeln zu verstoßen. Weil sie Tests und Berichte nicht einreicht sowie ihr sportliches Leistungsprofil nicht aufrechterhält, wird sie im Rahmen eines Güteverfahrens **offiziell verwarnt**. Daraus wird bald ein **Strafprozess**, da Mia erneut das Gesetz übertritt, indem sie sich des Missbrauchs toxischer Substanzen strafbar macht. Der erste Höhepunkt des Romans bewirkt eine entscheidende Veränderung: Mias Anwalt kann die **Unschuld des Bruders** beweisen, indem er den alles entscheidenden DNA-Beweis entkräftet und Walter Hannemann als wahren Täter überführt. Dieser hatte Moritz, als der in seiner Kindheit an Leukämie litt, Knochenmark gespendet. Die Tatsache, dass ihr Bruder einem Unrechtssystem zum Opfer gefallen ist, befähigt Mia endlich dazu, ihren inneren Konflikt zu lösen, denn obwohl sie nie an der Unschuld des Bruders zweifelte, war es ihr bisher aufgrund des unfehlbaren DNA-Beweises unmöglich, „sich mit ganzem Wesen zu ihm zu *bekennen*“ (S. 174). Aus Zerrissenheit wird Klarheit, wodurch die Figur ihre **Schwäche und Angepasstheit zunehmend verliert**. Während Antigone von Anfang an unbeirrt und selbstbewusst rebelliert und als Heldin in Erscheinung tritt, **wächst Mia Holl in die Rolle hinein**. Anfangs lehnt sie diese sogar, sehr zum Ärger der „idealen Geliebten“, explizit ab und rechtfertigt ihre Unentschiedenheit. Achselzucken habe schließlich noch niemandem geschadet, „[a]ber an Heldentum und *Ideen* und Selbstaufopferung ist die Welt schon unzählige Male zugrunde gegangen“ (S. 142). Die „ideale Geliebte“ übernimmt als fiktive Gesprächspartnerin die Rolle des verstorbenen Bruders und versucht, Mia mit ihrer kritisch hinterfragenden Haltung zu beeinflussen. Mia bewegt sich als Figur lange **zwischen zwei Polen**, der **„idealen Geliebten“** auf der einen und einem Journalisten namens **Kramer** auf der anderen Seite.

Beziehung zwischen den Protagonistinnen und ihren Gegenspielern

Kramer, der durch seine Arbeit maßgeblich zur Manifestation der *Methode* beiträgt, gehört neben den Vertretern des Gerichts zu den **Repräsentanten des Systems**. Mia Holl und Kramer sind wie Antigone und Kreon nicht nur auf der Ebene des Konflikts **miteinander verbunden**. Das familiäre Band zwischen Kreon und Antigone intensiviert die Tragik des Handlungsverlaufs, während die ambivalente Beziehung zwischen Kramer und Mia mehr wie ein Spiel als eine Auseinandersetzung anmutet. Offensichtlich gibt es eine von Anfang an bestehende Anziehung zwischen beiden. Darüber hinaus zeigt sich eine intellektuelle Verwandtschaft. Beide sind durch und durch rational und aus diesem Grund Fürsprecher der *Methode*, bis der Fall des Bruders Mia Schritt für Schritt in ein anderes Fahrwasser bringt und Kramer zu einem „absolut verlässlichen Feind“ (S. 184) werden lässt. In ihrem Kampf sieht er eine **Konfrontation des männlichen mit dem weiblichen Prinzip** (vgl. S. 203). Auf diesen Antagonismus nimmt auch Kreon Bezug, wenn er in Antigones Aufbegehren einen Angriff auf die männlich geprägten Machtverhältnisse sieht. In beiden Fällen scheinen männliche Rationalität und weibliche Emotionalität den Konflikt zu prägen. Kreon repräsentiert seiner Ansicht nach die Interessen und das Recht des Staates, während Antigone aus Liebe zu ihrem Bruder agiert. Schnell wird jedoch deutlich, dass sich ihr Handeln nicht auf den Aspekt des Gefühls reduzieren lässt. Sie stellt das Recht der Familie und das der Götter dem Gesetz Kreons entgegen, womit sie eine ausgesprochen **rationale Argumentationsgrundlage** wählt, was sich auch in ihrer Sprechweise niederschlägt, die im Gegensatz zur affektbetonten Art Kreons steht. Bei Mia Holl löst das Gefühl bzw. das Prinzip Liebe, wie es ihr Bruder definierte, nicht die Vernunft ab, mit der sie ihre Urteile zu treffen gewohnt war. Vielmehr befähigt es sie dazu, sich aus dem vorgegebenen gedanklichen Korsett zu lösen und in Opposition zu treten. Im Verschwinden der „idealen Geliebten“ und der mutigen Proklamation, die Mia Kramer in die Feder diktiert, zeigt sich die endgültige Verwandlung Mias in eine **„Galionsfigur“** (S. 175) **der Gegenbewegung**, Märtyrerin oder auch: in eine moderne Version von Antigone. Die Proklamation, in der Mia sich von der *Methode* abwendet, indem sie ihr jegliches Vertrauen abspricht (vgl. S. 186f.), bildet den zweiten Höhepunkt des Romans. Dieser entspricht dramaturgisch dem couragierten Auftritt Antigones bei ihrer

Begegnung mit Kreon – in beiden Fällen wird das Schicksal der Frauen und damit das **tragische Ende** besiegelt.

Machtausübung der Herrscher und Märtyrertum der Protagonistinnen

Obwohl die von **Kramer** herangezogene Rollenzuschreibung längst überholt ist, sitzt er als Mann weiter am längeren Hebel und bestimmt das Geschehen: Er forciert Mias Prozess, in dem ihr durch Unterstellung von Verschwörung und Terrorismus mittlerweile das Einfrieren als Höchststrafe droht, und er bestimmt den Ausgang der Verhandlung. Er ist kein Herrscher wie Kreon, aber **herrscht indirekt** durch den Einfluss, den er über sein Wirken in der Öffentlichkeit und den Medien hat. Es ist im 21. Jahrhundert nicht mehr die Willkürherrschaft eines Königs, mit der sich der Einzelne konfrontiert sieht, sondern vielmehr ein sich im **Medienmonopol der Mächtigen** offenbarendes Herrschaftssystem, dem gegenüber sich das Individuum noch verlorener fühlt, weil es nicht ohne Weiteres greifbar ist. Kramer sieht voraus, dass Mia Holls Tod genau wie der ihres Bruders die Unruhe im Volk schüren und der Opposition Auftrieb geben würde: Mia ist zum Sprachrohr derer geworden, die gegen das System aufbegehren, sie verhandelt längst nicht mehr nur ihre eigene private Angelegenheit – genau wie Antigone, die sich des Zuspruchs der Bürger Thebens, die nur aus Angst vor dem Tyrannen schweigen, sicher ist. Durch das **Todesurteil zur Demonstration seiner Macht** erreicht **Kreon** allerdings genau das Gegenteil: Er setzt sich ins Unrecht und erhebt **Antigone zu einer Märtyrerin**. Ähnlich sollte es auch **Mia Holl** ergehen. Der entscheidende Unterschied zwischen der Antike und dem 21. Jahrhundert scheint aber darin zu bestehen, dass man sowohl die idealisierte Darstellung als auch die klassische Tragödie hinter sich gelassen hat. Mia, die mit der Zeit mühsam das Zeug zur Heldin erworben hat, bekommt **nicht die Chance, als Märtyrerin zu sterben**, obwohl sie sich schließlich in dieses Schicksal gefügt hat. Kramer unterstützt den entscheidenden Schachzug zum Schutz der *Methode*: Die Strafe Mias wird in eine **Resozialisierungsmaßnahme** umgewandelt. Der **Heldinnentod wird verhindert** und im unerwartet undramatischen Ausgang bündelt sich die echte Tragik der Geschichte, denn im Weiterleben besteht die eigentliche Strafe.

Fazit: zwei Widerständlerinnen in Unrechtsstaaten

Mia Holl ist, wie sie selbst sagt, „*Corpus Delicti*" – Beweis „für das, *was alle denken*" (S. 218), die Ungerechtigkeit erkennen, aber vor dem Tyrannen schweigen. Gleiches lässt sich über Antigone sagen, d. h., beide Frauenfiguren werden zum **lebenden Beweis der Herrschaft von Unrecht**. Ihr Schicksal ist an den Erhalt von Macht geknüpft, doch während im antiken Drama Antigone als Märtyrerin zur Verkörperung eines bis heute strahlenden Ideals wird, lässt Zehs Dystopie die Leser*innen im Gefühl des Unbehagens und ohne Ausblick auf bessere Zeiten zurück.

Niedersachsen Deutsch
Erhöhtes Anforderungsniveau ▪ Übungsaufgabe 5

LITERARISCHE ERÖRTERUNG

Aufgabenstellung

1 Arbeiten Sie aus dem vorliegenden Auszug aus Hannah Arendts Essay *Was heißt persönliche Verantwortung unter einer Diktatur?* die zentralen Aussagen der Verfasserin heraus.

2 Erörtern Sie, inwiefern sich Hannah Arendts Ansichten auf Juli Zehs Roman *Corpus Delicti* beziehen lassen.

Material **Hannah Arendt (1906–1975): Was heißt persönliche Verantwortung unter einer Diktatur? (Auszug; um 1964/65)**

[...] Diesen früheren Auffassungen zufolge kann jede Handlung, die von einer Mehrzahl von Menschen ausgeführt wird, in zwei Phasen eingeteilt werden: den Anfang, den ein „Führer" macht, und die Ausführung, an der sich viele beteiligen, um etwas, was dann ein gemeinsames Unternehmen wird, mit Erfolg abzuschließen. Worauf es in diesem Zusammenhang ankommt, ist die Einsicht, daß kein noch so starker Mensch jemals irgendetwas Gutes oder Schlechtes ausführen kann ohne die Hilfe anderer, die das Vorhaben verwirklichen. Was wir hier vor uns haben, ist die Vorstellung einer Egalität, bei der als „Führer" derjenige gilt, der niemals mehr als nur der erste unter seinesgleichen ist. Diejenigen, die ihm zu gehorchen scheinen, unterstützen in Wirklichkeit ihn und sein Unternehmen. Ohne derartigen „Gehorsam" wäre er hilflos, wohingegen im Kindergarten oder in der Sklaverei – also in den beiden Sphären, wo die Vorstellung von Gehorsam einen Sinn hatte und von wo sie dann auf politische Angelegenheiten übertragen wurde – das Kind oder der Sklave hilflos werden, wenn sie die „Kooperation" verweigern. Selbst in einer strikt bürokratischen Organisation mit ihrer festgefügten hierarchischen Ordnung wäre es viel sinnvoller, das Funktionieren der „Rädchen" und der Räder als eine umfassende Unterstützung eines gemeinsamen Unternehmens anzusehen, anstatt wie sonst üblich, von Gehorsam gegenüber Vorgesetzten zu sprechen. Wenn ich den Gesetzen des Landes gehorche, dann unterstütze ich in Wirklichkeit dessen Verfassung. Rebellen und Revolutionäre, die nicht mehr gehorchen, weil sie ihr stillschweigendes Einverständnis aufgekündigt haben, machen diesen Sachverhalt ganz offenkundig.

So gesehen sind jene, die nicht am öffentlichen Leben unter einer Diktatur teilgenommen haben, auch diejenigen, die sich geweigert haben, sie zu unterstützen, indem sie jene Orte der „Verantwortung" mieden, wo eine derartige Unterstützung unter Berufung auf Gehorsam gefordert wird. Und wir brauchen uns nur einen Augenblick lang vorzustellen, was mit dieser Art von Regierungen passieren würde, wenn genügend Leute „unverantwortlich" handelten und die Unterstützung verweigerten, sogar ohne aktiven Widerstand oder Aufruhr, um zu sehen, welch eine wirkungsvolle Waffe dies sein könnte. Welch eine Kraft steckt etwa in den in diesem Jahrhundert wiederentdeckten gewaltlosen Widerstandsformen wie dem zivilen Ungehorsam? [...].

Quelle: Hannah Arendt: Was heißt persönliche Verantwortung unter einer Diktatur? In: Dies.: Nach Auschwitz. Essays & Kommentare I. Hrsg. von Eike Geisel und Klaus Bittermann. Aus dem Amerikanischen übersetzt von Eike Geisel. Berlin: Edition Tiamat 1989, S. 96 f.

Erläuterung zur Autorin

Hannah Arendt war eine deutsch-amerikanische Philosophin und Politikwissenschaftlerin, die sich in ihrem Werk unter anderem mit der Entstehung und Funktion totalitärer Herrschaftssysteme auseinandersetzte.

TIPP **Bearbeitungshinweise**

Voraussetzungen

Die Aufgabe ist im Wahlpflichtmodul 8, „Neue und neueste Tendenzen der Erzählliteratur" und dem übergeordneten Rahmenthema 5, „Literatur und Sprache von 1945 bis zur Gegenwart" verankert. Wie bei der literarischen Erörterung üblich, müssen zunächst die Kernaussagen eines pragmatischen Sachtextes herausgearbeitet werden. In einem zweiten Schritt ist dann zu erörtern, inwieweit sie auf ein literarisches Werk, hier *Corpus Delicti* von Juli Zeh anwendbar sind. Die unterschiedliche Komplexität der beiden Teilaufgaben schlägt sich auch in der Bewertung nieder: Die **erste Teilaufgabe** ist mit 2**0 Prozent**, die **zweite Teilaufgabe mit 70 Prozent** gewichtet.

Erläuterung der Aufgabenstellung

Die zweiteilige Aufgabenstellung verlangt von Ihnen Kompetenzen zur Analyse von Sachtexten und zum literarischen Erörtern. So müssen Sie in **TEILAUFGABE 1** zunächst die **zentralen Aussagen** aus dem vorgegebenen Auszug aus Hannah Arendts Essay **herausarbeiten**, um die darin enthaltene Problemsicht zu erschließen. Lesen Sie den komplexen Text mehrfach durch, unterstreichen Sie zentrale Passagen und bemühen Sie sich dann, diese in möglichst **eigenen Worten** wiederzugeben.

TEILAUFGABE 2: Auf der Grundlage Ihrer Zusammenfassung wird von Ihnen eine **differenzierte argumentative Auseinandersetzung** mit verschiedenen Aspekten dieser Position erwartet, deren zentraler Bezugspunkt Juli Zehs Roman *Corpus Delicti* sein soll. Die **sichere Werkkenntnis** ist daher zwingend erforderlich. Die **Figurenkonstellation und Handlungsentwicklung** des Romans bieten Ihnen anschauliche Beispiele für die Diskussion von Arendts Thesen. Unterfüttern Sie Ihre Darstellung mit passenden **Zitaten** aus den beiden Texten. Wenden Sie aber nicht zu viel Zeit für die Suche nach Textstellen aus *Corpus Delicti* auf, sondern beschränken Sie sich auf ausgewählte aussagekräftige

Passagen. Nähere Kenntnisse zu Hannah Arendt und ihrem publizistischen Werk werden nicht von Ihnen erwartet. Sollten Sie aber aus dem Geschichts- oder Politik-Unterricht funktional Querverbindungen herstellen können, so kann dies Ihren Aufsatz aufwerten. Mögliche Zusätze dieser Art sind im Lösungsvorschlag am Rand ausgewiesen. Am Schluss Ihrer Erörterung sollten Sie zu einer **begründeten Stellungnahme** gelangen.

verwendete Textausgabe:
Juli Zeh: Corpus Delicti. Ein Prozess. München: btb 2010.

Lösungsvorschlag

TEILAUFGABE 1

Einleitung
Spannungsfeld von Individuum und Gesellschaft

„[K]ein noch so starker Mensch [kann] jemals irgendetwas Gutes oder Schlechtes ausführen […] ohne die Hilfe anderer, die das Vorhaben verwirklichen." (Z. 5 ff.) Mit diesem Zitat aus Hannah Arendts Essay *Was heißt persönliche Verantwortung unter einer Diktatur?* ist das Thema des vorliegenden Textauszugs bereits ebenso umrissen wie eines der zentralen Problemfelder in Juli Zehs dystopischem Roman *Corpus Delicti*. In beiden Texten geht es um das **spannungsreiche Verhältnis zwischen dem Individuum und der Gesellschaft**, um die Chancen des Einzelnen, sich innerhalb **politisch-sozialer Grenzen** selbst zu verwirklichen – oder an ihnen zu scheitern. Wie zu zeigen sein wird, besteht eine dritte Möglichkeit darin, die von der Gesellschaft festgelegten **Grenzen infrage zu stellen**. Durch selbstverantwortliches Handeln können Freiräume, in denen sich die Persönlichkeit entfalten kann, zunächst ausgelotet oder unter Umständen auch erst geschaffen werden. Für Reflexionen zu diesem Thema bieten Arendts Essay und Zehs Roman naturgemäß unterschiedliche Lösungsansätze. Im Folgenden sollen zunächst Arendts Kernaussagen herausgearbeitet werden, um im Anschluss daran Bezüge zu den Figuren und zur Handlung des Romans *Corpus Delicti* herzustellen.

Teilaufgabe 1:
Hannah Arendts Kernthesen (mit einleitenden Zusatzinformationen zur Person)

Die deutsch-amerikanische **Publizistin Hannah Arendt** prägte als eine Berichterstatterin im Kriegsverbrecherprozess gegen Adolf Eichmann die Formulierung von der „Banalität des Bösen", mit der sie eine griffige, allerdings auch kontrovers diskutierte Perspektive auf die sogenannten Schreibtischtäter des nationalsozialistischen Regimes eröffnete. Der vorliegende Auszug kann aufgrund seiner Entstehungszeit und des Titels *Nach Auschwitz. Essays & Kommentare* in diesen Kontext eingeordnet werden.

Arendt unterscheidet in ihren Ausführungen zwei Strukturebenen in einer diktatorischen Gesellschaft. Auf der einen Seite steht ein „**Führer**" (Z. 8), der „sein Unternehmen" (Z. 10) nur dann erfolgreich leiten kann, wenn er sich der Loyalität der anderen Seite – der Gruppe der ihm Gehorchenden – sicher sein kann. Arendt bezeichnet diese Art der Verpflichtung gegenüber der herrschenden Gruppe bzw. gegenüber dem Alleinherrscher zunächst als „**Gehorsam**" (Z. 10), ohne den das gesellschaftliche System nicht funktionieren würde. Durch den Vergleich mit dem ebenso auf „Kooperation" und Gehorsam fußenden Alltag im Kindergarten und mit der Sklaverei zeigt sie aber, dass in Diktaturen andere Abhängigkeitsverhältnisse bestehen als gemeinhin erwartet. So sei in der Wirklichkeit der Diktatur der Einzelne keinesfalls **hilflos**, wenn er die Kooperation ablehnt (vgl. Z. 10 ff.), sondern stattdessen der Führer, dem die **Gefolgschaft verweigert** wird. Daraus schlussfolgert sie, dass der Begriff des Gehorsams das Verhältnis beider Seiten eines diktatorischen Systems zueinander unzureichend charakterisiere. Vielmehr ziele die Formulierung vom „Gehorsam gegenüber Vorgesetzten" (Z. 17 f.) darauf, zu verschleiern, dass es „in Wirklichkeit" (Z. 9 f., 18 f.) um die „**umfassende Unterstützung eines gemeinsamen Unternehmens**" (Z. 16 f.) gehe. Mit dem „Funktionieren der ‚Rädchen' und der Räder" (Z. 15 f.) greift sie eine Formulierung Eichmanns auf, die seine Tätigkeit als einer der Logistiker innerhalb der NS-Bürokratie herunterspielen sollte. Dieser sprachkritische Ansatz enthüllt damit die Strategie sowohl von Entscheidungsträgern als auch von Mitläufern, sich auf Befehle zu berufen, anstatt die eigene Verantwortung in der Diktatur des Dritten Reichs einzuräumen.

1. Sinnabschnitt

zur Rolle des Gehorsams in Diktaturen

Zusatz: Querverbindung zu Adolf Eichmann

Im zweiten Abschnitt des Textauszugs resümiert Arendt, dass ein **Verzicht auf Teilnahme am öffentlichen Leben** in einer Diktatur gleichbedeutend damit gewesen sei, dem politischen System bzw. dem Führer die Unterstützung zu verweigern (vgl. Z. 22 ff.). Wer also vermieden habe, sich in gesellschaftliche Prozesse einzubringen, in denen „Gehorsam gefordert" (Z. 25) wurde, hätte „sogar ohne aktiven Widerstand oder Aufruhr" (Z. 27 f.) von einer „**wirkungsvolle[n] Waffe**" (Z. 28) **gegen das totalitäre Regime** Gebrauch gemacht.

2. Sinnabschnitt

Aus heutiger Sicht leuchtet dieser Ansatz unmittelbar ein, weshalb es verwundert, warum er nicht früher Eingang in das gesellschaftliche Bewusstsein fand, um einen Absturz in unmenschliche Verhaltensweisen zu verhindern. Dabei gab es durchaus gedankliche Anregungen für solche Auswege. Carl Sandburgs Ausspruch „Stell dir vor, es ist Krieg, und keiner geht hin", mittlerweile ein geflügeltes Wort, wurde in den 1930er-Jahren veröffentlicht und verdeutlicht pointiert, dass soziale Verhältnisse stets durch eine große Gruppe

Überleitung zum Erörterungsteil

Zusatz: Sandburg-Zitat „Stell dir vor, es ist Krieg, und keiner geht hin."

von Individuen mitgetragen werden (müssen). Wenn „keiner [hin]-geht“, ist das Leben nicht mehr öffentlich; die Verweigerung wird zum (zivilen) Ungehorsam, zum (passiven) Widerstand.

TEILAUFGABE 2

Erörterung

Für die folgende **Auseinandersetzung mit Hannah Arendts Thesen** in Bezug auf Juli Zehs Roman *Corpus Delicti* ist es notwendig, sich mit den grundlegenden **Begriffen** des Essays und deren Bedeutungsinhalten zu beschäftigen. Zunächst muss geklärt werden, was unter den bereits im Titel genannten Schlüsselwörtern „Diktatur“ und „persönliche Verantwortung“ zu verstehen ist. In diesem Zusammenhang kann auch die Bedeutung des Gedankenpaares „Gehorsam – Unterstützung“ ausgelotet werden.

Begriffsbestimmungen

Diktatur, Verantwortung, Gehorsam, Unterstützung

Wenn von **Diktaturen** die Rede ist, denkt man zunächst oft an Hitler und Stalin – zwei mächtige Alleinherrscher des 20. Jahrhunderts, die mithilfe der vorgefundenen parlamentarischen Systeme bzw. durch deren Umgestaltung ihre Ziele über die Interessen der Mehrheit der Bevölkerung durchsetzen konnten. Dabei ist es diktatorischen Regimen wie diesen wesenseigen, dass eine Minderheit (Einzelperson, Gruppierung, Partei) Andersdenkende politisch unterdrückt und von der eigenen Ideologie abweichende Auffassungen zu unterbinden sucht. Es werden **repressive Organe** wie die Gestapo geschaffen, die über die Einhaltung von Regeln und Gesetzen wachen und Verstöße dagegen durch Gewaltausübung bestrafen. Auf der anderen Seite wird mithilfe von Agitation, Propaganda und subtilen Formen der **ideologischen Beeinflussung** in Bildungseinrichtungen und Medien versucht, die Staatsform zu legitimieren, indem man die Massen von der Richtigkeit der herrschenden Meinung zu überzeugen versucht. Gelingt dies, ist der einzelne Bürger als Mitglied der Gesellschaft meist bereit, sich in das Gemeinwesen einzubringen: Er wird Aufgaben darin übernehmen und nach deren bestmöglicher Erfüllung streben. Wenn er überzeugt davon ist, dass der Staat zum Wohle der Menschen handelt, dann wird er die Bemühungen dieses Staats um Ordnung und Kontrolle **unterstützen**. Er wird bereit sein, **Verantwortung** zu übernehmen sowie eigene Interessen zugunsten gesellschaftlicher Interessen zurückzusetzen und seine persönlichen **Fähigkeiten in den Dienst der Gemeinschaft zu stellen**. Er wird diese Ein-Ordnung in ein gesellschaftliches System nicht als Unter-Ordnung verstehen, weil er die Herrschaft nicht als einen Unterdrückungsmechanismus von Minderheiten erkennt – solange er zu der Mehrheit gehört, die dem System bzw. Führer **gehorsam** dient.

Wer in einem diktatorischen Staatswesen bestehen will, muss sich **anpassen**. Das kann er freiwillig tun, wodurch er laut Arendt zwangsläufig zu einem **Unterstützer** des Systems wird. Oder es geschieht unfreiwillig, um den Sanktionen für Ungehorsam zu entgehen. Dann ist diese Anpassung wahrscheinlich nur von begrenzter Dauer und endet in stiller Resignation, „aktive[m] Widerstand oder Aufruhr“ (Z. 28).

Anpassung und Unterstützung

Was es bedeutet, in einer Diktatur zu leben, erfährt auch **Mia Holl**, die Protagonistin in **Juli Zehs Zukunftsroman** *Corpus Delicti*. Hier wird das oberste Staatsziel, Gesundheit für alle, rigoros durchgesetzt: **Die Freiheit des Einzelnen wurde der (angeblichen) Sicherheit für alle geopfert**. Dieses „Opfern“ darf man durchaus wörtlich verstehen. So entscheidet sich Moritz Holl, Mias Bruder, für den Freitod, da die Selbstaussage eines Menschen – zumal eines systemkritischen Individualisten – in der Staatsform der METHODE keine Beweiskraft hat. Es zählen nur naturwissenschaftliche Daten, gewonnen durch vielfältige Überwachungsmaßnahmen, und so überführt eine DNA-Spur Moritz zu Unrecht als Mörder. Der Freitod des Bruders löst in Mia jene Zweifel aus, die sie von einer Unterstützerin der METHODE zu einer aktiven, entschiedenen Gegnerin werden lassen.

Gesundheitsdiktatur in Juli Zehs Roman *Corpus Delicti*

Hannah Arendts Thesen zu den Abhängigkeitsverhältnissen und der möglichen Gehorsamsverweigerung in Diktaturen lassen sich gut anhand der Figurenkonstellation und Handlungsentwicklung in Juli Zehs Roman veranschaulichen. **Mia Holl trauert** um ihren toten Bruder und vernachlässigt deswegen ihre staatlich verordneten Kontrollpflichten gegenüber der eigenen Gesundheit. Sie lässt sich gehen, versäumt ihre Trainingseinheiten, gibt sich der Melancholie hin, kurz: Sie **verzichtet auf die Teilnahme am „öffentlichen Leben**“ (Z. 22). „Da verteidige ich mich lieber selbst. […] Durch Nichtstun und Schweigen“ (S. 74), wie Mia es formuliert. Ein solcher **Rückzug ins Private**, in die Nischen der Gesellschaft, **ist in diktatorischen Systemen unerwünscht** – wird doch dadurch der Zugriff auf das Individuum erschwert, wenn nicht ganz verhindert. „Das Recht ist ein Spiel, bei dem jeder mitspielen muss“ (S. 80), heißt es im Roman. Deshalb greift unmittelbar die Justiz ein, die dafür Sorge tragen muss, dass alle Bürger gehorsam und verantwortlich gegenüber der Leitidee handeln. Nicht zufällig ist **Moritz' Fluchtort** ein natürliches Refugium abseits der gläsernen Gesundheitswelt. Am Ufer des Flusses, zwischen den Büschen hat er sich eine „Kathedrale“ geschaffen, die ihm zumindest vorübergehend hilft, sich mit den ungeliebten Regeln der METHODE zu arrangieren, sich also dem öffentlichen Leben zu entziehen. Damit ist seine Figur das beste Beispiel dafür, inwiefern es eine „wirkungsvolle

Handlung:

Rückzug ins Private als Ungehorsam, Mias Trauer

Waffe“ (Z. 28) sein kann, „wenn genügend Leute ‚unverantwortlich‘ handelten und die Unterstützung verweigerten“ (Z. 26 f.). Bei seinem rebellischen Charakter kann dieses Arrangement des Rückzugs aber kein Zustand auf Dauer sein. Deshalb ist ein Konflikt vorprogrammiert, der das System durchaus vor eine Herausforderung stellt.

gehorsame Mitläufer und Helfer

Von anderer Wesensart sind Romanfiguren wie **Würmer**, **Lizzie**, **Driss** oder auch die **Pollsche**. Sie stehen beispielhaft für diejenigen, die als **Mitläufer** den „Gesetzen des Landes gehorche[n]“ (Z. 18) und damit das herrschende System unterstützen. Die Nachbarinnen sind sich dieser Unterstützung wahrscheinlich gar nicht bewusst. Sie verstehen die Sorge um ihren Ruf als Bewohnerinnen des „Wächterhauses“ gar nicht als politisch motiviert, sondern erleben die Auseinandersetzungen um die hygienischen Standards als Bestandteil ihres Alltags. Was alltäglich ist, kann nicht falsch sein – **Gewöhnungseffekte** und die damit verbundenen Verinnerlichungen von Verhaltensweisen scheinen deshalb zu den wesentlichen Wirkungsbedingungen von ideologischer Indoktrination zu gehören. **Würmer** hingegen hat sich bewusst für einen **Dienst im System** entschieden. Als Mitarbeiter bei den staatlich kontrollierten Massenmedien trägt er zur Beeinflussung der Bevölkerung bei. Er handelt somit als **gehorsamer Helfer**, als aktives Rad im Apparat der METHODE, was sich auch in seiner falschen Zeugenaussage gegen Mia Holl als vermeintliche Anführerin einer terroristischen Vereinigung zeigt.

„Wächterhaus“-Bewohnerinnen

Würmer

individuelle Auslöser für „unverantwortliches“ Handeln

Mit Blick auf **Lutz Rosentreter** und **Mia Holl** wird deutlich, dass niemand in seinen Persönlichkeitseigenschaften und Verhaltensweisen auf immer festgelegt ist und dass Wechsel und Wandlung im Sinne des Ungehorsams in Diktaturen möglich sind. Beide haben eine akademische Laufbahn eingeschlagen und sind durch ihren Beruf in das **öffentliche Leben der Gesundheitsdiktatur integriert:** Mia unterstützt als **Biologin**, das heißt mit naturwissenschaftlichen Fakten, die Argumentationsstrategien der politischen Führung. Rosentreter ist Vertreter des juristischen Teilsystems und sollte eigentlich darauf bedacht sein, dass Zuwiderhandlungen gegen das geltende Recht der METHODE angemessen bestraft werden. Beiden Figuren wird aber durch eine individuelle Konfliktsituation mit dem diktatorischen System klar, dass sie auch **anders als angepasst**, **gehorsam und unterstützend handeln können**. Bei Mia ist der Tod ihres Bruders das auslösende Moment für ihre Zweifel am System, denn sie wird für ihr persönliches Trauerverhalten sanktioniert. Als Rosentreter dann Moritz’ Unschuld vor Gericht enthüllen kann, ist Mias Glaube an die einzige Wahrheit naturwissenschaftlicher Fakten, wie sie die METHODE behauptet, zerstört. Ihr Anwalt und Pflichtverteidiger Rosentreter hatte durch seine politisch verbotene Liebe die Idiotie der METHODE erkannt – eines gesellschaftlichen Konstrukts, das nicht den Menschen in der Vielfalt seiner gelebten Beziehungen, sondern ein abstraktes Regelwerk in den Mittelpunkt stellt.

Kramer als zentraler Helfer

Es ist die **Kooperation zweier Abweichler**, die den Leser zwischenzeitlich hoffen lässt, dass die Geschichte gut ausgehen und der durch den Fall Moritz Holl ausgelöste Justizskandal eventuell zum Sturz der Gesundheitsdiktatur führen könnte. Der Publizist und Ideenträger der METHODE **Heinrich Kramer** kann – als Mias intellektueller **Gegenspieler** – als **zentraler Helfer** identifiziert werden, der die Staatsideologie durch sein mediales Agieren am stärksten vertritt. Mias Ungehorsam bringt den selbstbewussten Gentleman und vermeintlich unangreifbaren Ideologen kurzzeitig ins Wanken. Kramer nimmt Mias Aufbegehren durchaus ernst und erkennt die damit verbundenen **Gefährdungen** für das System. Auch die öffentlichen Sympathien (Demonstranten vor dem Gerichtsgebäude) für die als Staatsfeindin festgenommene Mia Holl verweisen auf die Möglichkeit eines politischen Umsturzes durch die Masse. Diese im Raum stehende Revolution fände dann statt, „wenn sich die Gruppe der Vielen gegen die Gruppe der Wenigen erhebt, welche eine Zeitlang für sie die Entscheidungen treffen durfte, obwohl sich die Wenigen durch nichts von den Vielen unterscheiden." (S. 158) Juli Zehs Roman bleibt jedoch eine **Dystopie**, in der die **Diktatur gewinnt** – unter Anwendung von Folter und Zwang. Mia darf am Ende nicht einmal zur Märtyrerin werden (wie etwa die Geschwister Scholl oder Graf von Stauffenberg als historische Widerstandskämpfer). Wenn auch der Ungehorsam gegen die Diktatur letztlich weder durch „unverantwortlichen" Rückzug ins Nicht-Öffentliche noch durch aktiven Widerstand (Pamphlet gegen die METHODE) in *Corpus Delicti* zum Ziel führt, da beides die Regierung nicht entmachtet, so werden doch Mechanismen erkennbar, wie sie Arendt skizziert. Ihre These, dass zum Durchsetzen einer guten oder auch schlechten Sache stets die „**Hilfe anderer**" nötig ist, die „das Vorhaben verwirklichen" (Z. 7), findet in jedem Fall Bestätigung: Für die METHODE sind dies Kramer und Menschen wie Würmer, Driss, Lizzie und die Pollsche.

Fazit mit persönlicher Stellungnahme

Am Ende der Auseinandersetzung mit Hannah Arendts Essayauszug und Juli Zehs Fiktion sind mindestens so viele Fragen offen wie am Anfang. Arendts These, dass es schon ausreiche, sich nicht am öffentlichen Leben einer Diktatur zu beteiligen, um derselben somit die Unterstützung zu entziehen, bleibt für mich fragwürdig. Wie soll ein solches Leben außerhalb sozialer Beziehungen stattfinden und wie lebenswert wäre es? **Gibt es ein lebenswertes Leben in einer**

Diktatur – selbst wenn es sich nicht durch eine Verweigerungshaltung auszeichnet? Andersherum gefragt: Sind Menschen, die sich dem öffentlichen Leben entziehen, wirklich schon „im Widerstand“, ist „Nullbockstimmung“ schon „Aufruhr“? Sind Nichtwähler und Politikverdrossene „in Wirklichkeit“ die Progressiven, die einer überholten Gesellschaftsordnung den Kampf angesagt haben? Die **gesellschaftlichen Wirklichkeiten** der Gegenwart und Zukunft scheinen **komplexer** zu sein, als es sich in einer **polarisierenden Sichtweise** wie jener Arendts darstellt (‚Wer nicht *für* uns ist, ist *gegen* uns.‘). Anregungen, über diese Wirklichkeiten intensiver nachzudenken, hat sie aber jedenfalls gegeben.

LITERARISCHE ERÖRTERUNG

Aufgabenstellung

1 Geben Sie die Hauptthesen des Textes in eigenen Worten wieder.

2 Erörtern Sie, inwiefern Zehs These zutrifft, dass der Roman „Corpus Delicti" nicht in der Zukunft spielt, also keine Dystopie ist, sondern lediglich die Gegenwart überspitzt.

Material — Juli Zeh (* 1974): Fragen zu Corpus Delicti (Auszug; 2020)

Elf Jahre nach der Veröffentlichung ihres Romans beantwortet die Autorin selbstgestellte Fragen zu „Corpus Delicti".

Ich würde jetzt gern den konkreten Plot[1] genauer anschauen. Fangen wir mal vor der eigentlichen Story an. Die *Corpus-Delicti*-Welt wird ja von der sogenannten METHODE geprägt, einem Herrschaftssystem, das Gesundheit absolut setzt. Hast du dir überlegt, wie es dazu gekommen ist?

Ehrlich gesagt habe ich beim Schreiben kaum darüber nachgedacht, welche konkreten politischen Entwicklungen dem Entstehen der METHODE vorangegangen sind. Es hat mich einfach nicht besonders interessiert. Das liegt wahrscheinlich daran, dass *Corpus Delicti* für mich gar nicht in der Zukunft spielt. Es ist eher eine Überspitzung von Denkweisen und Handlungsformen, die in unserer heutigen Welt bereits existieren. Die METHODE ist die politische Antwort auf die verbreitete Überzeugung, dass Gesundheit „das höchste Gut" des Menschen sei. Aus der Vorstellung, der Mensch sei im Wesentlichen eine Körpermaschine, ein Stück biologisches Leben, das man verwalten, betreuen und verbessern muss, um seine Arbeitsfähigkeit und sein Wohlbefinden zu optimieren, folgt automatisch ein Politikverständnis, das vor allem auf Kontrolle und Steuerung von Lebensgewohnheiten fußt.

Auch das sinkende Interesse der Bevölkerung an Demokratie und politischer Mitgestaltung ist eine Folge dieser Idee. Wenn man sich als Designer des eigenen Lebens fühlt und ständig dazu aufgerufen ist, an der Perfektionierung und Präsentation der eigenen Person zu arbeiten, wird man zu einem Ich-Universum. Damit geht zwangsläufig die soziale Dimension des Menschseins immer weiter verloren. Man hat heutzutage vielleicht viele Kontakte, viel Kommunikation – aber man lebt doch eigentlich zunehmend nur für sich selbst, während die vielen „Freunde" eher ein Publikum darstellen, vor dem man sich präsentiert, oder Wettbewerber, mit denen man sich in vielfältigen Rankings[2] vergleicht.

Wenn der Gemeinschaftssinn schwindet und die Gesellschaft eigentlich nur noch eine Bündelung von lauter Einzelkämpfern ist, verliert auch die Politik an Bedeutung. Dann wird Politik für den Bürger zu einem Unterhaltungsprogramm, das möglichst viel Aufregung generieren[3] muss. Oder zu einer Bedürfniserfüllungsmaschine, die entweder funktioniert oder nicht. Im letzten Fall müsste man sie optimieren – oder abschaffen. Wozu soll man sich eigentlich weiterhin ein Parlament leisten, das in umständlichen, teuren und ineffizienten Verfahren um das Finden von Kompromissen ringt? Viel pragmatischer[4] wäre doch ein Expertengremium, in dem sich richtig fähige Leute mit dem Entwickeln von perfekten Lösungen und einer optimalen Verwaltung des Staates befassen.

Dieser Gedankengang liegt der METHODE zugrunde, und ich glaube, dass es sich nicht um Science-Fiction[5] handelt. Bestimmt würde eine Menge Leute heute schon der METHODE zustimmen, wenn sie eine reale Option wäre. Mit anderen Worten: Die Vorgeschichte von *Corpus Delicti* sind wir.

Aus: Juli Zeh, Fragen zu „Corpus Delicti", Wann wird der Begriff der „Gesundheitsdiktatur" von der Polemik zur Zustandsbeschreibung?, btb Verlag, München 2020.

Anmerkungen

1 Plot: Handlungsgerüst
2 Ranking: Rangliste
3 generieren: erzeugen
4 pragmatisch: sachbezogen, praktisch
5 Science-Fiction: Bereich der fiktionalen Literatur bzw. Filmkunst, der eine ferne, von wissenschaftlichen und technologischen Neuerungen geprägte Zukunft der Menschheit entwirft

TIPP **Bearbeitungshinweise**

Voraussetzungen

Die Aufgabe bezieht sich auf das Wahlpflichtmodul 8, „Neue und neueste Tendenzen der Erzählliteratur“ (Rahmenthema 5, „Literatur und Sprache von 1945 bis zur Gegenwart“). Die beiden Teilaufgaben bauen aufeinander auf: Zunächst gilt es, einen Sachtext **zusammenzufassen**, dann die Thesen auf die Ihnen bekannte Lektüre *Corpus Delicti* zu übertragen und zu **erörtern**, inwieweit sie zutreffen. Der zentrale Bezugspunkt dieser literarischen Erörterung ist die Romanhandlung. Die **erste Teilaufgabe** deckt die Anforderungsbereiche I und II ab. Sie geht zu 30 **Prozent** in die Bewertung ein. Auf der **zweiten Teilaufgabe**, die alle drei Anforderungsbereiche umfasst, liegt folglich **mit 70 Prozent** der Schwerpunkt.

Erläuterung der Aufgabenstellung

TEILAUFGABE 1: Auch wenn der Sachtext auf den ersten Blick eher einfach erscheint, lohnt es sich, ihn mehrmals **aufmerksam mit Stift zu lesen**, **Schlüsselbegriffe** zu markieren und den **Gedankengang** mit Randnotizen sichtbar zu machen. Untersuchen Sie insbesondere, wie Zeh auf die Interviewfrage eingeht, wie sie ihre Kerngedanken entwickelt und zu welchem Schluss sie gelangt.

Gestützt auf diese Vorarbeiten können Sie die **Hauptthesen in eigenen Worten** wiedergeben. Im Unterschied zur Inhaltsangabe dürfen Sie auch **zitieren** und paraphrasieren. Achten Sie dabei darauf, den richtigen Modus (Konjunktiv der indirekten Rede) zu verwenden und wichtige Begriffe oder ungewöhnliche Formulierungen bei Bedarf zu erläutern.

TEILAUFGABE 2: Rekapitulieren Sie zunächst den Inhalt des Romans für sich. Stellen Sie Ihren Leserinnen und Lesern, falls noch nicht geschehen, den **Roman** mit Angabe von Titel, Erscheinungsjahr, Thema und Verfasserin vor und geben Sie einen **knappen Überblick** über die darin entworfene Welt. Eine komplette Inhaltsangabe ist hier nicht zielführend, denn in der Erörterung sollen Sie eine **konkrete These überprüfen:** Inwiefern ist der Roman dystopisch, inwiefern überspitzt er lediglich die Gegenwart? Vor dem Schreiben sollten Sie intensiv im Roman blättern und **thematisch relevante Stellen** notieren, eventuell auch Zitate (mit Seitenangaben) herausschreiben.
Die Aufgabenformulierung gibt Ihnen bereits Hinweise darauf, wie Sie bei der Erörterung der These argumentieren sollten. Es geht nicht um eine Entscheidung von *entweder – oder*, sondern um ein **differenziertes Abwägen**. Hilfreich sind Formulierungen wie z. B. *einerseits – andererseits, sowohl – als auch, jedoch, aber, allerdings, dennoch* usw. Am Ende Ihrer Ausführungen sollten Sie zu einem abschließenden **Fazit** kommen. Um Ihre Leserinnen und Leser mit Ihrer Erörterung zu **überzeugen**, müssen Sie den **Bezug Ihrer Argumente sowohl zum Interview als auch zum Inhalt des Romans** verdeutlichen. Konzentrieren Sie sich auf die thematisch relevanten Romanstellen und bauen Sie **Schlüsselsätze** als Zitate in Ihre Argumentation ein. Gehen Sie jedoch auch über den Romaninhalt hinaus und bringen Sie Ihr **Weltwissen** und **aktuelle Bezüge** ein, z. B. Ihre

Kenntnisse über real existierende demokratische und autokratische Staaten, über das deutsche Gesundheitssystem usw.

Auch in diesem Teil lohnt es sich, das Schreiben gut vorzubereiten: Führen Sie ein schriftliches **Brainstorming** durch, visualisieren Sie Ihre Ideen in einer **Mindmap** oder stellen Sie in einer Tabelle zusammen, was für und was gegen die These spricht. Auf dieser Grundlage wird es Ihnen leichtfallen, einen **Schreibplan** für Ihren Aufsatz zu entwerfen.

verwendete Textausgabe:
Juli Zeh: Corpus Delicti. Ein Prozess. München: btb 2010.

Lösungsvorschlag

TEILAUFGABE 1

Einleitung
Autorin, Titel, Jahr, Textsorte, Thema

Mitten in der Corona-Pandemie ist 2020 Juli Zehs Buch „Fragen zu ‚Corpus Delicti'" erschienen. In einer Art **Selbstinterview** kommentiert die Schriftstellerin ihren **Roman „Corpus Delicti"** von 2009, der als **Dystopie** rezipiert wurde. In ihm entwirft Zeh eine Welt, die von einem diktatorischen Herrschaftssystem namens METHODE gelenkt wird, für das Gesundheit die höchste Priorität hat.

Wiedergabe von Zehs Thesen:
METHODE als überspitzte Realität

Im vorliegenden Text beantwortet Juli Zeh eine Frage zur Story, die sie in ihrem Roman erzählt: **Wie ist es zu dieser erfundenen Welt gekommen?** Über die konkreten politischen Entwicklungen, die zur METHODE geführt haben könnten, habe sie beim Schreiben „[e]hrlich gesagt" (Z. 5) kaum nachgedacht. Vielmehr habe sie bereits existierende typische „Denkweisen und Handlungsformen" (Z. 9) der **jetzigen Realität überspitzt**. Deshalb sei „Corpus Delicti" für sie überhaupt nicht in der Zukunft angesiedelt (vgl. Z. 8), also kein Science-Fiction-Roman.

Fixierung auf Gesundheit

Als Beleg für diese These verweist sie auf Beobachtungen, die sie in der Gesellschaft der Gegenwart macht. Für viele Menschen gelte **Gesundheit** bereits heute als „das höchste Gut" (Z. 11), werde also **allen anderen Werten übergeordnet**. Durch diese Überzeugung werde der Mensch auf „ein Stück biologisches Leben" (Z. 12) reduziert. Wie eine Maschine müsse er seinen Körper durch ständige Pflege und Wartung funktionstüchtig erhalten und sogar **optimieren**, um größtmögliches persönliches Wohlbefinden zu erreichen und die Arbeitsfähigkeit zu erhalten (vgl. Z. 12 ff.). Aus diesem mechanistischen und biologistischen Menschenbild ergibt sich für Zeh zwangsläufig ein Politikverständnis, in dem der **Staat** – wie im Roman „Corpus Delicti" – eine **umfassende Kontrolle über alle Lebensbereiche** ausüben muss.

Des Weiteren registriert die Schriftstellerin einen **Wandel im individuellen Selbstverständnis**. Der Mensch entwickle sich vom sozialen Wesen zum „Ich-Universum" (Z. 19), in dem er sich als „Designer des eigenen Lebens" (Z. 17) fühle und ständig an seiner Selbstoptimierung arbeiten müsse. Auch die vielen Kontakt- und Kommunikationsmöglichkeiten, die heute genutzt werden, können für Zeh nicht darüber hinwegtäuschen, dass Menschen in **zunehmender Isolation** leben. Ohne Facebook, Instagram u. a. explizit zu nennen, stellt sie fest, dass Freundschaft zu einer quantitativen Größe geworden sei: Unter Freunden werde nur mehr die Zahl der Follower in den sozialen Medien verstanden, die als Publikum für die eigene Selbstdarstellung dienen. Freunde werden so zu Konkurrenten, die sich in Rankings vergleichen (vgl. Z. 21 ff.). **Solidarität und Zuneigung**, so kann man folgern, **bleiben auf der Strecke**.

Fixierung auf eigene Person

Diese Tendenz setzt sich für Zeh auch im **politisch-sozialen Bereich** fort, wo die Fokussierung auf die individuelle Existenz ein **abnehmendes Interesse an Demokratie** und politischer Partizipation mit sich bringe. Ohne Gemeinschaftssinn zerfalle die Gesellschaft in lauter Einzelkämpfer. Dadurch verliere die Politik an Relevanz und werde für die Bürgerinnen und Bürger zu einem „Unterhaltungsprogramm" (Z. 27) oder gar einer „Bedürfniserfüllungsmaschine" (Z. 28). Mit dieser Diagnose kritisiert Zeh, dass das Vertrauen in demokratische Werte und die Ernsthaftigkeit politischer Arbeit schwinden würden. Ihr Gedankengang gipfelt in einer ironisch gefärbten rhetorischen Frage: Wozu soll sich eine Gesellschaft weiterhin ein teures Parlament „leisten" (Z. 30), das in mühsamen Prozessen Kompromisse aushandelt, wenn doch ein Expertengremium aus „richtig fähige[n] Leute[n]" (Z. 32) wesentlich effizienter arbeiten würde?

Am Schluss des Textauszugs kommt Juli Zeh noch einmal auf ihre Ausgangsthese zurück und bestätigt sie: „Corpus Delicti" ist aus ihrer Sicht **kein Zukunftsroman** und die METHODE eine Option, der schon heute viele Menschen zustimmen würden. „Die Vorgeschichte von *Corpus Delicti* sind wir" (Z. 37 f.) ist das Fazit von Zehs Überlegungen.

Aktualität der Romanhandlung

TEILAUFGABE 2

Erörterung – Zehs These und „Corpus Delicti":

Inwieweit kann man sich dieser These der Autorin anschließen? Wenn man das erste Kapitel des Romans „Corpus Delicti" liest, das den Titel „Mitten am Tag, in der Mitte des Jahrhunderts" trägt, gewinnt man zunächst den **Eindruck**, in einer **idealen Zukunft** gelandet zu sein. Alle Umweltprobleme unserer Gegenwart sind überwunden, Mensch und Natur sind gesund. Aus Industrieanlagen sind

Zukunftswelt in „Corpus Delicti"

Kulturzentren, aus Kies- und Kohlegruben künstliche Seen zum Baden und Sich-Erholen geworden, Verkehrsmittel mit Verbrennungsmotoren wurden durch umweltfreundliche Magnetschwebebahnen ersetzt, die die Menschen in den „zusammengewachsene[n] Städte[n]“ (S. 11) befördern. Aber die **utopische Idylle** erweist sich schnell als **trügerisch**, denn im keimfreien METHODEN-Staat gibt es nichts organisch Gewachsenes mehr. Die **Natur** ist zum **Sperrgebiet** und vermeintlichen Treffpunkt geheimer Widerständler geworden.

Handlung von „Corpus Delicti“

In der Mitte dieser durchgeplanten Welt steht das Gerichtsgebäude, in dem **Mia Holls Fall** verhandelt wird: Sie hat gegen die Gesundheits- und Hygienenormen des Staats verstoßen und muss zu einem „Klärungsgespräch“ (S. 19) vor der Richterin erscheinen. Die 34-jährige Biologin Mia ist die Protagonistin des Romans. Sie entwickelt sich **von einer systemtreuen Anhängerin zur unbeugsamen Kritikerin** der METHODE. Auslöser für ihren Wandel ist der Selbstmord ihres Bruders Moritz, der aufgrund eines Fehlers im System des Sexualmordes angeklagt und unschuldig verurteilt wurde. In ihrer Lebenskrise beginnt Mia gegen jegliche staatliche Einmischung zu rebellieren: Sie wird schließlich vor Gericht gestellt, als Terroristin verurteilt und im letzten Moment begnadigt, damit sie nicht von den Anti-Methodisten als Märtyrerin vereinnahmt werden kann.

Erörterungsfrage

Ist diese Romanwelt aus „der Mitte des Jahrhunderts“ (S. 11) bereits in der Gegenwart angelegt, sodass die Erzählerin sie nur zu überspitzen braucht?

Staatsform – Realität

Eine Gegenüberstellung von Roman und Realität zeigt beim jeweils herrschenden staatlichen Rahmen eine grundlegende Differenz: Der heutige **demokratische Staat** ist über **freie Wahlen** legitimiert; die Gewalt geht vom Volk aus. Exekutive, Legislative und Judikative sind aufgeteilt und kontrollieren sich wechselseitig. Wenn die Bevölkerung nicht mit der Arbeit der Regierung zufrieden ist, hat sie die Möglichkeit, diese **abzuwählen**. Ein System konkurrierender Parteien sorgt dafür, dass unterschiedliche Interessen und Sichtweisen im Parlament vertreten sind. Von Juli Zehs Schreckensvision einer Expertenregierung, die parlamentarische Prozesse überflüssig macht (vgl. Z. 30 ff.), sind wir momentan eher weit entfernt. Vielmehr wird der **Rat von Experten**, z. B. Virologen oder Klimaforschern, herangezogen, um angemessene politische Entscheidungen zu treffen, die dann auch immer wieder neu überprüft werden. Die **Erhaltung der Gesundheit** der Bevölkerung zählt dabei sicher auch zu den **Zielen** politischen Handelns, doch ist es nur eines unter vielen.

Der Unterschied zum Roman ist deutlich, denn in der erzählten Welt herrscht eine **totalitäre Gesundheitsdiktatur:** Zwar werden Aufbau und Verfassung nicht genau beschrieben, doch wird erkennbar, dass es **weder Gewaltenteilung noch unabhängige Gerichte** und keine freie Wissenschaft gibt. Die im Roman genannten Vertreter der Judikative, darunter die Richterin Sophie und der Staatsanwalt Bell, agieren ganz im Sinne der staatlich vorgegebenen Doktrin. Und diese lautet: **Gesundheit** ist das **alleinige „Prinzip staatlicher Legitimation"** (S. 8) und darf nicht hinterfragt werden. Die Erfolge, etwa die Ausrottung von Erkältungsviren „seit den zwanziger Jahren" (S. 20) und die durch Datenbanken ermöglichte Hilfe bei schweren Krankheiten wie Leukämie, sind beachtlich. Als Moritz in seiner Kindheit an Blutkrebs erkrankt war, konnte dank des staatlichen Registers ein Knochenmarkspender für ihn gefunden und er geheilt werden. Doch wenn **Zweifel an der Unfehlbarkeit der METHODE** aufkommen – etwa, als sich der DNA-Beweis, mit dem Moritz des Mordes überführt wurde, als falsch erweist –, wankt die Grundlage der ganzen Staatsform. Aus diesem Grund wird Kritik an der METHODE mit brutalen Mitteln unterdrückt. Es zeigt sich, dass Welten zwischen einer freien demokratischen Ordnung und der beschriebenen Diktatur liegen. Hier kann man nicht von Überspitzung sprechen, sondern eher von einer **Darstellung des Gegenteils**. – Roman

Welche Rolle spielt Wohlbefinden in unserer Staatsform? Juli Zeh verweist im Interview darauf, dass **Gesundheit bei uns als hohes Gut** gilt (vgl. Z. 11). Tatsächlich trägt der Staat Sorge für die Gesundheit seiner Bürgerinnen und Bürger. In Deutschland existiert ein **durchorganisiertes Gesundheitssystem** aus Krankenkassen, Kliniken, Rehabilitationseinrichtungen, Gesundheitsämtern und vielem mehr. Durch routinemäßige pränatale und frühkindliche Vorsorgeuntersuchungen, z. B. die U1 direkt nach der Geburt, Verordnungen zum Arbeits- und Gesundheitsschutz in Betrieben, Drogengesetze und Rauchverbote in öffentlichen Räumen **greift der Staat in die Eigenverantwortung** seiner Bürgerinnen und Bürger **ein**. Das in der Corona-Pandemie angewandte Infektionsschutzgesetz sieht massive Beschneidungen von Grundrechten vor, z. B. Kontaktbeschränkungen und Ausgangsverbote. Hier zeigen sich reglementierende Tendenzen, die an den Roman erinnern. Doch müssen solche Maßnahmen in unserem Rechtsstaat im Unterschied zum Regime der METHODE begründet werden und sowohl **verhältnismäßig** als auch **zeitlich begrenzt** sein. Gesundheitssystem – Realität

Zudem sind die **Mechanismen und Techniken des METHODEN-Staats** weitaus rigider. Dabei richtet sich die umfassende Gesundheitsfürsorge einerseits auf den individuellen **Körper des Einzelnen**, das Funktionieren der „Körpermaschine" (Z. 12), andererseits – Roman auf die **ganze Bevölkerung**, denn „Gesundheit führt über die Vollendung des Einzelnen zur Vollkommenheit des gesellschaftlichen Zusammenseins" (S. 7), wie es im „Vorwort" des Journalisten Heinrich Kramer, des Gegenspielers von Mia Holl, heißt. Die Machthaber verfügen, u. a. durch implantierte Chips, über einen ständigen Zugriff auf alle messbaren biologischen und gesundheitsrelevanten Daten der Bürgerinnen und Bürger, z. B. auf Blutwerte, Kalorienverbrauch und Stoffwechsel. Die Ergebnisse von verpflichtenden Urintests, Schlaf- und Ernährungsberichte, Bewegungsprofile und vieles mehr werden in einer zentralen Datenbank gesammelt. Auch die sportlichen Aktivitäten, die Einhaltung von Hygieneregeln, der verbotene Konsum von Genussmitteln und sogar eine biologisch erfolgversprechende Partnerwahl werden streng kontrolliert. So darf der Anwalt Rosentreter nicht die Frau heiraten, die er liebt, da ihrer beider Immunsysteme als nicht kompatibel gelten.

– Parallelen zu heutigen autoritären Systemen

Diese Überwachungsmaßnahmen haben wenig mit unserer heutigen Lebensrealität zu tun. Weiter fortgeschritten als bei uns ist diese Entwicklung allerdings in der Volksrepublik **China**, wo ein *Social Credit System* die Bürger auf Schritt und Tritt überwacht und ihnen für – aus Sicht der Partei – wünschenswertes Verhalten Vorteile im Alltagsleben gewährt, bis hin zu billigen Krediten. Unerwünschtes Verhalten wird bestraft. Diese **Strategie aus Überwachung, Belohnung und Bestrafung** erinnert sehr an das Vorgehen der METHODE in „Corpus Delicti". Insofern ist der Roman keine Science-Fiction, sondern variiert die Art und Weise, wie heute schon autoritäre Systeme mit ihrer Bevölkerung umgehen.

Gesundheit als Wirtschaftsfaktor

Es gibt einen weiteren wesentlichen Unterschied zwischen Roman und Realität: In „Corpus Delicti" ist es der **Staat** und nur der Staat, der die Bürgerinnen und Bürger **verpflichtet**, sich auf die Gesundheit zu fixieren. In der Realität gibt es noch andere Einflussfaktoren: Gesundheit wird heute als **Konsumgut** vermarktet und wir gehorchen mit dem Selbstoptimierungswahn nicht einer staatlichen Direktive, sondern den **Maximen von Wirtschaft und Werbung**. Solche Faktoren werden in dem Roman völlig außen vor gelassen. Viele Menschen trainieren in Fitnessstudios, abonnieren YouTube-Videos mit Werbung für Gesundheitsprodukte, besuchen Yoga- und Qigongkurse, konsumieren teure Nahrungsergänzungsmittel und nehmen Lifestyle-Medikamente ein, um leistungsfähig zu bleiben. Der **Wunsch nach Jugendlichkeit, Wohlbefinden und Schönheit** generiert auch ein wachsendes kommerzielles Angebot an Anti-Aging-Therapien, Wellnessmethoden und sogar chirurgischen Eingriffen, die den perfekt gestylten Körper versprechen. **Kontrolle** darüber gestehen wir aber nicht dem Staat zu, wie das in „Corpus Delicti" der Fall ist, sondern **globalen Wirtschaftsunternehmen** wie Google und Apple, denen wir freiwillig unsere persönlichen Daten per Smartwatch übermitteln – sofern wir uns solche Dinge leisten können.

Zwischenfazit

Zusammenfassend lässt sich sagen, dass der Roman zwar einige gegenwärtige Tendenzen, die Gesundheitsdaten der Bevölkerung zu erfassen, **aufgreift und überspitzt**. Andererseits **vereinfacht** er die Zusammenhänge und geht so an einer Diagnose der Gegenwart vorbei. Denn es wirken diverse Kontrollmechanismen einer Verabsolutierung der Gesundheit entgegen. Von einer willkürlichen Gesundheitsdiktatur wie in „Corpus Delicti" sind wir demnach weit entfernt.

Rolle des Journalismus

– Realität

Zu den genannten Kontrollinstanzen zählt unsere **vielstimmige Presselandschaft**. Die Tatsache, dass Juli Zeh selbst immer wieder ihre Stimme erhebt gegen Missstände, wie etwa den Missbrauch von Daten, zeigt, dass Kritikerinnen und Kritiker sich durchaus Gehör verschaffen können. Selbst während der Pandemie gibt und gab es **gesellschaftliche Kontroversen** und parlamentarische Debatten um den Datenschutz der Warn-App, die Einführung einer allgemeinen Impfpflicht und ein Impfregister. Auch gegen Lenkungsinstrumente wie die digitale Gesundheitskarte wird immer wieder öffentlich protestiert, weil viele Menschen nicht zum gläsernen Patienten werden wollen. Die Ansätze zu einer Entwicklung zu einer Gesundheitsdiktatur wie der METHODE werden von unserer Politik, Presse und Öffentlichkeit also **kritisch beobachtet** und dadurch auch unterbunden.

– Roman

Im Roman ist die sogenannte vierte Gewalt, d. h. ein unabhängiger und **kritischer Journalismus, ausgeschaltet**. Dies zeigt bereits der Name der Talkshow, in der der Chefideologe Kramer die Bekämpfung der METHODEN-Feinde begründet: Die Fernsehsendung heißt „**Was alle denken**". Auch der Name der Zeitschrift, in der Kramer seine Propaganda verbreitet, „Der gesunde Menschenverstand", ist vielsagend, denn er legt nahe, dass jede abweichende Meinung verurteilenswert und krank ist.

politisches Engagement des Einzelnen und Umgang mit Andersdenkenden

– Roman

Eng mit einer freien Presse verbunden ist die **Möglichkeit, Kritik an der Regierungspraxis zu üben und sich als Einzelner zu engagieren**. Laut Zeh folgt aus der Idee von Gesundheit als oberstem Lebenszweck, dass Menschen sich zu **Ich-Universen** (vgl. Z. 19) entwickeln, die an Demokratie wenig Interesse haben und lieber die eigene Person perfektionieren. Diese Schlussfolgerung klingt schief, wenn man sie auf den Roman bezieht. Hier ist es der Staat, der den Einzelnen zwingt, sich vermehrt mit seiner Gesundheit und seinem Körper auseinanderzusetzen. Die METHODE ist als Diktatur alles andere als daran interessiert, dass der Einzelne politisch partizipiert.

Ein **autoritäres System will** vielmehr **Mitläufer**. Dass sich die Bürgerinnen und Bürger der METHODE also lieber um ihre privaten Dinge als um den Staat kümmern, ist systemimmanent und keine Folge von persönlichem Gesundheits- oder Selbstoptimierungswahn.

– Realität

Auch bezogen auf unsere **Gegenwart** lässt sich Zehs Aussage hinterfragen, denn die Autorin übersieht, dass es auch **gegenläufige Entwicklungen** gibt: Seit 2018 schließen sich Jugendliche auf der ganzen Welt unter dem Motto *Fridays for Future* zusammen, um durch Schulstreiks und Demonstrationen eine nachhaltige Klimapolitik zu fordern. Die Maßnahmen zur Eindämmung der Corona-Pandemie haben dazu geführt, dass sich eine bunte, allerdings nicht immer demokratisch gesinnte Protestbewegung formiert hat, die ihre Freiheitsrechte beeinträchtigt sieht. An den Demonstrationen gegen den russischen Ukraine-Krieg beteiligen sich Menschen aus unterschiedlichen politischen Lagern und überall in Deutschland gibt es 2022 eine Welle der Hilfsbereitschaft für die Flüchtlinge, die aus ihrer ukrainischen Heimat vertrieben wurden. All dies zeigt, dass in der gegenwärtigen Gesellschaft nicht nur unpolitische „Einzelkämpfe[r]“ (Z. 26) leben, wie von Zeh dargestellt, sondern ganz im Gegenteil auch „**Gemeinschaftssinn**“ (Z. 25) und gelebte **Solidarität** herrschen.

– Roman

Während eine Demokratie andere Meinungen ertragen muss, folgt ein totalitärer Staat einer anderen Logik: **Andersdenkende** werden in der **METHODE** nicht gern gesehen und möglichst rasch **mundtot gemacht**. Wer nicht nach dem „Zustand des vollkommenen körperlichen, geistigen und sozialen Wohlbefindens“ (S. 7) strebt, gilt als krank (vgl. S. 8). Er oder sie verstößt gegen das staatlich verordnete „Ziel des natürlichen Lebenswillens“ (S. 7) und muss mit Bestrafung rechnen. So erscheint Moritz, der gegen die Zwänge aufbegehrt und den Genuss von Freiheit, Leben und Liebe an die erste Stelle setzt, den Machthabern als Staatsfeind. Während er ein Einzelgänger ist, fordert die Untergrundorganisation R.A.K. allgemein ein Recht auf Krankheit ein. Wer sich diesen sogenannten „Anti-Methodisten“ (S. 87) anschließt, gilt als anormal, sein Verhalten als „kriegerischer Angriff, dem wir [= die METHODE] mit Krieg begegnen werden“ (S. 89). Mia Holl muss erfahren, was das bedeutet: Sie wird gefoltert, eingesperrt und schließlich „zum Einfrieren auf unbestimmte Zeit“ (S. 10) verurteilt, weil sie ebenfalls das Recht auf Krankheit und Tod einfordert und den Staat infrage stellt.

Umgang mit Tod und Krankheit

– Realität

Überhaupt unterscheidet sich der im Roman vorgeführte **Umgang mit Krankheit und Tod** stark von der Realität: In unserer gegenwärtigen Gesellschaft ist das Verhältnis der Menschen zu Leben und Tod sehr viel **ambivalenter und differenzierter** als in „Corpus

Delicti". In Ethikkommissionen, z. B. dem Deutschen Ethikrat, werden Richtlinien zum Umgang mit Krankheit und Behinderung erarbeitet, Fragen nach dem selbstbestimmten Tod werden in einer breiten Öffentlichkeit diskutiert. Auf der Suche nach Gesundheit schlagen die Menschen in unserer Gesellschaft verschiedene Wege ein. So setzen z. B. viele auf alternative Medizin und natürliche Selbstheilungskräfte, die sie durch einen gesunden Lebensstil mit biologisch erzeugter Nahrung, mit Heilkräutern, Homöopathie usw. anregen. Ein **ganzheitlicher Ansatz der Medizin** bemüht sich, den Menschen nicht „im Wesentlichen [als] eine Körpermaschine" (Z. 11 f.) zu betrachten, sondern berücksichtigt das **Zusammenspiel von Körper und Psyche**. Deshalb spielen in unserer Gesellschaft psychologische und psychosomatische Therapien eine wichtige Rolle.

– Roman

Die **METHODE hingegen blendet Geist, Seele, Herz vollkommen aus**, wie Mias Verteidiger Rosentreter bemerkt (vgl. S. 108). Diese Werte vertritt vor allem Moritz Holl, Mias jüngerer Bruder, der dem Weltbild der METHODE eine andere Vorstellung entgegensetzt: Der verbotene Aufenthalt im „unhygienischen Wald" (S. 90) bedeutet für ihn Freiheit, er bewegt sich gerne, erfüllt aber seine sportlichen Pflichten nur widerwillig (vgl. S. 90), raucht und träumt von einer „Stadt zum Leben" (S. 62). Er möchte selbst über „das eigene Leben und den eigenen Tod" (S. 92) entscheiden. Erst nach seinem Selbstmord, den sie ihm durch eine ins Gefängnis geschmuggelte Angelschnur ermöglicht hat, beginnt Mia ihren Bruder zu begreifen.

Für die METHODE gilt Gesundheit als „Synonym für Normalität", als das „Störungsfreie, Fehlerlose, Funktionierende" (S. 181). Krankheit und Tod sind kein Thema. Insofern überspitzt der **Roman** nicht die reale Situation, sondern **verflacht** sie vielmehr.

Fazit

Wo spielt nun der Roman „Corpus Delicti", in ferner Zukunft oder in einem überspitzt dargestellten Hier und Jetzt? Manche unserer „Denkweisen und Handlungsformen" (Z. 9) könnten wie die Vorgeschichte von „Corpus Delicti" sein – etwa ein Zuviel an staatlicher Fürsorge oder der Wunsch nach Selbstoptimierung, manche führen in eine andere Richtung. Schlussendlich muss man feststellen, dass trotz medizinischer Fortschritte die aktuelle Welt noch weit davon entfernt ist, auf Krankheit als „historisches Phänomen" (S. 85) zurückzublicken. Ähnlich groß ist auch der Unterschied zwischen dem METHODEN-Staat und unserer Demokratie. Dennoch kann Juli Zehs Dystopie dazu beitragen, auf gefährliche Tendenzen auch in unserer Gesellschaft aufmerksam zu machen und einen aktiven Einsatz für die Demokratie anzustoßen.

MATERIALGESTÜTZTES VERFASSEN EINES ARGUMENTIERENDEN TEXTES

Aufgabenstellung

„Juli Zehs Roman *Corpus Delicti* – das richtige Buch zur Förderung eines politisch-kritischen Bewusstseins?“

Diese Frage stellt ein überregionales Literaturmagazin seinen Leserinnen und Lesern. Ausgehend von dem Befund, dass die Bürgerinnen und Bürger der Bundesrepublik Deutschland laut Umfragen unter genereller Politikverdrossenheit und einem Desinteresse an aktuellen politischen Fragen leiden, fordert das Magazin auf, Stellungnahmen zu der Frage einzureichen. Verfassen Sie einen Beitrag, in dem Sie den Leserinnen und Lesern des Magazins Ihre Haltung zu der Fragestellung argumentativ darlegen. Nutzen Sie dabei auch die Materialien M 1 bis M 6 und beziehen Sie Ihre Kenntnis des Romans ein.

Aus redaktionellen Gründen soll Ihr Beitrag ca. 800 bis 1 000 Wörter umfassen.

Bei Verwendung von Zitaten aus den Materialien muss der Autor bzw. die Autorin genannt werden.

Material 1 **Juli Zeh: Corpus Delicti (Auszug; 2010)**

Nachdem Mia eine Zigarette geraucht hat und dabei erwischt wurde, kommt sie vor Gericht. Beteiligt am Prozess sind die Richterin Sophie, Mias Verteidiger Rosentreter und der Staatsanwalt Bell.

Aus Sophies gesunden Wangen ist die Farbe gewichen. Sie kann sich selbst nicht leiden, wenn sie sich aufregt. Aufregung ist ungesund und widerspricht ihrem Naturell. Dieses Wissen macht sie noch wütender.

„Die Angeklagte ist also der Meinung, dass das Gericht gar nicht berechtigt war, eine Entscheidung zu treffen“, sagt sie kalt. „Und dass die vorsitzende Richterin, die alles getan hat, um den persönlichen Umständen Rechnung zu tragen, nicht in der Lage ist, die Situation richtig einzuschätzen.“

Mias Mund steht halb offen und lässt sie keineswegs harmoniebedürftig, sondern einfach nur überfordert aussehen. Und dumm, ja, auf eine störrische Weise dumm. Sie schaut von einem zum anderen, wie ein Hund, der sich nicht erinnern kann, zu wem er gehört. Dann zeigt sie auf Rosentreter.

„Mein Verteidiger hat gesagt …“

„Die Angeklagte“, sagt Rosentreter und nimmt einen Zettel zur Hand, „will keinen Stress. Sie braucht Zeit zum Nachdenken. Sie vertritt die Auffassung, dass sie ohne Einmischung der Behörden mit ihrer Lage am besten klarkommt.“

„Euer Ehren!“ Bell lehnt sich vor. „Ich bitte wieder einmal darum, diese Aussagen in der persönlichen Datenspur der Angeklagten aktenkundig zu machen.“

„Diesmal stattgegeben.“ Sophie schaltet ihr Diktiergerät ein und stellt es auf den Tisch. „Die Antragsbegründung, Rosentreter.“

Während Rosentreter spricht, läuft eine Mitschrift seiner Worte über die Projektionswand:

Die Angeklagte hat von Seiten des Systems eine unerträgliche Härte erlitten. Ein naher Angehöriger ist ihr durch die Implementierung[1] der METHODE genommen worden. Sie möchte bei der Bewältigung der Folgeschäden von den Institutionen der METHODE in Ruhe gelassen werden und beruft sich auf die Härtefallregeln.

„Ist das so?“, fragt Sophie, über das Richterpult gebeugt. „Sind Sie der Meinung, dass Ihr Bruder der Implementierung der METHODE zum Opfer gefallen ist?“

„Nach kausaler Betrachtungsweise, ja“, sagt Mia. „Das heißt aber nicht …“

„Das heißt vor allem nicht, dass Sie sich den Institutionen der METHODE entziehen dürfen! Ihr Anwalt wird Ihnen hoffentlich erklärt haben, dass die Härtefallregeln beispielsweise für die Opfer schwerer Justizirrtümer vorgesehen sind und dass …“

„Euer Ehren“, lässt sich Bells nörgelnde Stimme vernehmen. „Die Aufgabe des Gerichts besteht nicht darin, die Verteidigung arbeitslos zu machen.“

Sophie fährt auf.

„Mir reicht’s mit Ihren Zurechtweisungen“, schreit sie. „Das ist nicht die Mensa der Universität, wo Sie den Besserwisser spielen können. Ermahnung nach Paragraph 12 GStPO[2] wegen Missachtung des Gerichts.“

Wieder fährt der Hammer auf den Tisch nieder; danach lässt Sophie das Werkzeug angewidert fallen.

„Der Härtefallantrag wird abgelehnt“, sagt sie mühsam beherrscht. „Genug der Zirkusspäße. Verurteilung wegen Missbrauchs toxischer Substanzen zu zwei Jahren auf Bewährung. Das entspricht vermutlich Ihren Wünschen, Herr Staatsanwalt?“

„Vollkommen“, sagt Bell durch zusammengebissene Zähne.

Aus: Juli Zeh: Corpus Delicti. Ein Prozess. München: btb 2010, S. 102 f. [Erstausgabe 2009]

Anmerkungen

1 Implementierung: Einführung, Einbau, Einsetzung
2 GStPO: Gesundheitsstrafprozessordnung

Material 2 Juli Zeh: Fragen zu Corpus Delicti (Auszug; 2020)

Elf Jahre nach der Veröffentlichung ihres Romans beantwortet die Autorin selbstgestellte Fragen zu „Corpus Delicti".

Eine politische Autorin muss nicht notwendig politische Romanliteratur schreiben. Ich kann unpolitische Romane verfassen und zwischendurch ein hochpolitisches Interview geben oder einen politischen Essay veröffentlichen. Die Eigenschaft als politische Autorin erfasst ja nicht notwendig alles, was man zu Papier bringt.

Allerdings werden viele meiner Romane als politische Texte rezipiert, obwohl ich das selbst nicht so sehen würde. Ich würde den Begriff „politische Literatur" enger definieren. Wenn man jeden Roman, der sich mit philosophischen Themen befasst oder gesellschaftlich relevante Fragestellungen aufgreift, zur politischen Literatur zählen würde, dann wäre diese Schublade übervoll. Es ist ja gerade ein Merkmal von guter Literatur, dass sie nicht nur den Individualfall schildert, sondern mindestens implizit etwas über die Bedingungen menschlicher Existenz miterzählt, und diese Bedingungen sind immer historisch, sozial und politisch geprägt. Jeder gute Roman ist für mich ein Stück Zeitgeist, ganz egal, aus welcher Epoche er stammt, und damit im Grunde schon fast ein Gesellschaftsroman.

Im Unterschied dazu würde ich politische Literatur dadurch kennzeichnen, dass sie eine klare politische Aussage enthält. Die kritische oder satirische Beleuchtung bestehender Verhältnisse muss hier ins Programmatische münden. Mit anderen Worten, der Autor muss beim Schreiben etwas „gewollt" haben im Sinne einer politischen Intention, und das muss für den Leser klar erkennbar sein.

Eine solche Intention ist mir normalerweise fremd. […] Ein guter Roman verweigert sich normalerweise der Didaktik[1]. Er will komplex sein wie das Leben selbst. Er möchte seine Leser nicht erziehen, sondern auf eine Reise mitnehmen.

Aus: Juli Zeh, Fragen zu „Corpus Delicti", Wann wird der Begriff der „Gesundheitsdiktatur" von der Polemik zur Zustandsbeschreibung? München: btb Verlag 2020, S. 130 f.

Anmerkung

1 Didaktik: hier: Belehrung

Material 3 Anne Fleig: Santé! Literatur als Möglichkeitsraum: Juli Zehs Corpus Delicti. Ein Prozess (Auszug; 2020)

Corpus Delicti bündelt wie in einem Brennglas grundlegende Fragen, die uns im Umgang mit der Pandemie beschäftigen: Welchen gesellschaftlichen Stellenwert hat Gesundheit? In welchem Verhältnis stehen Freiheit und Sicherheit? Wie viel Vertrauen schenken wir einem Staat, der grundlegende Freiheitsrechte aussetzt und die Überwachung der Privatsphäre seiner Bürgerinnen und Bürger per Handy-App zur Diskussion stellt.

Diese Fragen hat die Juristin Juli Zeh nicht nur in vielen ihrer Texte immer wieder verhandelt, sie hat sich in den vergangenen Wochen auch in verschiedenen Zeitungen kritisch zur weitreichenden Einschränkung der Grundrechte geäußert. Die Autorin hat damit Teil an einer deutlich politischen Ausrichtung der Gegenwartsliteratur, die fragt, was Gegenwart ist und wie aktuelle Literatur Zeitdiagnosen ermöglicht. Diese Frage schließt die Auseinandersetzung mit historischen Zäsuren und damit die Reflexivität[1] der Moderne ein; zentral ist dabei die Suche nach Möglichkeiten der Orientierung und der Kritik. So befasst sich die Literatur der Gegenwart beispielsweise mit dem Wandel von Arbeitswelten, mit Flucht und Migration und mit den Institutionen staatlichen Handelns. Viele Romane der letzten Jahre werden wir wohl nach Corona neu lesen und bewerten; auch dadurch könnte die Pandemie selbst eine Zäsur[2] bilden.

Mit *Corpus Delicti* entwirft die Autorin eine zukünftige Gesundheitsdiktatur, die ihren Bürgerinnen und Bürgern durch ihr System, genannt die „Methode", Gesundheit und Sicherheit garantiert. Doch geht diese Garantie zu Lasten der individuellen Freiheit. [...]

In *Corpus Delicti* wird ein Gerichtsverfahren thematisiert und zugleich vollzogen. Das heißt, was im Text der Fall ist, wird sprachlich reflektiert und auf die zugrundeliegenden Wertmaßstäbe befragt. Verhandelt werden damit auch die großen Fragen der Moderne und Postmoderne[3], Freiheit und Sicherheit, Vertrauen und Verrat. Juli Zehs im Spannungsfeld von Literatur und Recht situierter Text ist ein negativer Zukunftsentwurf, der auf politische Teilhabe und Verhandlung zielt und dafür auf die Freiheitsrechte des Einzelnen setzt.

Der Hinweis auf *Corpus Delicti* dient daher nicht dazu, die bisherigen Maßnahmen zur Eindämmung der Corona-Pandemie als autoritär zu denunzieren[4]. Vielmehr geht es darum, nach den Ausschlüssen und Verlusten zu fragen, die Gesundheit als oberste Maxime gesellschaftlichen und staatlichen Handelns zur Folge hat. Dazu gehört aktuell auch die Einschränkung der Grundrechte, die die Normalisierung von Gesundheit in ein gleißendes Licht rückt. Der Untertitel des Textes sensibilisiert dafür, wie schmal der Grat zwischen Freiheit und Sicherheit oftmals ist. Literatur kann einen Möglichkeitsraum eröffnen, der es erlaubt, Ausnahme- und Extremsituationen zu erkennen und durchzuspielen. Damit leistet sie einen Beitrag zur gesellschaftlichen Debatte.

Anne Fleig: Santé! Literatur als Möglichkeitsraum: Juli Zehs „Corpus Delicti. Ein Prozess". In: Affective Societies Blog. Online unter: https://affective-societies.de/2020/impulse/sante-literatur-als-moeglichkeitsraum-juli-zehs-corpus-delicti-ein-prozess/

Anmerkungen

1 Reflexivität: hier: Nachdenklichkeit
2 Zäsur: Einschnitt
3 Postmoderne: historische Phase von ca. 1970 bis heute (der Begriff einer Postmoderne ist umstritten)
4 denunzieren: anprangern

Material 4 Volker Weidermann: Ihr Erfolg ist kein Geheimnis: Das Prinzip Juli Zeh (Auszug; 2012)

Im Grunde ist Juli Zeh genau jene Schriftstellerin, nach der sich alle sehnen in Zeiten des Sachzwangterrors, der Alternativlosigkeit politischer Entscheidungen, der Undurchschaubarkeit von allem, der Ironie, der Egalheit und der literarischen Ich-Bücher. [...]

Juli Zeh hat einmal erklärt, dass sie bei bösartigen Kritiken gerne direkt zurückschlagen würde: „Ich bedaure wirklich, dass es die Möglichkeit des Duells seit 100 Jahren nicht mehr gibt. Ich würde da gerne anrufen und sagen: ‚Ich treffe Sie morgen früh um fünf auf einer nebligen Lichtung. Die Wahl der Waffen liegt bei Ihnen.'"

Schön. Kann sie aber nicht. Das weiß sie sehr genau. Denn – und das führt uns zum [...] großen Vorwurfsfeld gegen Juli Zeh: Sie ist Juristin. Mit erstem und zweitem Staatsexamen, beide glänzend bestanden, 2010 wurde sie promoviert[1] – Thema „Rechtsetzungstätigkeiten von UN-Übergangsverwaltungen". Außerdem hat sie 2000 das Schriftstellerdiplom am Deutschen Literatur-Institut in Leipzig erworben. Das sind vielen Kritikern dann wohl einfach ein paar Diplome zu viel.

Dabei hilft es ja oft, sich auszukennen. Juristisch-moralische Grenzfragen stehen im Zentrum fast aller ihrer Romane. [...]

Oft stürmt sie auch mit großer Geste[2] durch weit aufgerissene Türen, die sie aufzustoßen vorgibt. Da kann einem ihr großer Gestus schon einmal auf die Nerven gehen. Wie in dem aktuellen „Focus"[3]-Text, in dem sie die Verschiebung der Macht vom Parlament in Richtung Regierung beklagt. Eine Meinung, die beinahe jeder Bürger teilen wird, die auch seit Monaten in politischen Kommentaren aller Zeitungen ungefähr so geschrieben steht. In ihrem Text liest sich dieser Großkonsens[4] wie eine mutig formulierte, plötzliche Entdeckung. Und auch sprachlich ist sie dann den routinierten Politik-Kommentierern nicht wirklich voraus: „Der Eindruck von Hinterzimmerpolitik ist programmiert." Solche Sachen.

Volker Weidermann: Ihr Erfolg ist kein Geheimnis: Das Prinzip Juli Zeh. In: Frankfurter Allgemeine Zeitung vom 1. 8. 2012. Online unter: https://www.faz.net/aktuell/feuilleton/buecher/autoren/ihr-erfolg-ist-kein-geheimnis-das-prinzip-juli-zeh-11835285.html?printPagedArticle=true#pageIndex_2,

Anmerkungen

1 promoviert: den Doktortitel verliehen bekommen
2 Geste, Gestus: Verhaltensweise, Auftreten in der Öffentlichkeit
3 Focus: politisches Wochenmagazin
4 Großkonsens: eine von allen einvernehmlich akzeptierte Aussage

Material 5 Enno Stahl: Die Bewahrerin (Auszug; 2014)

Kaum nähern sich notorisch kamerapräsente Protagonisten der früheren Generationen, Alice Schwarzer[1] etwa oder Günter Grass[2], allmählich dem Ruhestand, scheint Juli Zeh entschlossen, in die entstehende Lücke zu stoßen. [...]

Das Role Model[3] des engagierten Autors, das Zeh zitiert, wurde in den neunzehnhundertsechziger und -siebziger Jahren durch Personen wie Böll[4], Walser[5] und letztlich auch Grass ausgefüllt, die in ihren öffentlichen Stellungnahmen einen hohen moralischen Anspruch anlegten, von dem ebenso ihr literarisches Werk zeugte. Da Juli Zeh sich hier einreiht, sollte man von ihr Ähnliches erwarten. Wofür steht sie überhaupt? Welche Werte vertritt sie in ihren Schriften zu Politik und Gesellschaft? [...]

Auffällig an Zehs schriftstellerischem Politikverständnis ist, dass sie sich geradezu zwanghaft auf dem Boden der Realpolitik bewegt. [...] Eine bessere Welt möchte sie sich also nicht einmal vorstellen. Verwunderlich, denn gerade Künstlerinnen und Künstlern steht in Demokratien die Möglichkeit offen, gesellschaftliche Utopien zu entwickeln, ohne sich einer partei- oder klientelgebundenen Denkdisziplin unterwerfen zu müssen. Ihnen steht es frei, sich mit dem Status quo[6] nicht abzufinden, sondern ihn fundamental zu kritisieren, ohne unmittelbare Folgen zu gewärtigen[7]. [...] Nicht so bei Juli Zeh.

Enno Stahl: Die Bewahrerin. In: taz vom 16. 2. 2014. Online unter: https://taz.de/Schriftstellerin-Julie-Zeh/!5048946/

Anmerkungen

1 Alice Schwarzer (*1942): dt. Journalistin, eine der bekanntesten Feministinnen Deutschlands
2 Günter Grass (1927–2015): dt. Schriftsteller, seit den 1960er-Jahren starkes politisches Engagement für die SPD
3 Role Model: Vorbild, Identifikationsfigur
4 Böll (1917–1985), Heinrich, dt. Schriftsteller, ab den 1960er-Jahren für die Friedensbewegung aktiv
5 Walser (*1927), Martin, dt. Schriftsteller, Autor zeitkritischer Erzählungen und Romane
6 Status quo: der jetzige, gegenwärtige Zustand
7 gewärtigen: etwas Unangenehmes erwarten, erleben

Material 6 **Umfrage zu den wichtigsten politischen Themen der Gegenwart (2020)**

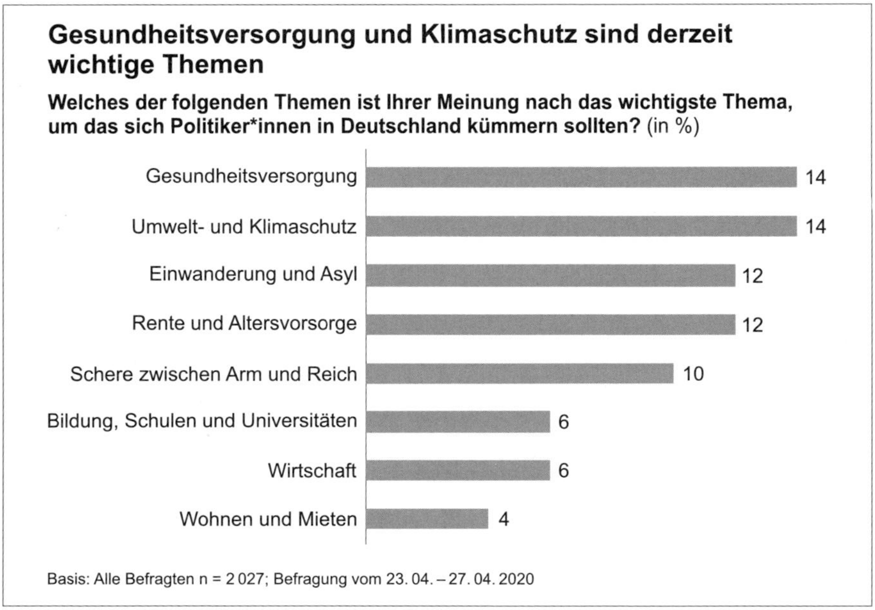

Statistik des internationalen Meinungs- und Marktforschungsinstituts YouGov vom April 2020. Online unter https://d25d2506sfb94s.cloudfront.net/r/52/Grafik_3_Webartikel_Sonntagsfrage_April.png

TIPP **Bearbeitungshinweise**

Voraussetzungen

Die Aufgabe bezieht sich auf die für das Abitur 2023 verbindliche Lektüre *Corpus Delicti,* die im Wahlpflichtmodul 8 (Neue und neueste Tendenzen der Erzählliteratur) des Rahmenthemas 5 (Literatur und Sprache von 1945 bis zur Gegenwart) verortet ist.

Beim **materialgestützten Verfassen eines argumentierenden Textes** sind mehrere Fähigkeiten gefordert, die in ihrer Summe die Qualität des von Ihnen ausformulierten Textes ausmachen und dementsprechend in die Bewertung einfließen. Diese Fähigkeiten umfassen: Nutzung der in den vorliegenden Materialien vorhandenen Argumente; Ergänzung oder Widerlegung dieser Argumente durch eigene Argumente bzw. Beispiele und Veranschaulichungen; Einbringen eigenen Wissens zum Roman; Begründung einer eigenen Position zur Streitfrage und schließlich eine ansprechend formulierte und gegliederte Darstellung.

Erläuterung der Aufgabenstellung

Setzen Sie sich als Erstes intensiv mit der **Aufgabenstellung** auseinander: Klären Sie zunächst für sich die Streit- oder Problemfrage, zu der Sie argumentativ Stellung nehmen sollen. Gelegentlich ist es hilfreich, in der Fragestellung genannte Begriffe für die eigene Argumentation zu definieren oder zumindest zu konkretisieren: Was genau zum Beispiel meint im vorliegenden Zusammenhang „politisch-kritisch“?

Sammeln Sie dann zuerst **eigene Argumente**, die Ihnen spontan zu der Frage einfallen und notieren Sie diese auf einem Zettel. Horchen Sie dabei ruhig auch auf Ihr „Bauchgefühl“, weil dieses Ihnen eine erste Positionierung zur Fragestellung vermitteln kann. Alternativ können Sie auch zuerst die Materialien überfliegen, um erste Argumente daraus zu entnehmen – dies könnte aber den Nachteil haben, dass Sie sich zu schnell einer im Material vertretenen Sichtweise anschließen und zu wenig eigene Positionierung erkennen lassen.

Verschaffen Sie sich dann einen genauen **Überblick über die Materialien:** Machen Sie sich die Unterschiede der Materialarten bewusst (Kritiken, literarische Texte, nicht-lineare Texte wie Statistiken) und gewinnen Sie einen ersten Eindruck von den zentralen Aspekten, die in den Materialien angesprochen werden – vielleicht lassen sich Argumente, die mehrfach auftauchen, schon jetzt mit einem Oberbegriff versehen. Arbeiten Sie die Materialien gründlich durch, indem Sie zentrale Argumente stichwortartig herausschreiben und tabellarisch nach **Pro und Kontra** kategorisieren, auch wenn dies bei manchen (vor allem differenzierten Argumenten) eine Tendenz zur Vereinfachung beinhaltet. Fügen Sie Ihre eigenen Argumente, Verstärkungen, Einwände, Beispiele und Veranschaulichungen stichwortartig hinzu.

Eine nicht unwichtige Leistung besteht darin, Parallelen, Überschneidungen oder Widersprüchliches zu einem Argumentationsbereich zu erkennen und später dann im eigenen Text zu thematisieren – oft sind die Materialien so zusammen-

gestellt, dass sie zu einem spezifischen Punkt **konträre Aussagen** beinhalten, die Sie nutzen können. Das materialgestützte Argumentieren enthält immer auch informierende Anteile, die darin bestehen, dass Sie die bestehenden Kontroversen darlegen.
Erstellen Sie auf der Basis Ihrer Notizen zunächst einen Schreibplan zur **Gliederung** Ihrer Argumentation: Überlegen Sie sich eine ansprechende **Überschrift**, die die Neugier der Leser*innen anspricht, sowie eine angemessene **Einleitung**, die das zu erörternde Problem skizziert. Oft eignet sich als Überleitung zum Hauptteil die Formulierung einer Frage. Für den **Hauptteil** ist es hilfreich, die notierten Argumente durchzunummerieren, damit es im fertigen Text nicht zu Gedankensprüngen oder Wiederholungen kommt. Der **Schlussteil** sollte eine Zusammenfassung bringen, in der noch einmal Ihr Urteil zur gestellten Frage deutlich werden muss.
Ihr **Schreibstil** sollte dem Kontext der Stellungnahme gemäß weder umgangssprachlich noch übertrieben emotional sein – formulieren Sie sachlich, aber anschaulich und vor allem überzeugend: Sie wollen unter Berücksichtigung der ausgewerteten Materialien *Ihre* Haltung zum Roman deutlich machen. Nutzen Sie in dosierter Form Techniken der Leserführung wie rhetorische Fragen oder Zwischenzusammenfassungen. Gehen Sie mit direkten **Zitaten** aus den Materialien sparsam um, da sonst die Gefahr besteht, dass Sie sich mit Ihrer Sichtweise hinter den Materialien verstecken.

Lösungsvorschlag

Corpus Delicti – der Roman für unsere Zeit?

ansprechende Überschrift

Seit der Corona-Krise hat der zuerst 2009 erschienene Roman *Corpus Delicti* der Autorin Juli Zeh neue Aufmerksamkeit erfahren. Im Roman gerät die junge Mia Moll in die Fänge eines staatlichen Systems namens METHODE, das alle Bürgerinnen und Bürger dazu zwingt, immer und überall auf körperliche Gesundheit zu achten. Da das Thema Gesundheit einer Umfrage des Marktforschungsinstituts YouGov aus dem Jahr 2020 zufolge das zurzeit wichtigste politische Thema ist, drängt sich die Frage auf, ob die Lektüre von *Corpus Delicti* zu einer politischen Sensibilisierung beitragen kann.

Problemaufriss, Fragestellung

(Bezug zu M 6)

Unbestreitbar ist, dass es dem Roman in einem spannenden Plot gelingt, „nach den Ausschlüssen und Verlusten zu fragen, die Gesundheit als oberste Maxime gesellschaftlichen und staatlichen Handelns“ (Anne Fleig) mit sich bringt. Der Roman ist ungeheuer aktuell, finden sich in ihm doch Elemente, die die Leser und Leserinnen unmittelbar auf die heutige Zeit beziehen können, so etwa die Überwachung von Erkrankungen, das Tragen eines Mundschutzes

Argumente
Aktualität des Themas (Bezug zu M 3)

oder Konflikte mit Personen, die sich dem Staat widersetzen. Eine literarische Stärke ist dabei die Gestaltung einer fiktiven, in sich geschlossenen Welt, in der das System einer Gesundheitsdiktatur konsequent entfaltet wird. Dabei verfällt Juli Zeh nicht in eine plakative Schwarz-Weiß-Malerei, denn die Figuren repräsentieren unterschiedliche Sichtweisen auf den gesellschaftlich dominierenden Wert der körperlichen Fitness – angefangen bei Moritz, Mias verstorbenem Bruder, der ein Recht auf Krankheit fordert, bis hin zu Heinrich Kramer, der als einflussreicher Journalist umfassende Begründungen für das Handeln der Regierung vorlegt. Die zahlreichen Diskussionen der Figuren über das, was richtig oder falsch an einem solchen Gesundheitszwang ist, zeigen das hohe gedankliche Niveau, auf dem die Autorin ihren Zukunftsentwurf entwickelt. Darin liegt tatsächlich viel Potenzial, das Lesepublikum anzuregen, einen eigenen Standpunkt zu der aktuellen Debatte um das Verhältnis von Freiheit und Sicherheit einzunehmen.

ausgestaltete Erzählwelt

differenzierte Sichtweisen durch verschiedene Figuren (Unterfütterung des Arguments mit Beispielen aus dem Roman)

Streitgespräche im Roman regen zu politischer Reflexion an

Allerdings muss man einräumen, dass die Darstellung staatlicher Prozesse im Roman eher unterkomplex wirkt und nur wenige Figuren bzw. Instanzen agieren, wo doch in der Realität viele Minister, Expertinnen, Lobbyisten am Werk sind. *Corpus Delicti* zeigt nur eine einzige Stadt, der Staat fokussiert sich allein auf den Aspekt Gesundheit. Andere Bereiche wie Wirtschafts- oder Außenpolitik spielen gar keine Rolle. Und trotzdem kann Interesse für politische Vorgänge geweckt werden. Denn Juli Zeh will gar kein exaktes Abbild der Wirklichkeit liefern, sondern wie in einem Experiment an einem speziellen Aspekt (Gesundheit) modellhaft vorführen, wie ein Staat die Bevölkerung manipulieren und ihre Freiheit beschneiden kann.

Einwand: vereinfachte Darstellung

Relativierung des Einwands

Politisch brisant ist der Roman beispielsweise darin, wie er die Aushöhlung der Gewaltenteilung ausmalt, wenn die Gesundheit eine alles übergreifende Staatsdoktrin wird. Anhand von Mias Gerichtsprozessen wird diese Gefahr greifbar gemacht. Die Richterin Sophie agiert wie eine autoritäre Herrscherin, die Staatsanwalt und Verteidiger gleichermaßen belehrt, sie damit zu bloßen Statisten degradiert und letztlich ausschließlich im Dienste der vorherrschenden Ideologie entscheidet. Hier zeigt sich, dass die gelernte Juristin Juli Zeh ein solches Gerichtsszenario eindrücklich zu schildern vermag. In dieser Zuspitzung kann man aber auch ein Problem wahrnehmen, wenn man sie als einseitige persönliche Stellungnahme der Autorin wertet: Juli Zeh versteht sich selbst als „politische Autorin" (Zeh, *Fragen zu Corpus Delicti*), wird auch in der Öffentlichkeit übereinstimmend als engagierte Schriftstellerin wahrgenommen (Anne Fleig, Volker Weidermann) und teilweise sogar in der Tradition von Böll oder Grass gesehen (Enno Stahl). Manche Kritiker, wie Volker Weidermann, stört dabei das Auftreten der Autorin, deren „großer Gestus

anschauliche Darstellung politischer Prozesse

(Bezug zu M 1)

Streitpunkt: Juli Zehs politische Aktivität

(Bezug zu M 2, M 3, M 4, M 5)

schon einmal auf die Nerven gehen" kann. Die Beiträge Juli Zehs ähneln dann dem oberflächlichen Gerede von Politikern, so Weidermann. Aber selbst wenn dies eine Eigenschaft der Autorin sein sollte – mindert dies die literarische Qualität ihrer Bücher?

Argument: Trennung von Werk und Autorin

Nur dann, wenn sich eine solche Haltung der Autorin auf den literarischen Text übertragen würde und das Werk nur ein Mittel zur Überbringung einer politischen Botschaft zu werden droht. Juli Zeh selbst bestreitet, dass ihre Romane eine solche klare Botschaft beinhalten. Gute Literatur definiert sich für sie dadurch, dass „etwas über die Bedingungen menschlicher Existenz miterzählt" (Zeh, *Fragen zu Corpus Delicti*) wird. Ihrem Roman gelingt dies teilweise. Darin, wie Mia um ihren toten Bruder Moritz trauert und sich in ihrer Einsamkeit eine fiktive Begleiterin, die „ideale Geliebte", erfindet, wird die existenzielle Not der Figur spürbar. Die Frage, wie Liebe und Partnerschaft in Zeiten körperlichen Kontrollzwangs funktionieren kann, berührt ebenfalls ein grundmenschliches Thema. Auch Mias ambivalente Beziehung zu ihrem Peiniger Heinrich Kramer – sie fühlt sich mal zu ihm hingezogen, mal von ihm abgestoßen – enthält psychologische Wahrheiten, die jenseits einer politischen Intention liegen.

(Bezug zu M 2)

existenzielle Themen als Qualitätsmerkmal (Unterfütterung durch Beispiele)

Andererseits: Eine gewisse Leserlenkung durch gelegentliche Dramatisierung und Emotionalisierung der Handlung lässt sich nicht abstreiten. Im Gerichtsverfahren gegen Mia wird die Richterin Sophie als Furie gezeichnet, sodass der von ihr geleitete Prozess Assoziationen an nationalsozialistische Schauprozesse aufkommen lässt: Sophie „schreit" die Beteiligten an, der Verteidiger wirkt schwach, Mia erscheint als hilfloses Opfer. An solchen Stellen, in denen die brutale Härte der METHODE ausgemalt wird, bekommt der Roman doch Züge einer „Didaktik", um den von Zeh eigentlich abgelehnten Ausdruck zu benutzen. Auch in anderen Passagen, etwa in den Schilderungen, wie Mia im Wald verhaftet und später gefoltert wird, bewegt sich der Roman an der Grenze zum Reißerischen. Hier wird eindeutig gewarnt vor einer autoritären Staatsform, und somit enthält *Corpus Delicti* auch eine politische Botschaft.

Differenzierung des Arguments: auch überspitzende Elemente und gezielte Leserlenkung (Bezug zu M 1)

(Bezug zu M 2)

Allerdings lässt sich der Roman sicherlich nicht für eine konkrete politische (oder gar parteipolitische) Position, zum Beispiel im Sinne einer direkten Kritik an den Corona-Maßnahmen, vereinnahmen, wie auch die Literaturkritikerin Anne Fleig betont. *Corpus Delicti* sei vielmehr solchen literarischen Werken zuzurechnen, die „einen Möglichkeitsraum eröffnen, der es erlaubt, Ausnahme- und Extremsituationen zu erkennen und durchzuspielen" (Fleig). Dabei sei es nicht entscheidend, ob die Literatur auch Lösungsmöglichkeiten für die thematisierten Probleme aufzeigt. Der Vorwurf Enno Stahls, die

keine Vereinnahmung für politische Positionen

(Bezug zu M 3)

Aufzeigen politischer Lösungen nicht Aufgabe von Literatur

Schriftstellerin Juli Zeh entwickle keine Utopien, sondern finde sich mit dem „Status quo" ab, greift zu kurz, weil er auf einem eingeschränkten Verständnis von Literatur fußt. Als ‚Ratgeber', ‚Lebenshilfe' oder ‚Kampfschrift' in Pandemiezeiten taugt *Corpus Delicti* zweifellos nicht, und das ist auch gut so.

(Bezug zu M 5)

Alles in allem wird deutlich, dass Juli Zehs Roman durchaus ein politisches Buch ist und zur Politisierung seiner Leserinnen und Leser beitragen kann. Es entwirft ein Szenario, das wie eine Versuchsanordnung funktioniert: Was wäre, wenn sich die berechtigte Sorge um die Gesundheit zu einem Gesundheitswahn steigert? Dabei zeichnet den Roman aus, dass sich seine Figuren immer wieder mit Argumenten streiten – manche bisweilen grell anmutenden Textpassagen über die Brutalität der METHODE tun diesem intellektuellen Zugang zum Thema keinen Abbruch. Die Streitfrage, ob die Autorin selbst zu moralisch oder nicht auftritt, spielt für die Beurteilung ihrer Literatur keine Rolle. *Corpus Delicti* ist vielleicht nicht der Roman der Zeit, aber ein Roman, der zu unserer Zeit passt.

Fazit mit eigener Position zur Frage

Rückbezug zur Überschrift

PRÜFUNGSAUFGABEN

INTERPRETATION LITERARISCHER TEXTE

Aufgabenstellung

1 Interpretieren Sie das Gedicht *Wonne der Einsamkeit* von Ludwig Tieck.

2 Vergleichen Sie die Gestaltung des Themas Einsamkeit in den Gedichten *Wonne der Einsamkeit* von Ludwig Tieck und *Kleines Solo* von Erich Kästner. Berücksichtigen Sie dabei sowohl inhaltliche als auch formal-sprachliche Aspekte.

Material 1 **Ludwig Tieck (1773–1853): Wonne der Einsamkeit (1802)**

O holde Einsamkeit,
O süßer Waldschatten,
Ihr grüne Wiesen, stille Matten
Bei euch nur wohnt die Herzensfreudigkeit.

Ihr kleinen Vögelein
Sollt immer meine Gespielen sein,
Ziehende Schmetterlinge,
Sind meiner Freundschaft nicht zu geringe.

Unbefangen
Zieht ihr des Himmels blaue Luft,
Der Blumen Duft
In euch mit sehnendem Verlangen.
Ihr baut euch euer kleines Haus,
Haucht in den Zweigen Gesänge aus
Von Himmels-Ruhe rings umfangen.

Weit! weit!
Liegst du Welt hinab,
Ein fernes Grab.
O holde Einsamkeit!
O süße Herzensfreudigkeit!

Kommt ihr Beengten
Herzbedrängten,
Entfliehet, entreißt euch der Quaal,
Es beut die gute Natur,
Der freundliche Himmel,

Den hohen gewölbten Saal,
Mit Wolken gedeckt, die grüne Flur:
Entflieht dem Getümmel!

O holde Einsamkeit!
O süße Freudigkeit!

Aus: Tieck, Ludwig: Schriften in zwölf Bänden. Bd. 7: Gedichte. Frankfurt a. M.: Deutscher Klassiker Verlag 1995, S. 471

Anmerkungen

Z. 3 Matten: Bergwiesen
Z. 24 beut: bietet

Material 2 Erich Kästner (1899–1974): Kleines Solo (1947)

Einsam bist du sehr alleine.
Aus der Wanduhr tropft die Zeit.
Stehst am Fenster. Starrst auf Steine.
Träumst von Liebe. Glaubst an keine.
Kennst das Leben. Weißt Bescheid.
Einsam bist du sehr alleine –
und am schlimmsten ist die Einsamkeit zu zweit.

Wünsche gehen auf die Freite.
Glück ist ein verhexter Ort.
Kommt dir nahe. Weicht zur Seite.
Sucht vor Suchenden das Weite.

Ist nie hier. Ist immer dort.
Stehst am Fenster. Starrst auf Steine.
Sehnsucht krallt sich in dein Kleid.
Einsam bist du sehr alleine –
und am schlimmsten ist die Einsamkeit zu zweit.

Schenkst dich hin. Mit Haut und Haaren.
Magst nicht bleiben, wer du bist.
Liebe treibt die Welt zu Paaren.
Wirst getrieben. Mußt erfahren,
daß es *nicht* die Liebe ist …
Bist sogar im Kuß alleine.
Aus der Wanduhr tropft die Zeit.
Gehst ans Fenster. Starrst auf Steine.
Brauchtest Liebe. Findest keine.
Träumst vom Glück. Und lebst im Leid.
Einsam bist du sehr alleine –
und am schlimmsten ist die Einsamkeit zu zweit.

Aus: Kästner, Erich: Werke. Hg. von Franz Josef Görtz. Bd. II: Wir sind so frei. Chanson, Kabarett, Kleine Prosa. München, Wien: Carl Hanser Verlag 1998, S. 152

Anmerkung

Z. 8 auf Freite gehen: auf Brautschau gehen, sich eine Frau suchen; allg.: um jemanden werben

TIPP **Bearbeitungshinweise**

Voraussetzungen

Die Aufgabe ist im Rahmenthema 4 (Vielfalt lyrischen Sprechens) verankert und erfordert Kompetenzen aus mehreren Halbjahren. Während die Gedichtinterpretation mit 60 % in die Bewertung eingeht, ist der Vergleich mit 40 % gewichtet.

Erläuterung der Aufgabenstellung

Der **Operator „interpretieren Sie"** der ersten Teilaufgabe verlangt für das erste Gedicht (Tiecks *Wonne der Einsamkeit*) die umfassende Untersuchung von **Inhalt und Aufbau sowie formaler und sprachlich-stilistischer Gestaltung**. Aus der gründlichen Arbeit am Text sollen Sie schlüssige Deutungsansätze entwickeln und das Gedicht interpretieren.

Ausgehend von Ihren Ergebnissen sollen Sie dann in Teilaufgabe 2 einen **Gedichtvergleich** vornehmen, also **Gemeinsamkeiten und Unterschiede** aus Tiecks Text und Erich Kästners *Kleines Solo* herausarbeiten. Der Fokus liegt auf dem gemeinsamen **Thema „Einsamkeit"**: Die Aufgabenstellung fordert ausdrücklich, dass Sie inhaltliche sowie ausgewählte sprachliche und formale Aspekte berücksichtigen. Das Kästner-Gedicht muss dabei nicht vollständig interpretiert werden, sondern in der Motivgestaltung anhand von **selbstgewählten Vergleichskriterien** dem ersten Gedicht gegenübergestellt werden.

Um einen geschlossenen Eindruck zu erreichen, ist es wichtig, auch die **Einleitung** und den **Schluss** auf den Wesenskern des Gedichts abzustimmen. Im vorliegenden Fall bieten sich dabei Querverbindungen zum **Phänomen der Einsamkeit** in der heutigen Gesellschaft an. Auch über eine Abgrenzung der Begriffe „Einsamkeit" als subjektive Empfindung und „Alleinsein" als objektiver Zustand kann ein passender Zugang zum Themenfokus erreicht werden. Im Schlussteil könnten auch Parallelen zu eventuell im Unterricht behandelten Texten im Hinblick auf das Einsamkeits-Motiv gezogen werden. Oft ist aber auch das **Fazit aus dem Motivvergleich** ein geeigneter Schlussgedanke, dem nichts mehr weiter hinzugefügt werden muss.

Der **Hauptteil** Ihres Aufsatzes beginnt vor der eigentlichen Interpretation mit einer knappen **strukturierten Inhaltsangabe**, die den gedanklichen Aufbau des Gedichts in eigenen Worten wiedergibt. Daher sind in diesem überblicksartigen, informierenden Teil noch keine Zitate aus dem Gedicht aufzuführen. Nach dieser inhaltlichen Klärung wählen Sie geeignete **Interpretationsschwerpunkte** und überprüfen diese am Text. Die Erschließung der **formalen** und **sprachlich-stilistischen Gestaltung** sollte nicht getrennt von der Interpretation erfolgen, vielmehr besteht die Hauptaufgabe einer Gedichtinterpretation darin, die **Leistung der Form und Sprache für die Aussage des Gedichts** herauszuarbeiten. Am Ende dieses Abschnitts lassen sich die erarbeiteten Ergebnisse zu einer **abschließenden zusammenhängenden Deutung** zusammenführen, bei der man ggf. auch auf den Epochenhintergrund der Romantik eingehen kann. In jedem Fall müssen Sie **Ihre Thesen mithilfe von Textbelegen genau begründen**. Achten Sie dabei auch auf eine korrekte Zitierweise.

Die **Vergleichsaufgabe** schließt sich nahtlos an. Achten Sie auf eine entsprechende **Überleitung**. Eine Möglichkeit bietet z. B. die Gegenüberstellung der beiden **Gedichttitel**. Bei der Analyse der Unterschiede sind Sie in der **Wahl der Vergleichskriterien** frei. Allerdings ist ein Rückgriff auf die Ergebnisse der Untersuchung von Tiecks Gedicht empfehlenswert (z. B. Blickrichtung des lyrischen Ich, Rolle des Raums, Grundstimmung der Sprechhaltung). Da die Aufgabenstellung ausdrücklich auch auf **sprachlich-formale Aspekte** abzielt, müssen Sie besonders aussagekräftige Auffälligkeiten in Ihre Darstellung einbeziehen. Da eine Epochenzuordnung nicht explizit in der Aufgabenstellung verlangt ist, genügt hier ein rein **textbezogener Motivvergleich**.

Lösungsvorschlag

TEILAUFGABE 1

Einleitung

Einsamkeit – Mangel oder Chance

Einsamkeit – für die meisten ist dies ein **bedauernswerter Zustand** von Menschen, die ohne Freunde und Familie abgeschieden von der Gesellschaft ein trauriges Dasein fristen. Vor unserem inneren Auge erscheinen hier vor allem alte Menschen, die **sozial isoliert** kaum mehr Kontakte zu ihren Mitmenschen haben. In der Literatur ist die Einsamkeit ein **Motiv**, das immer wieder in unterschiedlichen Kontexten aufgegriffen und thematisiert wird. Vor allem in Texten der Moderne, wie z. B. in Hauptmanns Drama *Einsame Menschen* oder auch in den Parabeln von Kafka, steht der allein auf sich gestellte Mensch im Mittelpunkt. Heißt Einsam-Sein jedoch auch zwangsläufig Unglücklich-Sein? Schon immer suchen Menschen auch ganz gezielt die **Abgeschiedenheit**, um beispielsweise als Eremit oder Einsiedler eine meditative Gotteserfahrung zu erleben.

Einsamkeit in der Literatur

Interpretation

Wonne der Einsamkeit von Ludwig Tieck

Dass die **Einsamkeit auch eine Chance**, ja ein ausgesprochen erstrebenswerter Zustand sein kann, zeigt sich in Texten des Barock, der Romantik oder des Biedermeier. Bereits der Titel von Ludwig Tiecks 1802 erschienenem Gedicht *Wonne der Einsamkeit* schließt mit dem ersten Wort „Wonne“ gleich von Anfang an jede negative Assoziation aus und bewertet die vom lyrischen Ich erlebte Einsamkeit in der Natur als einen **Glückszustand**.

Inhalt und Aufbau des Gedichts:

Das sechsstrophige Gedicht lässt sich in **drei gedankliche Abschnitte** gliedern. Im ersten Teil, der die erste bis dritte Strophe umfasst, betrachtet das lyrische Ich voll leidenschaftlicher Empathie die Natur, die dem Leser als idyllische, weiträumige Landschaft zwischen Wiesen und Wald vorgeführt wird. Gleich zu Beginn erfolgt der **Lobpreis der in diesem Naturraum erfahrenen Einsamkeit**, die auch als Grund für sein Glücksempfinden benannt wird. Daraufhin

Lob der einsamen Naturszenerie

erfolgt eine Ansprache an die Vögel und Schmetterlinge als Bewohner dieser friedlichen Idylle, denen sich der Sprecher in besonderer Weise verbunden fühlt (V. 1–15).

Ein thematischer Einschnitt geschieht zu Beginn der vierten Strophe, wo das Glücksempfinden in der Natur mit der Enge der **Zivilisation** kontrastiert wird (V. 16–20). Aus dem Bewusstsein einer beglückenden Distanz zu dieser als lebensfeindlich beschriebenen Menschenwelt heraus wendet sich der Sprecher im dritten Abschnitt mit einem **Appell an die Stadtbewohner**. Die beiden letzten Strophen sind eine Aufforderung, es ihm gleichzutun und sich aus gesellschaftlichen Zwängen zu befreien, um in der Einsamkeit der Natur Erfüllung zu finden. Bekräftigt wird dies durch eine zusammenfassende **Verherrlichung der Glückserfahrung in der Einsamkeit** (V. 21–30).

Gegenüberstellung der Idylle mit der Gesellschaft

Aufforderung, sich der Natur zuzuwenden

Ungewöhnlich für die Entstehungszeit um 1800, in der die Orientierung an der klassisch-harmonischen Form die Regel war, sind die im Strophenbau und auch in der Versgestaltung auffälligen **Abweichungen von und Brüche mit lyrischen Mustern**. Das Erleben der Natur wird nicht nur inhaltlich als befreiend von gesellschaftlichen Zwängen empfunden, sondern spiegelt sich auch in der zwanglosen formalen Darstellung. Die unverstellte, direkte Gefühlsaussprache korrespondiert mit der Aussage des Textes, welcher **Freiheit und natürliche Ungebundenheit** einfordert. Mit den vielen Apostrophen und Interjektionen (vgl. V. 1 f., 16) orientiert sich die sprachliche Gestaltung eher an den hymnischen Naturgedichten des Sturm und Drang als an der Regelmäßigkeit klassischer Gedichte. Abgesehen von den zwei vierzeiligen Strophen zu Beginn lässt sich im formalen Aufbau **kein einheitliches Kompositionsprinzip** erkennen, lange und kurze Strophen wechseln sich ab. Die beiden Vierzeiler bewirken dabei einen dynamisch-fließenden Einstieg in die Naturszenerie. Auch durch Enjambements innerhalb der Strophen (vgl. V. 11 f.) erweckt das Gedicht den Eindruck einer **spontanen Gefühlsaussprache**.

Form und Sprache:

gefühlsbetonte Sprache

keine einheitliche Form

Zudem ist das Metrum nah an der gesprochenen Sprache. Das wechselnde Versmaß mit unregelmäßiger Hebungszahl lässt dabei sowohl Ausrufe der Begeisterung wie Kommentierungen der Naturszenerie zu. Die Interjektion „O“ erscheint insgesamt sechs Mal jeweils gedoppelt in der ersten, vierten und sechsten Strophe und ist dadurch unmittelbarer **Ausdruck von Pathos und Emotion**. Das **Reimschema** variiert stark und zeugt im unregelmäßigen Wechsel zwischen unbetonten und betonten Kadenzen von der **Impulsivität des Sprechers**. Die Verflechtung der Verse geschieht jeweils durch die Verbindung mit mindestens einem anderen Vers durch einen Paar-

Versmaß: Nähe zur gesprochenen Sprache

Reimschema

reim, Kreuzreim oder umarmenden Reim. Trotz der offenbar spontanen Gefühlsaussprache des lyrischen Ichs erhält das Gedicht so eine fast unbewusst scheinende formale Struktur.

Sprechsituation und Sprechhaltung:

lyrisches Ich

Der Gedankengang des Gedichts ist damit wesentlich geprägt durch die **Blickrichtung des Sprechers** und durch den Raum, in dem er sich befindet – die einsame Natur. Das lyrische Ich tritt im Text jedoch nicht direkt in der „Ich"- Aussprache auf. Seine Gegenwart in der Naturidylle erschließt sich vielmehr zunächst indirekt durch die Verwendung von Possessivpronomina („meine Gespielen", V. 6; „meiner Freundschaft", V. 8) und in der **direkten empathischen Ansprache** der Umgebung. Eine innige Vertrautheit zeigt sich bei der Anrede der „kleinen Vögelein" (V. 5) im Diminutiv und der Schmetterlinge in der zweiten Person Plural (vgl. V. 10).

Anrede an Tierwelt

Diese dadurch personifizierten Lebewesen werden so zu einem **lyrischen Du**, mit dem der Sprecher gleichsam einen Dialog führt. Deren Lebensfreude macht diese Tiere, die Lebendigkeit wie Zartheit verkörpern, zum Inbegriff des sorglosen Glücks. In ihrer „[u]nbefangen[en]" (V. 9) Naivität und bedingungslosen Zuversicht zeigt sich, „umfangen" (V. 15) von „Himmels-Ruhe" (V. 15), das Ideal eines Aufgehobenseins in der Natur. Durch den Begriff „Freundschaft" (V. 8) findet auch hier eine **Übertragung in den menschlichen Bereich** statt.

Bemühen um Objektivität

sprachliche Auffälligkeiten

Gegensatz: oben – unten

Um seine **Haltung und Anschauung zu objektivieren**, wird die Anrede durchgehend im Indikativ Präsens formuliert. Damit erhält das Glücksempfinden in der einsamen Natur den Rang einer allgemeingültigen Tatsache. Der **Sprecherstandpunkt** in der beschriebenen Natur wird auch durch die ausholende sprachliche Verweisgeste mit dem gedoppelten, adverbial gebrauchten Adjektiv „Weit! weit!" (V. 16) deutlich gemacht. Die stark verkürzte, atemlose Exclamatio betont die Distanz zwischen seinem Standort oben („Luft", „Himme[l]", V. 10) und der Menschenwelt unten („hinab", V. 17) und verstärkt den **Gegensatz zwischen diesen beiden so unterschiedlichen Sphären**. Die metaphorische Herabwürdigung der Welt als „fernes Grab" (V. 18) könnte den Kontrast zu der „süße[n] Herzensfreudigkeit" (V. 20) kaum größer machen. Die Position des lyrischen Ichs wirkt hier wie die eines euphorischen Wanderers auf einer baumbestandenen Lichtung, fern vom Alltagsgeschehen der Stadt.

Appell an die Stadtbewohner

Vor allem im zweiten Teil des Gedichts bekommt die Sprechhaltung einen enthusiastischen, beinahe missionarischen Gestus, wenn das lyrische Ich vom fast intimen Gespräch mit Vögeln und Schmetterlingen zur direkten, wenn auch nur fiktiven **Ansprache an die Stadtbewohner** wechselt. Mittels Interjektionen (V. 16, 19 f.) und einer

Häufung von Imperativen (V. 21, 23, 28) wird eine geradezu **euphorische** Stimmung für den **Appell** erzeugt, aus dem Leben in der Zivilisation auszubrechen und Befreiung inmitten der Natur zu suchen.

Kontrastierung von Gesellschaft und Natur

Die Schmetterlinge und Vögel dienen dabei als Vorbilder für ein ungezwungenes, seelenruhiges und freies Leben in **aktiver Selbstverwirklichung**. Das Adjektiv „[u]nbefangen" (V. 9) beschreibt sie nicht nur als physisch frei in der Luft, sondern auch als frei in ihrem Urteil, fern von allen gesellschaftlichen Zwängen und (Vor-)Urteilen. Mit der Synästhesie „blaue Luft" (V. 10), der „Blumen Duft" (V. 11) und dem „sehnende[n] Verlangen" (V. 12) wird das romantische Zentralmotiv der „blauen Blume" anzitiert. Dieser Inbegriff der **Sehnsucht nach einem Ausbrechen aus der bürgerlichen Existenz** erscheint in der Sphäre des Himmlischen gestillt.

blaue Blume

religiöse Anklänge in der Naturdarstellung

Ein religiöser Hintergrund zeigt sich auch in der Vorstellung von der **Natur als idealem Wohnraum**. Verben und Partizipien, die Behaglichkeit und das „Zu-Hause-Sein" ausdrücken (vgl. V. 4, 13, 26 f.), verleihen dem Gedicht durch nahezu alle Strophen eine thematische Verklammerung. Bereits in Strophe 1 wird der Aufenthalt auf Wiesen mit dem Verb „wohnen" (vgl. V. 4) verbunden. Die Vögel bauen ein „kleines Haus" (V. 13) statt eines Nestes, das ein **Zufriedensein mit dem zum Leben Nötigen** andeutet. Dagegen erhält der Naturraum in der vorletzten Strophe einen fast schon **sakralen Charakter**. Der Himmel wird zu einem „hohen gewölbten Saal" (V. 26), der einer Kathedrale gleicht. Die Natur bietet durch ein „[m]it Wolken gedeckt[es]" (V. 27) Himmelszelt eine architektonische Schönheit, die die städtischen Behausungen mit künstlich eingezogenen Zimmerdecken nicht bieten können. Freiheit und Schönheit der einsamen Landschaft steht auch hier gegen das mit der Metonymie „Getümmel" (V. 28) abgewertete Leben der Stadtbewohner.

Natur als Wohnraum

Natur als Kirche

effektvolle Wortwahl: die Stadt als Gefängnis und Grab

Die Wortwahl bedient sich häufig des **Mittels der Kontrastierung** durch extrem negative bzw. positive Konnotationen. Die Verben „[e]ntfliehet" (V. 23, vgl. V. 28) und „entreißt" (V. 23) wecken Assoziationen an ein Gefängnis und lassen die **Stadt als Ort der Freiheitsberaubung** erscheinen. Auch die metaphorische Gleichsetzung mit einem „ferne[n] Grab" (V. 18) und „Quaal" (V. 23) degradiert die menschliche Gesellschaft zu einem **Platz des Leidens und der Tötung jeder Lebensfreude**. Die Bezeichnung der Stadtbewohner als „Beengt[e]" (V. 21) spielt dabei einerseits auf die **städtebauliche Enge** an, umfasst andererseits aber auch die durch die gesellschaftlichen Ansprüche und Regeln innerlich „Herzbedrängten" (V. 22). Dieser negativ konnotierte Neologismus wird begrifflich der „Herzensfreudigkeit" (V. 20) gegenübergestellt. Die Wortneuschöpfung

Neologismus „Herzbedrängte"

aus Vers 4 wird hier aufgegriffen und als thematische Klammer zu dem zu Beginn evozierten Glücksgefühl in der Natur genutzt.

Die Kräfte der Natur erzeugen so nicht nur ein subjektives Glücksempfinden, sondern auch **sprachschöpferische Kraft**, um den euphorisierenden Zustand auch adäquat benennen zu können. Bei der Überhöhung der Natur dienen Adjektive wie „hold" und „süß" (vgl. V. 1 f.) sowie die Fügungen „gute Natur" (V. 24) und „freundliche[r] Himmel" (V. 25) als **Lobpreis** in einem volksliedhaften – „natürlichen" – Ton. Sogar die Verortung des Sprechers im „Waldschatten" (V. 2) erhält durch das Adjektiv „süß" eine positive Zuschreibung im Sinne einer erfrischenden Kühle.

sprachliche Überhöhung der Natur

Zusammenfassend lässt sich Tiecks Gedicht als enthusiastische Aufforderung an seine Zeitgenossen begreifen, zur Erfahrungsreise in die Natur aufzubrechen und die eigene Lebenssituation zu verändern. Die **Hingabe des Einzelnen an die einsame Natur** erhält hier eine **heilende Kraft**, da er den sozialen Zwängen in der Stadt entkommt. Einsamkeit wird zum Weg der Selbstfindung und der **Verwirklichung eines umfassenden Glücksempfindens** auch im Sinne eines romantischen Universalitätsanspruchs. *Wonne der Einsamkeit* hat damit einen starken appellativen Charakter; der Text liest sich als eine Art Ratgeber zu einem besseren Leben in der Natur, das ganz im romantischen Sinne als eine bessere und musterhafte Alternativlösung für alle vorgeführt wird, die unter dem Zustand der Welt als „Quaal" (V. 23) leiden.

Rückzug in die Natur: Ausdruck der Sehnsucht nach Sinnerfüllung

Ausbruch aus qualvoller Welt

Im Entstehungsjahr 1802, während der Napoleonischen Kriege, könnte dies für viele ein mehr als nachvollziehbarer Gedanke gewesen sein. Die Abwendung vom gegenwärtigen Geschehen wird damit zu einer **Weltflucht** und Flucht in die **Natur, die religiös überhöht als Seelenlandschaft** und Sinnbild „süßer" (V. 30) Empfindungen und poetischer Anmutung erscheint. Einsamkeit, d. h. die Ferne von jeglicher menschlichen Gesellschaft, verhilft zum wohltuenden „Wonne"-Glück, das man mit den Naturgeschöpfen als Seelenverwandten teilt und mit dem man selbst in der universalen Schöpfung aufgeht.

geschichtliche Einordnung des Gedichts

TEILAUFGABE 2

Auch in Erich Kästners Gedicht *Kleines Solo* (1947) ist die Erfahrung von Einsamkeit **Anlass einer intensiven Reflexion**. Wie bei Tieck weist der Titel auf das Thema hin, bleibt dabei aber sehr viel offener. Der Begriff „Solo" lässt zunächst an ein **Musikstück** denken, das allein durch einen Solisten ausgeführt wird. Durch die Attribuierung „klein" erhält der Titel **etwas Beiläufiges**, wenig Bedeutungsvolles. Die Erwartungshaltung für das folgende Gedicht wird

Gedichtvergleich

Einsamkeit in Tiecks Gedicht und in Kästners *Kleines Solo*

Bedeutung der Gedichttitel

eher im Ungefähren gelassen im Gegensatz zu Tieck, der bereits mit der programmatischen Überschrift *Wonne der Einsamkeit* die Kernaussage seines Textes ankündigt – ein Harmonie und Behaglichkeit ausstrahlendes Glücksgefühl, das durch Einsamkeit hervorgerufen wird. Beide Gedichte beschreiben eine Szenerie, in der weitere Personen fehlen, die Sprecher sind alleine, fern von anderen Menschen.

Allerdings unterscheiden sich sowohl Sprechsituation wie Perspektive in beiden Texten ganz wesentlich voneinander. Während der Sprecher in Tiecks Naturpreis inmitten seiner „Gespielen“ (V. 6) alles andere als alleine ist, trifft Kästners Gedicht gleich im ersten Vers die entschiedene Feststellung: „Einsam bist du sehr alleine.“ Aber auch hier bleibt der Text allgemeiner als bei der konkreten Situierung bei Tieck. Die „Du“-Ansprache wird zur **Selbstreflexion im Stil eines Monologs**, die jedoch eine Übertragung auf andere Personen zulässt und so einen **Allgemeingültigkeitsanspruch** erhält. Auch im Tieck-Gedicht wird ein lyrisches Du angesprochen, jedoch viel konkreter. Zunächst ist das Gegenüber die Natur und ihre Lebewesen, im appellativen Teil dann die Leser des Textes als mögliche Gefolgsleute auf dem **Weg in die glücksbringende Einsamkeit**.

unterschiedliche Sprechersituation und Perspektive

„Du“-Ansprache bei Kästner

Bestimmend für die unterschiedliche Sprechhaltung sind die Räume, in denen sich die Sprecher befinden und die in beiden Texten eine **symbolische Bedeutung** haben. Die geistige und persönliche Entfaltungsmöglichkeit erhält der Sprecher in *Wonne der Einsamkeit* durch die grenzenlose Weite des Naturraums in einer waldumsäumten Wiesenlandschaft. Das *Solo* wird in einem begrenzten Zimmer gesprochen, das lyrische Ich steht „am Fenster“ (V. 3, 13, 24) und wendet dem Raum den Rücken zu. Das gerade in der Romantik so beliebte Fenstermotiv als Ausdruck unstillbarer Sehnsucht nach Freiheit und Grenzüberschreitung wird hier zur **Metapher für eine ausweglose Situation**. Der Blick trifft nicht wie bei Tieck auf eine paradiesische Idylle, sondern „starrt auf Steine“ (vgl. V. 3, 13, 24).

Bedeutung des jeweiligen Raums für die Aussage

das Fenstermotiv bei Kästner

Auch im modernen Text wird die Sehnsucht benannt, aber personifiziert als **Leidenserfahrung** („Sehnsucht krallt sich in dein Kleid“, V. 14). Einsamkeit, die durch das **Alleine-Sein des Sprechers** auch objektiv vorgeführt wird, erhält in dieser Perspektivlosigkeit eine zutiefst **pessimistische und negative Bewertung**. Die Unüberwindbarkeit dieser als existenziell beschriebenen Erfahrung wird durch die paradox erscheinende, dreimal wiederholte Feststellung „und am schlimmsten ist die Einsamkeit zu zweit“ (V. 7, 16, 28) potenziert. Der Kästner-Text erhält durch die Ausweitung des Themas auf die **innerlich erlebte Einsamkeit in einer Paarbeziehung** eine neue Dimension. Der Zustand „alleine“ wird sogar zur Steigerung des

negative Einsamkeit in *Kleines Solo*

Steigerung: „Einsamkeit zu zweit“

„Einsam-Seins“, wenn er auf paradoxe Weise die Situation eines intimen Zusammenseins beschreibt: „Bist sogar im Kuß alleine.“ (V. 22)

Das *Kleine Solo* beschreibt damit das **Nebeneinanderherleben vieler moderner Paare**, bei denen der Austausch über die Gedanken und die Anteilnahme an den Gefühlen des anderen verloren gegangen sind. Sprachlich wird dies durch **plastische Bilder** illustriert: So beschreibt die Metapher einer Wanduhr, aus der die Zeit „tropft“ (V. 2, 23), die **quälende Unausweichlichkeit einer erkalteten Paarbeziehung**. Bei Tieck dienen sprachliche Bilder vor allem seiner Argumentationsführung im fiktiven Dialog mit dem Leser. Verherrlichende Personifizierungen der Natur und abschreckende Metaphern für die menschliche Gesellschaft sollen einen möglichst großen Kontrast dieser beiden Welten aufmachen und den Leser dadurch von der **Glückserfahrung in der einsamen Natur** überzeugen. *Wonne der Einsamkeit* will zur Umkehr der Lebensweise aufrufen, ja durch seinen enthusiastischen Sprachduktus wie in einer Predigt den Leser dazu bekehren, es dem lyrischen Ich gleichzutun.

Kleines Solo: Einsamkeit in einer Paarbeziehung

Wonne der Einsamkeit: willkommene Einsamkeit in der Natur

So unterscheidet sich auch der **Grundton beider Texte**, was sowohl in der Versgestaltung als auch im Versmaß sichtbar wird. Kästners Gedicht konstatiert in knappen, parataktischen Aussagesätzen nüchtern und lakonisch die **Vereinsamung des modernen Menschen als Gesetzmäßigkeit**. Seinen Ausdruck findet das formal in der Wiederholung von Versen und Versteilen, insbesondere beim Eingangsvers „Einsam bist du sehr alleine“ (V. 1, 6, 15, 27), der gleichsam als **Refrain** erscheint und so die Ausweglosigkeit zementiert. Zudem verleiht der alternierende Versfuß des Trochäus dem Text eine **Schwere** und Nachdrücklichkeit, die die **Monotonie** der alltagssprachlich gehaltenen kurzen, teils elliptischen Sätze unterstreicht. Auch bei Tieck sind Wiederholungen von Versteilen Gestaltungsprinzip, hier werden jedoch Ausrufe und direkte Gefühlsaussprache als **Bekräftigung einer empathischen Grundhaltung** gebraucht.

Versgestaltung bei Kästner und Tieck

Wirkung des Refrains bei *Kleines Solo*

Beiden Gedichten ist die Feststellung gemeinsam, dass das **Zusammenleben mit anderen Menschen keine Befriedigung und Erfüllung** bietet. Im Gegensatz zu Tiecks Gedicht, das in der Besinnung auf die heilenden Kräfte der Natur nicht nur einen **Lösungsansatz** bietet, sondern sogar „Herzensfreudigkeit“ (V. 4, V. 20) verspricht, bleibt im modernen Text Kästners nur **Resignation und passives Sich-Fügen** in das als unvermeidlich Erkannte. Die Einsamkeit ist hier unüberwindlich, der Mensch ist auf sich allein gestellt, das Lebensglück ist fern, ja es meidet sogar die Menschen, sucht „vor Suchenden das Weite“ (V. 11). Die Fokussierung auf die Zweierbeziehung der Moderne, in der man sich körperlich nah und emotional

Tieck: Optimismus – Zuwendung zur Natur

Kästner: Resignation – Melancholie und Trauer

doch so fern ist, ist typisch für die Strömung der „Neuen Sachlichkeit“. Vordergründig kühl und sachlich wird in Aussagesätzen die gesellschaftliche Realität beschrieben und doch schwingt gerade in dieser Kühle auch **Melancholie und tiefes Bedauern über die verloren gegangenen Gefühle** mit: „Träumst vom Glück. Und lebst im Leid.“ (V. 26)

Schluss

das Phänomen der Einsamkeit in der Gesellschaft heute

Die Bewertung von **Einsamkeit als sinnstiftende Chance oder als deprimierende Erfahrung** hängt wohl zuallererst von der Lebenseinstellung jedes Einzelnen ab. „Ich bin sehr gerne mit mir alleine“, verkünden wohl eher die Menschen, die in einem stabilen sozialen Umfeld leben und das Gefühl der Einsamkeit nicht als Verlassenheit erleben. Einsamkeit im negativen Verständnis nimmt jedoch gerade in unserer modernen Medienwelt auch bei jungen Menschen immer mehr zu. **Soziale Netzwerke und mediale Kontaktbörsen** sind offensichtlich kein Ersatz für persönlichen Austausch und für reale soziale Beziehungen. Das im *Kleinen Solo* vorgeführte lähmende Gefühl der Einsamkeit kann insbesondere jene treffen, die unreflektiert nur ein gesellschaftlich normiertes Leben führen, anstatt die Tieck'sche „Herzensfreudigkeit“ wahrzunehmen, die nicht nur im intensiven Erleben der Natur, sondern auch im bewussten Anteilnehmen am Leben des Gegenübers entsteht.

INTERPRETATION LITERARISCHER TEXTE

Aufgabenstellung

Interpretieren Sie das Gedicht *Gedicht* von Rolf Dieter Brinkmann.

Material **Rolf Dieter Brinkmann (1940–1975): Gedicht (1975)**

Zerstörte Landschaft mit
Konservendosen, die Hauseingänge
leer, was ist darin? Hier kam ich

mit dem Zug nachmittags an,
zwei Töpfe an der Reisetasche
festgebunden. Jetzt bin ich aus

den Träumen raus, die über eine
Kreuzung wehn. Und Staub,
zerstückelte Pavane, aus totem

Neon, Zeitungen und Schienen
dieser Tag, was krieg ich jetzt,
einen Tag älter, tiefer und tot?

Wer hat gesagt, daß sowas Leben
ist? Ich gehe in ein
anderes Blau.

Brinkmann, Rolf Dieter: Gedicht.
In: ders.: Westwärts 1&2. Gedichte.
Reinbek bei Hamburg: Rowohlt 1975, S. 41.

Anmerkungen
Z. 9 Pavane: feierlich-langsamer Schreittanz.
Z. 10 Neon: Kurzform für Neonlicht

TIPP **Bearbeitungshinweise**

Voraussetzungen

Die Aufgabe bezieht sich auf das Rahmenthema 4 (Vielfalt lyrischen Sprechens) und erfordert bei der Bearbeitung Kompetenzen aus mehreren Halbjahren. Es wird Ihnen mit „interpretieren“ nur ein komplexer Operator präsentiert, der Leistungen in allen drei Anforderungsbereichen verlangt.

Erläuterung der Aufgabenstellung

Die vorliegende Aufgabenstellung fordert von Ihnen die Interpretation eines modernen Gedichts. Es gilt hier, den **drei Anforderungen** (Texterfassung, Textbeschreibung und Textdeutung) gerecht zu werden, was sich teilweise durchaus schwierig gestalten kann, da einige Stellen **nicht** ohne Weiteres **gleich verständlich** sind. Je länger Sie sich aber mit dem Text befassen, desto besser werden Sie mit ihm zurechtkommen.

An den Beginn Ihres Aufsatzes stellen Sie eine **Einleitung**, in der Sie die grundlegenden Informationen zum vorliegenden Text nennen (Autor, Titel, Publikationsdatum …). Die Analyse im Hauptteil sollten Sie vorbereiten, indem Sie sich zunächst die inhaltliche Gestaltung des Gedichts vor Augen führen. Eine Einteilung in klar abgrenzbare Sinnabschnitte ist bei diesem Text allerdings nicht unbedingt ergiebig, weil der Autor verschiedene Aspekte stark miteinander verzahnt. Wichtiger ist es, den konkreten Inhalt herauszuarbeiten, und zwar insbesondere im Hinblick auf drei Fragen:

- Wie ist die **Situation** im vorliegenden Text?
- Wie wird die **Umgebung** vom lyrischen Ich wahrgenommen?
- Wie ist die **innere Verfassung** des lyrischen Ich?

Wenn Sie diese Aspekte untersucht haben, dann haben Sie schon viel geleistet. Aufgrund der fehlenden augenfälligen Sinnabschnitte liegt es nahe, die Analyse nicht linear, sondern **aspektorientiert** anzulegen: Es bietet sich an, nach der Untersuchung der Form nacheinander auf die gerade genannten Fragen (Situation, Umgebung, innere Verfassung) einzugehen. Sprachlich-rhetorische Phänomene (z. B. die Verwendung von Fragen) können Sie im Rahmen dieser Aspekte mit berücksichtigen oder auch gesondert thematisieren.

Der Text weist einige **Brüche** („älter, tiefer und tot“, V. 12) auf und wirkt zum Teil **kryptisch** bzw. vage („anderes Blau“, V. 15). In der Analyse geht es nicht darum, diese Brüche und Mehrdeutigkeiten interpretatorisch aufzulösen bzw. zu vereindeutigen. Sie sind ein wichtiges Gestaltungselement moderner Lyrik, das wie andere Textmerkmale beschrieben werden kann. Benennen Sie also ruhig die Brüche und sprechen Sie dort, wo die Auslegung ins Spekulative tendiert, von einer Deutungsmöglichkeit unter anderen. Nichtsdestotrotz sollten Sie begründen, was für diese spricht – ein Beispiel sehen Sie im folgenden Lösungsvorschlag bei der Auslegung des Gedichtendes.

Runden Sie Ihren Aufsatz mit einem resümierenden **Schluss** ab.

Lösungsvorschlag

Einleitung
zentrale Angaben zum Gedicht und Deutungs-hypothese

Im Mittelpunkt von Rolf Dieter Brinkmanns Gedicht mit dem lapidaren Titel *Gedicht* (1975) steht ein Individuum, das seinen Aufenthalt in einer trostlosen Stadt als eine **existenzielle Situation** erlebt, aus der es sich befreien will.

Hauptteil
Form

Lyrisch im traditionellen Sinne ist an diesem Gedicht wenig. Schon die **Unregelmäßigkeiten in der Form** zeugen davon: Die Verslänge variiert stark (zwischen vier und zehn Silben), eine metrische Gestaltung und Reime lassen sich auch nicht feststellen. Zum Gedicht macht diesen Text vor allem die Strukturierung in Verse und Strophen – fünf an der Zahl mit je drei Versen. Durch die starken (Strophen-)Enjambements sowie durch die Satzgrenzen innerhalb der Verse entsteht ein irritierender **Rhythmus mit vielen Stauungen**. Dieser passt wiederum zu den syntaktischen Brüchen (z. B. „dieser Tag“, V. 11, wirkt syntaktisch isoliert, sofern man nicht gedanklich ein „ist“ einfügt), Disharmonien (vgl. z. B. V. 8 f.: Staub als Tanz?) und zum verstörenden Inhalt. Zugleich werden durch die Enjambements zum Teil Worte am Versende betont, die besonders bedeutungstragend sind – wie z. B. bei „totem“ (V. 9) und „Leben“ (V. 13). Das Wort „Leben“ (V. 13) wird durch das Enjambement auch in die gleiche Stellung wie das Wort „tot“ (V. 12) gebracht, wodurch die Antithetik der beiden Begriffe noch unterstrichen wird. Das Gedicht wirkt dabei prosahaft, es hat aber vor allem wegen der Inversionen (z. B. V. 1–3) und Ellipsen (die nicht einfach zu ergänzen sind, z. B. V. 8–12) **keinen Erzählcharakter**.

Gedichttitel

Angesichts des – traditionell verstanden – **unlyrischen Charakters** des Gedichts kann man dessen Titel als ironisches Spiel mit den Erwartungen der Leser verstehen. Es stellt sich die Frage, ob diese auch inhaltlich durch Ironie konterkariert werden oder ob Brinkmanns *Gedicht* sich ernsthaft mit seinem Gegenstand befasst.

Detailanalyse des Inhalts

Brinkmann verschränkt verschiedene inhaltliche Bereiche miteinander: die **Situierung** des lyrischen Ich, die Wahrnehmung der **Umgebung** sowie die **innere Verfassung** des Ich.

zeitliche und örtliche Situierung des lyrischen Ich

Das lyrische Ich ist **nachmittags** mit dem **Zug** an einem **Ort** angekommen, registriert nun die **Umgebung** und artikuliert seine **Verlorenheit** darin. Diese zeitliche Struktur spiegelt sich in den gewählten Zeitformen: Die Verse 3 und 4 stehen im Präteritum, ansonsten wird das Präsens verwendet. Mit der Frage „was krieg ich jetzt […]?“ (V. 11 f.) öffnet das lyrische Ich gegen Ende des Gedichts die Perspektive für die Zukunft.

Hinweis zum Aufbau

Wo und wann sich das Geschehen aber genauer abspielt, **bleibt ebenso unklar** wie die Identität des lyrischen Ich. Da an dessen Reisetasche zwei Töpfe festgebunden sind (vgl. V. 5), ist eher davon auszugehen, dass das lyrische Ich kein Urlauber und kein wohlhabender Reisender ist – auch wenn es mit dem Zug gekommen ist. Es scheint die Dinge, die es benötigt, bei sich zu tragen, weshalb es eher **mittellos** wirkt. Ob es allerdings z. B. ein Kriegsheimkehrer oder ein Bettler ist, lässt sich nicht erschließen. das lyrische Ich

Die Unbestimmtheiten im Hinblick auf Zeit, Ort und Ich kann man als Anlass dafür nehmen, das individuelle Erleben des lyrischen Ich als Artikulation einer **allgemeineren Erfahrung** zu verstehen.

Wie **trostlos** die **Umgebung** ist, darauf weist schon das erste Wort „zerstört" (vgl. V. 1) hin. Zunächst könnte der Leser glauben, das lyrische Ich befinde sich in der Natur (vgl. „Landschaft", V. 1), doch offenbar ist es in einer **Stadt** angekommen. Darauf deuten jedenfalls die „Hauseingänge" (V. 2) oder auch die „Schienen" (V. 10) hin. Die „Konservendosen" (V. 2), der „Staub" (V. 8) und die „Zeitungen" (V. 10) lassen vermuten, dass das Stadtbild von **Verschmutzung** geprägt ist. Wahrnehmung der Umgebung Stadtbild

Uneindeutig bleibt die syntaktische Struktur der Verse 8–11: Zum einen könnte man die „zerstückelte Pavane" (V. 9) als Apposition zu „Staub" (V. 8) lesen oder man versteht sie als Teil einer Aufzählung, zu der auch noch der „Staub" und „aus totem Neon, Zeitungen und Schienen" (V. 9 f.) gehören. Unabhängig davon, wie man es genau liest: Eine von der festlichen Tanzform der Pavane **angeregte positive Lesart** wird von dem Attribut „zerstückelte" (V. 9) **durchbrochen**. Fraglich ist auch, ob der Leser vor „dieser Tag" (V. 11) in Gedanken ein „ist" ergänzen soll. Dann würden die Verse 8–10 den Tag genauer kennzeichnen und den Aspekt der Vergänglichkeit hervorheben (Tag als Staub und als zerstückelter Schreittanz).

Die Ellipsen in V. 1 ff. und V. 8 ff. unterstreichen dabei den registrierenden Blick des Sprechers auf die Außenwelt – in einen echten Kontakt zu ihr tritt er nicht.

Das lyrische Ich entdeckt in den Straßen offenbar **keine Menschen**, sondern nur **Reste und Müll**, die auf Menschen hinweisen. Die Neonbeleuchtung ist „to[t]" (V. 9) und damit kalt. Der **Mangel an sozialer Einbezogenheit** und die **Fremdheit in der Stadt** zeigen sich auch in der Leere der „Hauseingänge" (V. 2). soziale Umwelt

Dabei hat sich das lyrische Ich von der Stadt offenbar **etwas anderes erwartet:** Unmittelbar auf die Information über die Ankunft folgt die Erläuterung, dass das lyrische Ich jetzt „aus // den Träumen raus" innere Verfassung des Ich

(V. 6 f.) sei – wobei das starke Strophenenjambement, das die Präposition von Artikel und Substantiv trennt, das Abrupte des Vorgangs formal widerspiegelt. Die Vorstellungen, die das lyrische Ich sich im Vorhinein gemacht hat, entpuppen sich als **Wunschträume**, die sich nicht realisiert haben. Deren Verschwinden wird zudem ins Bild „über eine / Kreuzung wehn" (V. 7 f.) gegossen, das die Flüchtigkeit der Träume noch unterstreicht. Das Gedicht erzählt also auch von einer **Desillusionierung** – die Stadtwirklichkeit ernüchtert den Sprecher.

Mit der unwirtlichen und unfreundlichen Atmosphäre korrespondiert die innere Verfassung des Ich: Sie ist von **Verzweiflung und Ratlosigkeit** geprägt, die sich insbesondere in den **drei Fragen** des Textes zeigen. Die erste Frage ist ein Paradoxon: Wenn etwas leer ist, dann erübrigt sich eigentlich die Frage danach, was darin ist (vgl. V. 3). Die zweite „Was"-Frage stellt einen Bezug zum lyrischen Ich her: „was krieg ich jetzt, / einen Tag älter, tiefer und tot?" (V. 11 f.) Das lyrische Ich befragt sich hier nicht nur im Hinblick darauf, was es an diesem Ort erwarten kann. Es deutet auch durch die irritierende Fügung „ein Tag älter, tiefer und tot", die durch die alliterative Verwendung des „t"-Lauts betont wird, seine eigene **Vergänglichkeit** oder sogar sein drohendes Ende an. Der bedrohliche Begriff „tot" ist nun nicht mehr auf ein Element der Außenwelt, das Neon, bezogen (vgl. V. 9 f.), sondern auf das Ich – insofern lässt sich hier eine Entsprechung zwischen der äußeren Welt und der inneren Verfassung, die vom Daseinsgefühl der Leere geprägt zu sein scheint, ausmachen. Die Frage „Wer hat gesagt, daß sowas Leben / ist?" (V. 13 f.) ist rhetorisch zu verstehen – das Ich ist offenbar davon überzeugt, dass sein Zustand **kein lohnenswertes Leben** darstellt.

Die monologartige Selbstbefragung ist dabei teilweise von einem fast **mündlich-umgangssprachlichen Stil** geprägt (vgl. Begriffe wie „raus", V. 7; „krieg", V. 11; „sowas", V. 13), der deren unmittelbare Authentizität suggeriert. Doch wird dieser Stil und damit der Eindruck von Authentizität durch poetischer wirkende Stellen (vgl. „Pavane", V. 9; „anderes Blau", V. 15) auch wieder durchbrochen.

Deutung des schwierigen Schlusssatzes

Kryptisch bleibt der Schlusssatz, der wie eine Antwort auf die zuvor geschilderte Wirklichkeit und die gestellten Fragen wirkt: „Ich gehe in ein / anderes Blau." (V. 14 f.) **Farbmetaphorisch** steht die Farbe Blau traditionell für Weite und Sehnsucht (vgl. das Motiv der blauen Blume in der Romantik), insofern könnte man hier die Hoffnung mitlesen, der **trostlosen Stadt-** oder **Lebensrealität zu entkommen**.

Verschiedene Gründe sprechen allerdings dafür, das Blau, das durch seine Position am Gedichtende noch betont wird, als **Andeutung des erlösenden Todes** zu sehen. Erstens geht der Entschluss aus der – in die rhetorische Frage gekleideten – Einsicht hervor, dass dies kein Leben sei. Zweitens wird dem „Blau“ das Attribut „anderes“ (V. 15) beigefügt, wodurch angedeutet wird, dass dieses Blau nicht der romantischen Vorstellung von der Erfüllung der Sehnsüchte entspricht. Drittens wirkt das Ich so mittel- und hilflos, dass ihm nur die Verfügung über den eigenen Körper zu bleiben scheint. Auch wenn diese Deutung nicht zur definitiven Lesart erhoben werden kann, so liegt sie dennoch nahe.

... mit weiterführenden Überlegungen

... und Einbezug der Deutungsoffenheit von Lyrik

Fazit

Gesamtdeutung

Unabhängig davon, wie man die Farbmetapher nun im Einzelnen interpretiert – mit der Aussage, „in ein / anderes Blau“ zu gehen, artikuliert das lyrische Ich den **festen Willen**, der **bedrückenden Realität**, in der es lebt, zu **entfliehen** bzw. sich fundamental **neu zu orientieren**. Die Radikalität, die in dem Wort „anderes“ anklingt, unterstreicht dabei, wie sinnentleert die urbane Wirklichkeit für das lyrische Ich ist.

INTERPRETATION LITERARISCHER TEXTE

Aufgabenstellung

1 Interpretieren Sie das Gedicht *Vorsichtige Hoffnung* von Hilde Domin (Material 1).

2 Vergleichen Sie die Gestaltung des Motivs der Erneuerung in Hilde Domins Gedicht *Vorsichtige Hoffnung* (Material 1) mit derjenigen in Günter Kunerts Kurzprosatext *Häuser an der Spree* (Material 2). Berücksichtigen Sie dabei neben inhaltlichen auch ausgewählte sprachliche und formale Aspekte.

Material 1 **Hilde Domin (1909–2006): Vorsichtige Hoffnung (1959)**

Weiße Tauben im Blau
verbrannter Fensterhöhlen,
werden die Kriege für euch geführt?

Weiße Taubenschnur
durch die leeren Fenster
über die Breitengrade hinweg.
Wie Rosensträucher auf Gräbern
achtlos nehmt ihr das Unsre.
Auf den mit Tränen gewaschenen Stein
setzt ihr das kleine Nest.

Wir bauen neue Häuser,
Tauben,
die Schnäbel der Krane ragen
über unseren Städten,
eiserne Störche, die Nester für Menschen richten.
Wir bauen Häuser
mit Wänden aus Zement und Glas
an denen euer rosa Fuß
nicht haftet.
Wir räumen die Ruinen ab
und vergessen die äußerste Stunde
im toten Auge der Uhr.
Tauben, wir bauen für euch:
ihr werdet
in den glatten Wänden nisten,

ihr werdet
durch unsere Fenster fliegen
ins Blau.

Und vielleicht sind dann ein paar Kinder da
– und das wäre sehr viel –,
die unter euch
in den Ruinen
unserer neuen Häuser,
der Häuser, die wir mit den hohen Kranen
den Tag und die Nacht durch bauen,
Verstecken spielen.

Und das wäre sehr viel.

Aus: Hilde Domin: Nur eine Rose als Stütze. S. Fischer Frankfurt am Main 1959, S. 24 f.

Material 2 Günter Kunert (1929–2019): Häuser an der Spree (1972)

Zu mir sprechen die Steine. Wenn auch nicht alle. Aber es sind auch nicht alle Menschen befähigt, sich auszudrücken. Die grauen Großblöcke, die frischen jungen Ziegel sagen mir gar nichts, nur die von Erfahrung brüchigen, die vom Dasein lädierten, die von neuem und anderem Leben bereits befallenen, bemoosten, überwucherten. So stehe ich vorm Gemäuer alter Berliner Häuser, vor den Altersflecken fehlenden Putzes, streifig von herabrinnendem Wasser, von Granatsplittern noch immer versehrt und von Kugeleinschlägen, innen geräumt und abrißbereit, da auch an ihrerstatt der viereckige Beton ersetzen soll, was unersetzlich ist: die Zeichen gelebten Lebens. Große Anteilnahme befällt mich vor solchem Gestein, und weil man mit ihm nicht anders umspringt, als mit den Städtebewohnern aus Fleisch und Blut. Was wir uns zu sagen haben, ist nicht viel; wir verstehen einander mit wenigen Worten, die nichts Wichtiges besagen, sondern nur – da wir beide nicht wissen, ob wir einander je wiedersehen, Umbau und Verschleiß der Welt beschleunigen sich stetig – daß wir voneinander Abschied nehmen.

Aus: Günter Kunert: Tagträume in Berlin und andernorts. Kleine Prosa, Erzählungen, Aufsätze. Carl Hanser Verlag München 1972, S. 147.

Rechtschreibung und Zeichensetzung entsprechen den Textquellen.

TIPP **Bearbeitungshinweise**

Voraussetzungen
Die Aufgabe ist im Rahmenthema 4 (Vielfalt lyrischen Sprechens) verankert und erfordert bei der Bearbeitung Kompetenzen aus mehreren Halbjahren. Während die Gedichtinterpretation mit 70 % in die Bewertung eingeht, ist der Vergleich mit 30 % gewichtet.

Erläuterung der Aufgabenstellung
Diese Aufgabe verlangt eine vergleichende Interpretation zweier Texte, die verschiedenen literarischen Gattungen angehören. Biografische Kenntnisse zu Hilde Domin und Günter Kunert werden nicht vorausgesetzt. Als notwendig erweist sich aber die **Berücksichtigung der angegebenen Zusatzinformationen** (Jahreszahlen, Quellen).

TEILAUFGABE 1: Wie in der Aufgabenstellung explizit formuliert, sollen Sie den **Schwerpunkt auf die Interpretation des Domin-Gedichtes** *Vorsichtige Hoffnung* legen. Hier stellen Sie zunächst Ihre Methodenkenntnisse bei der Interpretation lyrischer Texte unter Beweis. Nach einer differenzierten **Analyse von Inhalt, Struktur und sprachlich-künstlerischen Mitteln** haben Sie die Aufgabe, die von Ihnen erarbeiteten **Analyseergebnisse in ihren Wirkungszusammenhängen zu deuten** und zu werten. Der vorgestellte Lösungsvorschlag beinhaltet eine strophenweise Analyse, wahlweise können Sie auch aspektorientiert vorgehen. Vergessen Sie nicht, Ihre Aussagen (bei der Gedichtinterpretation wie auch beim folgenden Textvergleich) stets mit Textbelegen zu stützen und durchgehend funktional und korrekt Bezug auf die Textgrundlagen zu nehmen.

TEILAUFGABE 2 fordert Sie auf, einen **Vergleich zwischen dem Gedicht Domins und Günter Kunerts Kurzprosatext** *Häuser an der Spree* unter Berücksichtigung eines vorgegebenen Vergleichsaspektes durchzuführen. Die **Gestaltung des Motivs der Erneuerung** in beiden Texten bildet den roten Faden für Ihren Textvergleich. Es ist nicht verlangt, vor dem Vergleich eine umfassende Analyse und Interpretation des Kurzprosatextes durchzuführen. Nach einer kurzen **Inhaltszusammenfassung** des Kunert-Textes sollten Sie eine **kriteriengeleitete Gegenüberstellung beider Texte** erarbeiten, indem Sie Gemeinsamkeiten und Unterschiede der Texte beschreiben und nach deren Ursachen fragen. Beachten Sie, dass die Aufgabenstellung neben einem **inhaltlichen Vergleich** auch den Vergleich **ausgewählter sprachlicher und formaler Aspekte** verlangt.
Für eine resümierende Deutung und somit das **Fazit** Ihres Vergleichs sollten Sie die Entstehungszeiten der Texte und die daraus resultierenden unterschiedlichen Intentionen der beiden Autoren berücksichtigen. Durch das Formulieren von Deutungsvarianten können Sie Ihren Aufsatz aufwerten.

Lösungsvorschlag

TEILAUFGABE 1

Einleitung
thematische Hinführung

Die Menschen in Deutschland standen **nach dem Ende des Zweiten Weltkrieges** oft vor den Trümmern ihres bisherigen Lebens. Nahe Familienangehörige waren ums Leben gekommen, das eigene Zuhause war zerstört und nicht wenige Menschen verloren infolge des Krieges sogar ihre Heimat. Trotzdem gaben die meisten Menschen die Hoffnung nicht auf und wagten einen **Neuanfang**. Hilde Domins Gedicht *Vorsichtige Hoffnung* aus dem Jahr 1959 bewegt sich zwischen trauriger Bestandsaufnahme und erwartungsfroher Beschreibung des Wiederaufbaus.

Interpretation des Domin-Gedichts

Assoziationen zum Titel und Thema des Gedichts

Der Titel des Gedichtes lässt für den Rezipienten zunächst offen, worin genau die von der Autorin in Aussicht gestellte Hoffnung besteht, und weckt Vermutungen darüber, warum diese nur als vorsichtig beschrieben werden kann. Nach der Rezeption des Gedichtes wird dem Leser sehr schnell deutlich, dass Domin in ihrem Text die **Sorge um die Zukunft der Menschen** ausdrückt, indem sie deren Fehlverhalten und die Unfähigkeit, aus Fehlern zu lernen, demonstriert, was ihrer Meinung nach immer wieder zu neuen Kriegen führe. Jene im Titel erwähnte „[v]orsichtige Hoffnung" setzt sie in die **Kinder der Gesellschaft**, die die Chance haben, die Fehler der früheren Generationen nicht zu wiederholen.

kommunikative Situation

Das lyrische Subjekt des Textes hält in dem Gedicht **Zwiesprache mit den neuen Bewohnern der durch den Krieg zerstörten Häuser** – einer Taubenschar. Das Entstehungsjahr des Werkes 1959 legt die Vermutung nahe, dass Domin beim Schreiben ihres Textes die Zerstörungen durch die Bombenangriffe und die Kampfhandlungen des Zweiten Weltkrieges vor Augen gehabt hat. Das lyrische Subjekt des Gedichtes steht vor den zerstörten, menschenleeren Ruinen, die nun von Tauben bevölkert sind. Die Tiere haben von den für Menschen unbewohnbaren Gebäuden Besitz ergriffen und für sich neuen Lebensraum geschaffen. Da Menschen als Kommunikationspartner offensichtlich nicht zur Verfügung stehen, spricht das lyrische Subjekt die Tauben mehrfach konkret an (z. B. V. 1 ff., 5, 13, 24). Es äußert seine Gedanken beim Anblick der zerstörten Häuser und der inzwischen regen Bautätigkeit, mit der die **Kriegsschäden unsichtbar gemacht** werden sollen. Das lyrische Subjekt wagt unter Verwendung der beiden einzigen Futurformen des sonst durchgängig im Präsens verfassten Textes (V. 25 und V. 27) einen vorsichtigen Blick in die Zukunft und artikuliert seinen **Wunsch nach einem friedlichen Miteinander der Menschen**.

Tauben als Ruinenbewohner

Verdrängung des Krieges

angesichts neuer Bauten: Wunsch nach Frieden

Eine Antwort von den neuen Bewohnern der Häuser kann das lyrische Subjekt trotz seines Kommunikationsbedürfnisses leider nicht erwarten, was die vom Gedicht ausgehende **nachdenkliche und leicht resignative Stimmung** unterstützt.

Gliederung und formale Auffälligkeiten

Das Gedicht ist dadurch gekennzeichnet, dass es **weder eine feste Struktur noch andere formale Regelmäßigkeiten** aufweist. Die Länge der **fünf Strophen** variiert zwischen einem und 18 Versen, wobei die Strophenlänge bis zur Strophe drei zunehmend, danach abnehmend ist. Während sich die inhaltlich zusammengehörenden Strophen 1 und 2 mit den unmittelbaren Kriegsfolgen auseinandersetzen und eine Art Ist-Zustand beschreiben, gewährt die 3. Strophe einen zunächst optimistischen Blick in die Zukunft, der jedoch in den Strophen 4 und 5 wieder relativiert wird. Es fällt auf, dass die Verse eine unterschiedliche Länge haben und oft durch Enjambements verbunden sind. Die dadurch willkürlich erscheinenden Zeilenumbrüche schaffen eine **unharmonische und unruhige Textstruktur**, die den sorgenvollen und teils assoziativen Gedanken des lyrischen Subjekts auch optisch Ausdruck verleiht und dem Leser ein hohes Maß an Emotionalität suggeriert. Unregelmäßig wechselnde zwei- und dreisilbige Versmaße, ohne erkennbares System alternierende männliche und weibliche Kadenzen und die freien reimlosen Rhythmen, in denen das Gedicht verfasst ist, unterstützen diesen Eindruck.

Sorgen des lyrischen Subjekts

Strophe 1:

direkte Ansprache an Tauben

Die ersten beiden Verse des Gedichtes rufen durch die **Erwähnung weißer Tauben und eines blauen Himmels** beim Leser zunächst eine positive Assoziation hervor, die jedoch im 3. Vers durch die verbrannten Häuser, die das vom lyrischen Subjekt wahrgenommene Bild ergänzen, vehement zerstört wird. Tauben und Blau sind wie durch einen Bilderrahmen der zerstörten Fenster wahrzunehmen, die metaphorisch bedrohlich als „Fensterhöhlen" (V. 3) beschrieben werden. Erst die sich anschließende Frage: „[W]erden die Kriege für euch geführt?" (V. 4) verweist auf die Zwiesprache des lyrischen Subjekts mit den im Vers 1 erwähnten Tauben. Somit handelt es sich in den ersten drei Versen des Gedichtes um eine **Anrede**. Die den Tauben gestellte Frage zeigt, dass das lyrische Subjekt über die **Sinnhaftigkeit der von Menschen immer wieder geführten Kriege** nachdenkt und offensichtlich zu keinem Ergebnis kommt, außer dass durch die zerbombten Häuser paradoxerweise neuer Wohnraum für andere Lebewesen – die Tauben – geschaffen wird. Die Autorin hat mit der Beschreibung von weißen Tauben vor einem blauen Himmel bewusst den **Kontrast zwischen dem Symbol der weißen Friedenstaube und den Kriegsruinen** dargestellt. Unterstützt wird dieser Gedanke durch die Tatsache, dass die normalerweise die Städte bevölkernden Tauben nicht weiß, sondern meist grau sind.

Kritik an zerstörerischen Kriegen

weiße Tauben als Symbol für Frieden

Die in der 1. Strophe vom lyrischen Subjekt als Kommunikationspartner gewählten „[w]eiße[n] Tauben“ (V. 1) werden in der nächsten Strophe anaphorisch mit dem Neologismus „Weiße Taubenschnur“ (V. 5) angesprochen. Beim Leser entsteht so das **Bild einer in einer Reihe fliegenden Schar Tauben**, die laut lyrischem Sprecher nicht nur in Deutschland Kriegsruinen bewohnen, sondern wie ein alles verbindendes Band „über die Breitengrade hinweg“ (V. 7) fliegen und die **Friedensbotschaft in alle Länder** tragen könnten. Überall auf der Welt werden Kriege geführt, die Leid und Elend verursachen und als Mahnmal Ruinen mit „leeren Fenster[n]“ (V. 6) zurücklassen. Die Anwesenheit der Tauben suggeriert jedoch auch eine leise Hoffnung auf eine friedliche Zukunft. In den folgenden vier Versen (V. 8–11) merkt das lyrische Subjekt vorwurfsvoll an, dass die Tauben „achtlos“ (V. 9) den „mit Tränen gewaschenen Stein“ (V. 10) bevölkern und **keine Empathie für das Unglück der Menschen** aufbringen, das mit den Zerstörungen einhergeht und mit vielen Tränen beweint wird. Für die Tauben sind die Ruinen, in denen die Menschen dem Tod begegnet sind, ein **Ort, um Nester zu bauen und ihre Jungen aufzuziehen**. Dabei ruft das „kleine Nest“ (V. 11) beim Leser einerseits ein Gefühl der Geborgenheit hervor, andererseits aber auch den **Eindruck der Schutzlosigkeit der Tauben und der Fragilität allen Lebens**. Krieg und Frieden, Zerstörung und Wiederaufbau wechseln sich ab. Tod und Leben existieren gleichberechtigt und bestimmen das Dasein des Menschen. Diese Antithetik wird verstärkt durch den paradoxen Vergleich mit auf Gräbern wachsenden Rosensträuchern (vgl. V. 8). Die **Schönheit der Rose**, die symbolhaft für das **Leben** steht, und der **Tod**, metonymisch beschrieben durch die **Gräber**, begegnen sich, wodurch das lyrische Subjekt emotional berührt scheint.

Strophe 2:

Friedensbotschaft für die ganze Welt

Bedeutung der Ruinen für Tauben

von Kontrasten geprägter Lauf der Welt

Nach den beiden ersten eher resignativ und nachdenklich wirkenden Strophen vermittelt die nächste Strophe – mit 18 Versen ist es die umfangreichste – zunächst eine sehr optimistische Wirkung. Denn das lyrische Subjekt, das sich nun erstmals als einer Gruppe von Menschen zugehörig kennzeichnet, beschreibt eine **rege Bautätigkeit**, durch die neue Häuser entstehen und die traurigen Ruinen bald aus dem Stadtbild verschwunden sein werden. Gleich drei Verse dieser Strophe beginnen anaphorisch mit dem Pronomen „**Wir**“ (V. 12, 17, 21). Sie demonstrieren den Tauben, die einen eigenen Vers zugesprochen bekommen (vgl. V. 13), wie tatkräftig die Menschen mit der **Beseitigung der Kriegsfolgen** beschäftigt sind. Zur Beschreibung der für den Wiederaufbau benötigten Krane nutzt das lyrische Subjekt mehrere **Metaphern aus dem Bereich der Ornithologie**. Mit den Formulierungen „Schnäbel der Krane“ (V. 14), „eiserne Störche“ (V. 16) versucht das

Strophe 3:

Bau- und Erneuerungsmaßnahmen der Menschen

metaphorische Ausdrucksweise

lyrische Subjekt eine gedankliche Verbindung zu den Tauben herzustellen – auch durch den Hinweis, dass die Krane keine Wohnungen, sondern „Nester für Menschen“ (V. 16) errichten.

Taubenfeindlichkeit der neuen Gebäude

Andererseits wird sofort deutlich, dass dieser Gedanke scheitern muss. Die Störche bestehen aus Eisen (vgl. V. 16) und die Baumaterialien Zement und Glas (vgl. V. 18) sollen von vornherein verhindern, dass der „rosa Fuß“ (V. 19) der Tauben an den neu errichteten Bauwerken Halt findet. Tauben sind unerwünscht und werden vom Menschen in den Städten oft **als zu bekämpfende Plage betrachtet**. Hier stellt sich die Frage, ob das Fernhalten der Tauben die **Ignoranz der Menschen gegenüber der Natur** thematisieren soll oder ob die Menschen das Symbol der Friedenstaube vergessen, da sie sich in falscher Sicherheit wähnen.

neue Häuser als zukünftige Ruinen

Im zweiten Teil der 3. Strophe prognostiziert das lyrische Subjekt den Tauben jedoch, dass die jetzt **neu gebauten Häuser perspektivisch auch wieder zu Ruinen zerfallen** und den Tauben trotz der „glatten Wänd[e]“ (V. 26) neuen Wohnraum bieten werden. Den Grund dafür sieht das lyrische Subjekt in der Tatsache, dass die Menschen mit der Beseitigung der Ruinen und der optisch wahrnehmbaren Kriegsfolgen auch den Krieg selbst ausblenden, der hier unter Verwendung eines Superlativs als „äußerste Stunde“ (V. 22) metaphorisch umschrieben wird. Die Metapher des „toten Auge[s] der Uhr“ (V. 23) könnte auf den Moment der Bombardierung verweisen, in dem das **Ziffernblatt zerstört** worden und die **Uhr stehen geblieben** ist. Die Personifizierung der Uhr und ihr Tod deuten darauf hin, dass die Menschen die Erinnerung an diesen Moment „zu Grabe tragen“. Mit der Beseitigung der Ruinen „vergessen [sie auch] die äußerste Stunde/im toten Auge der Uhr“ (V. 22 f.). Am Ende der 3. Strophe greift das lyrische Subjekt das Bild von den durch zerstörte Fenster ins Blaue fliegenden Tauben aus der 1. Strophe erneut auf. Allerdings verweist die anaphorische Verwendung der Futurformen „ihr werdet […] nisten“ (V. 25 f.) und „ihr werdet […] fliegen“ (V. 27 f.) eindeutig auf die Zukunft. Alle neu errichteten Häuser werden **wieder Wohnraum für die Tauben** bieten, da die Menschen immer wieder Kriege führen und somit das zuvor Aufgebaute erneut zerstören werden.

Vergessen der Kriegserlebnisse

auffällige Futurformen

Strophen 4 und 5:

In der vorletzten Strophe äußert das lyrische Subjekt dennoch eine „[v]orsichtige Hoffnung“. Erst in den nun folgenden Versen erschließt sich dem Rezipienten des Textes die **Bedeutung des Gedichttitels**. Beschrieben wird die Chance, dass die Kinder und somit die zukünftigen Generationen diesen ewigen und weltweiten **Kreislauf der immer wieder aufflammenden Kriege mit all ihrem Leid und Unglück durchbrechen** könnten. Mit der zaghaften Vision „Und vielleicht sind dann ein paar Kinder da“ (V. 30) und der im

Hoffnung auf Kinder und zukünftige Generationen

nächsten Vers formulierten Wertung „und das wäre sehr viel" äußert das lyrische Subjekt den Wunsch, die Menschheit möge sich nicht selbst vernichten und Kinder sollen am Leben bleiben, damit sie die Welt zum Positiven verändern und friedlicher gestalten können. Dies ist als **Parenthese** formuliert, wodurch der Vers optisch hervorgehoben wird. Die Wiederholung dieser Worte am Ende des Gedichtes unterstreicht deren besondere Bedeutung (vgl. V. 38).

verschiedene Deutungen der letzten beiden Strophen

Das lyrische Subjekt entwirft in der vorletzten und letzten Strophe eine **ambivalente Zukunftsvision**, indem es Inhalte aus verschiedenen Strophen zusammenführt. Die in Strophe drei erwähnten „mit den hohen Kranen" (V. 35) „Tag und […] Nacht" (V. 36) eifrig errichteten Neubauten sind inzwischen **wieder zu Ruinen geworden**, in denen die Tauben ihre Nester bauen können. Aber während die Tauben hoch oben ihre Jungen aufziehen, spielen unter ihnen ein paar Kinder Verstecken. Eine weitere Deutungsvariante könnte beinhalten, dass die durch die Fenster fliegenden Tauben (vgl. V. 27 f.) tatsächlich den Frieden bringen werden und das in Strophe 4 erwähnte Spiel der Kinder in den Ruinen der jetzt neu erbauten Häuser (vgl. V. 34) stattfinden wird, die nicht durch den Krieg, sondern einfach **durch natürlichen Verfall in einer andauernden Zeit des Friedens entstanden** sind. Welche Sichtweise das lyrische Subjekt hier genau verfolgt, lässt sich nicht eindeutig bestimmen.

Offenheit des Gedichts

Fazit zum Domin-Gedicht

Die Lyrikerin Hilde Domin reflektiert in ihrem über zehn Jahre nach Kriegsende entstandenen Gedicht *Vorsichtige Hoffnung* ihre **Befürchtungen über die latente Gefahr, dass wieder neue Kriege ausbrechen**, da die Menschen ihrer Ansicht nach nicht in der Lage sind, Kriege zu vermeiden und in Frieden miteinander zu leben. Die Autorin versucht mit ihrer behutsamen Lyrik, die Menschen für Dinge zu sensibilisieren, die in ihren Augen einer Veränderung bedürfen. Obwohl die Menschen noch mit den Folgen des Zweiten Weltkrieges zu kämpfen haben, sind die Großmächte schon zur **Phase des Kalten Krieges** übergegangen, die auf eine Politik der Konfrontation ausgelegt ist und eine neue Kriegsgefahr heraufbeschwört. Die im Jahr 1945 auf Nagasaki und Hiroshima abgeworfenen Atombomben haben Leid nie gekannten Ausmaßes hervorgerufen und lassen Domins Sorge darüber, ob zukünftig überhaupt noch Kinder da sein werden, aus damaliger Sicht als berechtigt erscheinen.

Verweis auf Entstehungszeit des Gedichts

TEILAUFGABE 2

Vergleich mit Kunerts Kurzprosatext

In dem von Günter Kunert im Jahr 1972 verfassten Kurzprosatext *Häuser an der Spree* setzt sich ein Ich-Erzähler mit den **baulichen Veränderungen in der Stadt Berlin** auseinander und bewertet vor diesem Hintergrund das Verhalten der Gesellschaft. Es ist zu vermuten, dass Kunert mit seinem sehr kritischen Text auf **bedenkliche Tendenzen der Stadtentwicklung** und auf negative Konsequenzen der Auslöschung geschichtsträchtiger „sprechender Steine“ in Berlin aufmerksam machen möchte. Die Titel des Textes *Häuser an der Spree* und des Sammelbandes *Tagträume in Berlin und andernorts* legen die Vermutung nahe, dass Kunert eine enge persönliche Bindung zu dieser Stadt hatte und sich oft dort aufhielt. Der Autor zeichnet in seinem Text in einer resignativen, teilweise melancholischen Art und Weise am Beispiel der Großstadt Berlin das Bild einer sich zum Negativen verändernden, oberflächlichen **Gesellschaft mit mangelndem Geschichtsbewusstsein**.

Thematik des Kunert-Textes: fehlendes Bewusstsein für geschichtsträchtige Gebäude

So wie das lyrische Subjekt aus dem Gedicht *Vorsichtige Hoffnung* findet auch der Ich-Erzähler des Kurzprosatextes seine Kommunikationspartner nicht unter den Menschen, sondern wendet sich mit seinen Gedanken direkt an die **dem Untergang geweihten alten Häuser Berlins, deren baldigen Abriss er bedauert**. Der Ich-Erzähler beschreibt, dass die Häuser, vor denen er steht und die ihm sehr vertraut sind, ihre Lebensgeschichte mit ihm teilen. Aufmerksam nimmt er viele **vertraute Details ihres Äußeren** wahr, die „Altersflecken fehlenden Putzes, streifig von herabrinnendem Wasser“ (Z. 5 f.). Aber es ist nur das „Gemäuer alter Berliner Häuser“ (Z. 5), das aufgrund der „Zeichen gelebten Lebens“ (Z. 8) etwas zu erzählen hat und von dem sich der Ich-Erzähler emotional ergriffen und traurig verabschiedet, da seine geliebten alten Häuser „grauen Großblöcke[n]“ und „frischen jungen Ziegel[n]“ (Z. 2) weichen müssen.

Gemeinsamkeiten und Unterschiede bzgl. des Motivs der Erneuerung:

Bedauern über Abriss der „sprechenden“ Häuser

Die in beiden Texten beschriebene Bautätigkeit wird in sehr unterschiedlicher Weise gewertet. Domin stellt in ihrem Gedicht den Wiederaufbau der vom Krieg zerstörten Häuser als positiven Neuanfang dar, der auch als alternativlos angesehen werden muss, da die **Beseitigung der Kriegsschäden zwingend erforderlich** ist. Kunert hingegen macht deutlich, dass der Stadt Berlin durch die Zerstörung alter und historischer Häuser ein **irreparabler Schaden** zugefügt wird. Nur wenige Menschen engagieren sich zu diesem Zeitpunkt dafür, auf Fehler in der Stadtentwicklung aufmerksam zu machen, da der Wille zur Erneuerung und das Streben nach Fortschritt dominieren.

unterschiedliche Bewertung der Bautätigkeiten bei Domin und Kunert

Während das lyrische Subjekt bei Domin besorgt darüber scheint, dass mit den aus dem Stadtbild verschwindenden Ruinen auch die **Erinnerung an den Krieg und dessen Ursachen ausgelöscht** wird, stellt dies im Kurzprosatext nur eine Facette der Erinnerung dar. Auch hier mahnen die an alten Gebäuden sichtbaren „Granatsplitte[r]“ (Z. 6) und „Kugeleinschläg[e]“ (Z. 7) die Menschen, den Frieden zu

Ruinen als Erinnerung an Krieg bei Domin

schützen. Jedoch ist das Bewahrenswerte und aus Sicht des Ich-Erzählers zu wenig Wertgeschätzte hier weiter gefasst. Während die Ruinen in Domins Text nur noch über den Moment ihrer Zerstörung „sprechen“ können, haben „die von Erfahrung brüchigen, die vom Dasein lädierten, die von neuem und anderem Leben bereits befallenen, bemoosten, überwucherten“ (Z. 3 f.) Häuser des Kurzprosatextes viel mehr zu erzählen: eine **eigene, durch Generationen von Hausbewohnern geprägte Lebensgeschichte**, die den Ruinen bereits genommen wurde.

vielfältige Lebensgeschichte der Häuser bei Kunert

Die im Kunert-Text **durchgängige Personifizierung der alten Berliner Gebäude**, erzeugt durch die fiktive Kommunikation mit dem Ich-Erzähler, verstärkt beim Leser den Eindruck, dass der Ich-Erzähler eine enge Bindung zu den dem Abriss geweihten Häusern hat. Unterstützt wird diese Sichtweise durch den traurigen, wortarmen Abschied („[w]as wir uns zu sagen haben, ist nicht viel“, Z. 10 f.), den der Ich-Erzähler von seinen ihm vertrauten „sprechenden Steinen“ nimmt. Während der Ich-Erzähler die **mangelnde Kommunikationsfähigkeit vieler Menschen** direkt anspricht und bedauert (Z. 1 f.), sieht sich das lyrische Subjekt bei Domin durch die mehrfache Verwendung des Pronomens „wir“ als einer Gruppe zugehörig, was eine Kommunikation zumindest theoretisch ermöglicht.

Kommunikation des Erzählers mit den alten Häusern

fehlende menschliche Kommunikation

Auffallend ähnlich werden in beiden Texten die neu gebauten Häuser gezeichnet. Die im Kurzprosatext beschriebenen „grauen Großblöcke“ und „frischen jungen Ziegel“ (Z. 2) haben keine Geschichte zu erzählen. Sie haben „ihr Leben“ noch vor sich. Aber jeder kennt das Bild trister Plattenbausiedlungen, die in allen Städten gleich aussehen. Zum Preis der Schaffung günstigen Wohnraums werden **gestaltlose, monotone Wohnblöcke** gebaut, deren Äußeres das Erzählen individueller Lebensgeschichten erschwert. Die Häuser in Domins Gedicht haben „Wänd[e] aus Zement und Glas“ (V. 18), und diese „glatten Wänd[e]“ (V. 26) sollen verhindern, dass Tauben die Neubauten als ihr Zuhause wählen. Das gezeichnete Erscheinungsbild der neu errichteten Gebäude suggeriert, dass die **Erinnerungen an den Krieg und das Streben nach Frieden verdrängt** werden und für die Menschen in ihrem Wunsch nach neuem Wohnraum sekundär sind. Die Beschreibung der Neubauten vermittelt somit in beiden Texten den Eindruck, dass die Menschen **auf blinde Weise fortschrittsgläubig** sind.

Darstellung der eintönigen und gesichtslosen Neubauten

Geschichtsvergessenheit und Fortschrittsgläubigkeit der Menschen

Beide Texte wirken unabhängig von der jeweiligen literarischen Gattung berührend und fürsorglich. Ich-Erzähler und lyrisches Subjekt äußern unter Nutzung einer bildhaften und eindringlichen Sprache ihre **Sorgen und Ängste im Kontext des Erneuerungswillens der Menschen**. Während in Kunerts Text die konkreten Ängste um die

Bedenken gegenüber dem Erneuerungswillen

Stadt Berlin gespiegelt werden, ist Domins Gedicht allgemeiner gefasst und bezieht sich auf keinen konkreten Ort in Deutschland oder sogar „über die Breitengrade hinweg“ (V. 7) irgendwo auf der Welt. Der Rezipient kann dadurch die im Gedicht beschriebene lyrische Situation auf für ihn persönlich relevante Orte übertragen. Obwohl die beiden zu vergleichenden Texte verschiedenen Gattungen angehören, spielt die gezielte Verwendung spezifischer Gattungsmerkmale bei der Auseinandersetzung mit dem Motiv der Erneuerung ganz offensichtlich nur eine untergeordnete Rolle.

Berlin bei Kunert vs. anonymer Ort bei Domin

Schluss

Der im Kurzprosatext ausschließlich negativ beschriebene Wille der Menschen zur Erneuerung („Umbau und Verschleiß der Welt beschleunigen sich stetig“, Z. 12 f.) suggeriert eine latente Oberflächlichkeit und **Ignoranz der Menschen gegenüber bestehenden Werten und Traditionen**. Dem Fortschritt und der Moderne wird alles geopfert. Im Gegensatz dazu zeigt sich in Domins Gedicht die Hoffnung, dass mit dem Fortschritt auch ein gesellschaftlicher Wandel einhergeht und die Menschen aus ihren Fehlern lernen. Während Kunerts Text durch die Zerstörung der geschichtsträchtigen Häuser resignativ wirkt, setzt das lyrische Subjekt am Ende von Domins Gedicht seine **Hoffnung in die Kinder der Gesellschaft**.

Es wird deutlich, dass beide Autoren das Motiv der Erneuerung in ihren Texten mit sehr unterschiedlichen Intentionen verwendet haben. Das Gedicht von Domin wirkt insgesamt sehr zukunftsorientiert und spricht eine „[v]orsichtige Hoffnung“ auf eine positive Entwicklung der Gesellschaft aus. Kunerts Text bringt diesen Optimismus nicht auf und zeichnet eine eher düstere Prognose für die Gesellschaft. Veränderungen bestimmen das Leben der Menschen. Es gilt jedoch, eine **gute Balance zwischen Fortschrittsgläubigkeit und anachronistischen Tendenzen** zu finden. Die Basis dafür ist eine Verbesserung der in beiden Texten als problematisch thematisierten Kommunikationsfähigkeit der Menschen.

vorsichtiger Optimismus bei Domin vs. Resignation bei Kunert

ANALYSE PRAGMATISCHER TEXTE

Aufgabenstellung

1 Analysieren Sie den Text *In der Grotte der Erinnerung* von Miriam Meckel. Berücksichtigen Sie dabei den Gedankengang, die sprachlich-stilistische Gestaltung sowie die Intention des Textes.

2 Setzen Sie sich textbezogen mit der 2009 von Miriam Meckel aufgestellten These auseinander, dass wir Qualitätsjournalismus „als Schmiermittel für den sozialen Zusammenhalt einer Gesellschaft" (Z. 84 f.) brauchen.

Material **Miriam Meckel (geb. 1967): In der Grotte der Erinnerung (2009)**

Stellen Sie sich vor, Sie säßen an einem sonnigen Sonntagmorgen in einem Sessel, Tee oder Kaffee auf dem Tischchen neben sich, und läsen eine Zeitung. Das ist es, was ich als Außenbeobachter sehen könnte, wenn ich Sie bei dieser Tätigkeit betrachtete: einen glücklichen Menschen, eins in Geist und Körper, in entspannter Haltung der Lektüre und dem Nachdenken darüber gewidmet. Und stellen Sie sich dann vor, dass dieses Bild täuscht. Dass es nur entstanden ist durch eine komplexe computerbasierte Reizgeneration und -verarbeitung meines Gehirns.

Das Leseerlebnis und seine Beobachtung ist nicht mehr als das Ergebnis zweier Gehirne, gelagert in einer Nährstofflösung und verbunden durch Drähte, die Neuronen mit einem Computer verschalten. Der simuliert durch seine Impulsgenerierung eine virtuelle Erlebnis- und Erfahrungswelt, die dem Gehirn vorgaukelt, es befinde sich noch immer im Kopf eines Menschen und dieser Mensch sei einer von vielen auf der Welt, die auch alle ein eigenes Gehirn hätten. Nichts davon träfe zu. Es gäbe keine Welt. Es gäbe nur eine softwarebasierte komplexe Generierung von elektrischen Impulsen. Eine virtuelle Welt eben.

In diesem Gedankenexperiment vom „Gehirn im Tank", das seit Jahrzehnten immer wieder Kunst, Literatur und Wissenschaft beschäftigt mit der Frage, wie Bewusstsein, Wissen und Welterfahrung eigentlich zusammenhängen, steckt ein überaus aktueller Bezug: Wie nehmen wir Informationen auf, woher kommen sie, und welches Weltbild entsteht dabei? Bei dieser Frage deutet sich ein Paradigmenwechsel an.

Bislang ist es der Journalismus, der die Menschen mit Neuigkeiten aus der Welt versorgt, sie durch gut recherchierte und erzählte Geschichten interessiert und fasziniert. Das bringt zum Beispiel nicht nur dem Leser einer Tageszeitung oft ein Lesevergnügen, es sorgt auch für die soziale Synchronisation unserer Gesellschaft. Journalisten beobachten die Welt mit der Aufgabe und Zielsetzung, das Ergebnis ihrer Beobachtung professionell aufzubereiten und es als Nachricht, Bericht oder Reportage wieder in die Gesellschaft einzuspeisen. Diese Informationen machen es möglich, uns in einer komplexen Lebenswelt zu orientieren, uns der eigenen Zugehörigkeit zu dieser Welt zu vergewissern, indem wir uns aus einem Informations- und Themenfundus bedienen, der diese Komplexität reduziert und Momente der gesellschaftlichen Verständigung generiert.

Die Aufgabe bleibt, aber sie steht inzwischen unter anderen Vorzeichen. Das Internet hat dem professionellen Qualitätsjournalismus einen bunten Strauß an publizistischen Aktivitäten an die Seite gestellt, bei dem Amateure zu Autoren werden, die eine subjektive, volatile und momentorientierte Berichterstattung praktizieren. Das ist zunächst eine Ergänzung, die eine spannende Herausforderung bekannter Öffentlichkeitskonzepte bedeuten und die Herstellung von Inhalten demokratisieren kann. Doch sie hat Konsequenzen: Wie lässt sich ein professionell angelegter Qualitätsjournalismus noch finanzieren, wenn Informationen im Netz zur Commodity werden und kostenlos zu haben sind?

Die Internetunternehmerin Arianna Huffington hat ihre Antwort auf diese Frage vor einigen Tagen bei der Anhörung des amerikanischen Senats zur Zukunft der Zeitung gegeben: Die Zukunft liegt nicht im Qualitätsjournalismus, der durch ein Mediensystem getragen ist. Sie liegt in einer Kombination aus Bürgerjournalismus und stiftungsfinanzierten Investigativfonds. Den Journalisten und Zeitungsmachern ruft Huffington zu: „If you can't find your way to that, then you can't find your way." Denken wir das einmal zu Ende: In der Medienzukunft gibt es keinen traditionellen Journalismus mehr. Stattdessen berichten Bürger für Bürger, indem sie ihre Lebenserfahrung und die Beobachtungen ihrer Lebenswelt im Netz veröffentlichen. Und wenn nicht eine Stiftung sich bereit erklärt, für Recherche zu bezahlen, dann beruht diese Bürgerberichterstattung auf nichts anderem als der permanenten Reproduktion und Neukombination von vorhandenen Informationen, wie sie im Netz längst üblich ist.

Ein Großteil der Inhalte, die in Weblogs und auf Social Networking Sites präsentiert und diskutiert werden, stammen aus der Recherche und Publikation der traditionellen Medien. Ohne deren Angebote wären viele Weblogs inhaltlich eine wüste Ödnis.

Das schmälert nicht ihre Leistung, neue Perspektiven zu eröffnen und bestehende Informationen intelligent neu aufzubereiten. Aber es lässt aufscheinen, wie diese Medienzukunft ohne Journalisten aussehen könnte: Wie in einer Dienstleistungsgesellschaft, in der sich alle nur noch gegenseitig die Haare schneiden, bereiten wir am Computer die Informationen der anderen aus dem Netz neu auf, gefangen in einer Zeit- und Inhaltsschleife der fortwährenden Reproduktion und Rekombination des immer Gleichen.

Wie kommt dann das Neue in die Welt? Gar nicht. Es wird lediglich simuliert als Ergebnis der innovativen Verlinkung von Altbekanntem. So entstehen auch „Nachrichten" wie die über den angeblich bevorstehenden Konkurs der Fluggesellschaft United Airlines, die im vergangenen September die Medien und Börsen aufrüttelte. Die Software, mit der Google die Websites von Zeitungen nach News durchsucht, hatte einen sechs Jahre alten, undatierten Beitrag des „Sun Sentinel“ über den bevorstehenden Konkurs der Fluggesellschaft einfach neu datiert und damit zur „Nachricht“ gemacht. Der Aktienkurs stürzte daraufhin um 75 Prozent ab. Die softwarebasierte komplexe Generierung von „Nachrichten“. Eine virtuelle Informationswelt eben. Wollen wir unsere informationelle Zukunft entwerfen als Netzwerk verschalteter Neuronen und verlinkter Datenströme, getrieben durch ein Programm, das immer Gleiches rekombiniert, um es uns als Wirklichkeit zu präsentieren? Wenn nicht, dann brauchen wir weiterhin den professionell organisierten Ausbruch aus diesem Kreislauf. Wir brauchen Menschen, die von ihrem Schreibtisch aufstehen und sich von ihrem Computer lösen, um zu beobachten, was in der Welt geschieht. Wir brauchen Menschen, die unter Recherche mehr als die Eingabe eines Begriffs in eine Suchmaschine verstehen. Die mit anderen Menschen sprechen, um zu verstehen, was sie bewegt und ihr Leben bestimmt. Wir brauchen Menschen, die diese Geschichten so erzählen können, dass andere sich für sie interessieren.

Für all das brauchen wir den Qualitätsjournalismus, der es sich leistet, Reporter in die Welt zu schicken, die recherchieren, ihre Beobachtungen zurückbringen und uns das Neue erzählen. Wir brauchen ihn als Schmiermittel für den sozialen Zusammenhalt einer Gesellschaft, die in sich verstummt, wenn es keinen Fundus gemeinsamer Themen mehr gibt. Und wir brauchen ihn gegen die soziale Langeweile, die entsteht, wenn die Quelle der unterscheidbaren Themen und Inhalte versiegt.

Sich dabei auf den Goodwill von Stiftungen oder anderen freiwilligen Geldgebern zu verlassen reicht nicht. Es ist an der Zeit, eine ernsthafte Debatte darüber zu führen, dass Qualitätsjournalismus zu den Institutionen einer freien und demokratischen Gesellschaft gehört – so wie freie Wahlen, freie Gerichtsbarkeit und die Trennung der Staatsfunktionen. Wir brauchen ihn – ob gedruckt, gesendet oder im Internet. Deshalb muss er finanzierbar sein, als Hauptangelegenheit, nicht als Nebentätigkeit. Eine Gesellschaft, die ihre soziale Synchronisation durch Journalismus zur Liebhaberei erklärt, darf sich nicht wundern, wenn diese Liebhaberei auch nicht steuerlich abzugsfähig ist. Es reicht daher nicht, fortwährend über neue Geschäftsmodelle im Internet zu philosophieren und Werbeeinbrüche zu beklagen. Der Journalismus muss sein Überleben auch selbst in die Hand nehmen und für sich argumentieren. Er muss seine Kunden überzeugen, dass journalistische Qualität einen sozialen Wert hat, der wiederum eines materiellen Gegenwerts bedarf. Und dafür muss eine Gesellschaft bezahlen.

In Philip Roths Roman *Empörung* stellt der junge Protagonist Marcus Messner sich in der Post-mortem-Erzählung seines Lebens die Frage, wie lange er noch mit seiner erinnerten Vergangenheit leben muss und wie lange er diese noch ertragen kann:

„Körperlos in dieser Grotte der Erinnerung, erzähle ich mir rund um die Uhr in einer uhrenlosen Welt immer wieder meine eigene Geschichte und habe dabei das Gefühl, dies schon seit Millionen Jahren zu tun.“ Die Vorstellung, das solle ewig so weitergehen, löst beim Erzähler ein grenzenloses Unbehagen aus. Beim Leser übrigens auch.

Miriam Meckel: In der Grotte der Erinnerung, Frankfurter Allgemeine Zeitung 109 /2009, 12.05.2009

Rechtschreibung und Zeichensetzung entsprechen der Textquelle.

Miriam Meckel ist Professorin für Corporate Communication und geschäftsführende Direktorin des „mcminstitute" (Institut für Kommunikations- und Medienmanagement) an der Universität St. Gallen.

Anmerkungen

Z. 35 volatile: flüchtige, vorübergehende, unbeständige
Z. 39 Commodity: austauschbare Standardware, die bei vielen Lieferanten in vergleichbarer Qualität zu haben ist
Z. 41 Arianna Huffington: US-amerikanische Sachbuchautorin und Journalistin (geb. 1950); Mitbegründerin und bis 2016 Chefredakteurin der Online-Zeitung „The Huffington Post"
Z. 44 f. stiftungsfinanziert[e] Investigativfonds: durch (private) Stiftungen bereitgestellte Geldbestände, die dafür vorgesehen sind, investigativen, also nachforschenden und enthüllenden Qualitätsjournalismus zu finanzieren
Z. 46 „If you can't find your way to that, then you can't find your way.": sinngemäß: Wer auf diesem Wege keine Lösung findet, wird überhaupt keine Lösung finden.
Z. 68 Sun Sentinel: US-amerikanische Tageszeitung
Z. 88 Goodwill: hier: Wohlwollen
Z. 101 Philip Roth: US-amerikanischer Schriftsteller (1933 – 2018)
Z. 102 Post-mortem-Erzählung: post mortem: (lat.) nach dem Tod

TIPP **Bearbeitungshinweise**

Voraussetzungen

Die Aufgabe bezieht sich in erster Linie auf das Rahmenthema 6 „Sprache und Sprachgebrauch reflektieren" in Verbindung mit dem Wahlpflichtmodul 5 „Journalistische Sprache". **Journalismus** ist in zweifacher Hinsicht Gegenstand der Aufgabe: Einerseits wird das Thema des Qualitätsjournalismus behandelt, andererseits ist der vorliegende essayistische Text selbst ein journalistisches Produkt, das es zu analysieren gilt.
Bei der ersten zu bearbeitenden Teilaufgabe handelt es sich um eine **Analyse**. Die zweite Teilaufgabe verlangt eine **Auseinandersetzung** mit einer von der Autorin vorgebrachten These. Um hier zu tragfähigen Ergebnissen zu gelangen, müssen Sie sich einerseits intensiv mit dem vorliegenden Text, andererseits aber auch mit dem unterrichtlichen Pflichtgegenstand **„Zukunft der Zeitung – Zeitung der Zukunft"** beschäftigt haben und daher verschiedene Positionen kennen (z. B. Pörksen/Hörisch), um sich dann eine fundierte eigene Meinung bilden zu können. Die erste Teilaufgabe deckt die Anforderungsbereiche I – III ab, ist aber vornehmlich in den Anforderungsbereichen II und III angesiedelt. Die zweite Teilaufgabe wird den Anforderungsbereichen II – III zugewiesen; hier dominiert der Anforderungsbereich III. Es ist eine **Gewichtung von 70 : 30** vorgesehen. Dies ist auch bei der Einteilung der Arbeitszeit zu berücksichtigen.

Erläuterung der Aufgabenstellung

TEILAUFGABE 1: Der Operator **„analysieren"** verlangt, dass Sie den Text inhaltlich, sprachlich und strukturell erschließen und die Ergebnisse präzise darstellen. Es ist bei dem vorgelegten Text hilfreich, wenn Sie **Sinnabschnitte** bilden und diese dann für die **strukturelle Anlage** Ihrer Analyse nutzen. Achten Sie darauf, die unterschiedlichen Betrachtungsebenen miteinander zu verknüpfen. So müssen Sie die sprachliche und strukturelle Gestaltung in funktionaler Anbindung an den Inhalt bzw. die Wirkungsabsicht darstellen. Eine gute Bewertung setzt eine differenzierte Analyse des Gedankengangs und der Intention des Textes voraus.

In **TEILAUFGABE 2** werden Sie aufgefordert, sich textbezogen mit der 2009 von Miriam Meckel aufgestellten These, dass wir Qualitätsjournalismus als „Schmiermittel für den sozialen Zusammenhalt einer Gesellschaft" brauchen, auseinanderzusetzen. Hierbei gilt es, eine differenzierte, aspektreiche und begründete Position zu Meckels Aussage zu entwickeln. Der Kernpunkt der Auseinandersetzung ist bereits vorgegeben, sodass Sie sich auch nur auf diesen Aspekt und nicht noch auf die weiteren in dem Essay genannten Punkte konzentrieren müssen. Stellen Sie aber sicher, dass Sie immer wieder auf den Text zurückgreifen, damit tatsächlich eine „textbezogene" Auseinandersetzung erfolgt.
Es dient der Überzeugungskraft Ihres Textes, wenn Sie Argumente, die gegen die von Ihnen vertretene Position sprechen, benennen und entkräften. Eine klare Struktur sowie eine standardsprachlich korrekte, terminologisch präzise und stilistisch gewandte Darstellung sind Voraussetzungen für eine gute Bewertung. Ein abschließendes **Fazit** sollte Ihre Ausführungen abrunden. Der dargestellten Lösung müssen Sie inhaltlich nicht zustimmen; sie dient vielmehr als argumentatives Muster.

Lösungsvorschlag

TEILAUFGABE 1

Einleitung
Autorin, Titel, Textsorte, Erscheinungsjahr und -ort, Thema

In ihrem essayistisch angelegten Text *In der Grotte der Erinnerung*, der im Jahr 2009 sowohl in der Printedition der Frankfurter Allgemeinen Zeitung als auch im Internet unter www.faz.net veröffentlicht wurde, setzt sich Miriam Meckel, Professorin für Corporate Communication, mit den **Aufgaben und Funktionen des Qualitätsjournalismus** auseinander. Da dieser im Zeitalter des Internets aufgrund kostenfreier Angebote bedroht erscheint, betont Meckel nachdrücklich die Unverzichtbarkeit eines seriösen Pressewesens als Institution einer freiheitlich-demokratischen Gesellschaft, innerhalb der dem Journalismus auch ein hoher sozialer Wert zukomme.

Analyse des Artikels
1. Sinnabschnitt: narrativer Einstieg

Die Autorin eröffnet ihren Argumentationsgang mit einem eher **narrativ angelegten „in medias res"-Einstieg** (vgl. Z. 1–15). Dabei fordert sie die Leserschaft imperativisch und unter Verwendung von Alliterationen und Anaphern („Stellen Sie sich vor", Z. 1 und Z. 5) dazu auf, an einem **Gedankenexperiment** teilzunehmen. Dieser Versuch wird im Folgenden sprachlich überwiegend im Konjunktiv II (Irrealis) realisiert (vgl. z. B. Z. 1 f.). Durch die Verwendung des Personalpronomens „ich" („Das ist es, was ich als Außenbeobachter sehen könnte", Z. 2 f.) stellt sie zwischen dem Leser und dem schreibenden Ich Nähe her, die es leichter machen soll, der Entwicklung der Thesen und Ideen zu folgen.

Skizziert wird die fiktive Alltagssituation einer entspannten Zeitungslektüre, die dann allerdings unter Bezugnahme auf das bekannte Gedankenexperiment vom „Gehirn im Tank" als rein virtuell entlarvt wird. Indem in isolierten Gehirnen Reize hervorgerufen werden, kann **Realität simuliert** werden. Meckel bereitet mit dieser Vorstellung einer ausschließlich „virtuelle[n] Welt" (Z. 15) den Boden für das eigentliche Thema des Textes, das sie im Folgenden entfaltet.

Als Überleitung (Z. 16–20) dient die im Kontext gesellschaftlicher und kultureller Veränderungen vermehrt aufgeworfene Frage nach dem Zusammenhang von „Bewusstsein, Wissen und Welterfahrung" (Z. 17 f.) – das Trikolon spiegelt die Verwobenheit der Bereiche wider. Davon ausgehend entwickelt die Autorin ihre **Kernthese**, dass **Journalismus als Bindeglied zwischen Individuum und Welt** fungieren könne und damit eine essenzielle gesellschaftliche Funktion erfülle. Mit einer Aneinanderreihung von Fragen regt sie die Leserinnen und Leser zu eigenen Überlegungen an: „Wie nehmen wir Informationen auf, woher kommen sie, und welches Weltbild entsteht dabei?" (Z. 19 f.)

2. Sinnabschnitt: Überleitung zum Thema „Journalismus"

In der Folge konkretisiert Meckel, worin sie den **Mehrwert des Qualitätsjournalismus** sieht: Journalisten beobachteten die Welt und bereiteten das Ergebnis ihrer Wahrnehmung professionell auf, um es dann „wieder in die Gesellschaft einzuspeisen" (Z. 26 f.). Die geleistete **Komplexitätsreduktion** und die **Bereitstellung von Wissensbeständen**, die die Gesellschaft verbinden, würden dem Einzelnen gesellschaftliche Partizipation ermöglichen (vgl. Z. 21–31). Die **Unverzichtbarkeit** des Journalismus wird durch die Wahl des Stilmittels der Personifikation (vgl. Z. 21 f.) auch in sprachlicher Hinsicht abgebildet.

3. Sinnabschnitt: Leistungen des Qualitätsjournalis mus

Nachdem Meckel die Vorzüge des Qualitätsjournalismus dargestellt hat, skizziert sie in einem nächsten gedanklichen Schritt (vgl. Z. 32–40) eine **aktuelle Problemlage:** Der Fortbestand des professionellen Journalismus sei **finanziell gefährdet** durch die vielen „Amateure" (Z. 34), die im Internet zu „Autoren" (Z. 34) würden. Deren vielfältige **kostenlose publizistische Angebote** werden metaphorisch als „bunte[r] Strauß" (Z. 33) bezeichnet. Zwar würdigt Meckel, dass diese subjektiv gefärbten Momentaufnahmen auch demokratisierendes Potenzial hätten (vgl. Z. 37). Doch sie bringt ihre

4. Sinnabschnitt: Gefährdung durch Digitalisierung

Sorge über die gegenwärtigen Entwicklungen in einer an den Leser gerichteten Frage zum Ausdruck: „Wie lässt sich ein professionell angelegter Qualitätsjournalismus noch finanzieren, wenn Informationen im Netz zur Commodity werden und kostenlos zu haben sind?“ (Z. 38 ff.)

5. Sinnabschnitt: Nein zu stiftungsfinanzierter Presse

Die Lösung, die Internetunternehmerin Arianna Huffigton vorschlägt, eine **Kombination aus Bürgerjournalismus und stiftungsfinanziertem investigativem Journalismus**, lehnt Meckel entschieden ab (vgl. Z. 41–52), weil Qualitätsjournalismus dann allein abhängig wäre von der Bereitschaft einer Stiftung, „für Recherche zu bezahlen“ (Z. 50).

6. Sinnabschnitt: Dystopie einer Gesellschaft ohne seriöse Medien

Für Meckel wäre ein solches Szenario gleichzusetzen mit einer **Zukunft ohne traditionellen, professionellen Journalismus**, die sie anschließend ausmalt (vgl. Z. 53–75). Sie **befürchtet** einen eklatanten **Substanzverlust** und einen Bürgerjournalismus, der nur aus einer **selbstreferenziellen Reproduktion und Rekombination** von Inhalten bestehe (vgl. Z. 51), da ihm seriös recherchierte und professionell aufbereitete Meldungen fehlten. Als Bild wird hier die „wüste Ödnis“ (Z. 55) herangezogen, der Weblogs und Social Networking Sites glichen, wenn sie auf keine neuen externen Informationen zurückgreifen könnten. Auch der sarkastische Vergleich mit einer „Dienstleistungsgesellschaft, in der sich alle nur noch gegenseitig die Haare schneiden“ (Z. 58 f.), hat die Funktion, die These zu veranschaulichen. Anhand eines **konkreten Beispiels** zeigt Meckel auf, warum sie der Ansicht ist, dass es weiterhin Journalisten geben muss, die „beobachten, was in der Welt geschieht“ (Z. 77). Die Falschmeldung vom Konkurs der United Airlines, von Meckel ironisierend als „Nachricht“ (vgl. Z. 71) tituliert, geriet in Umlauf, weil infolge softwarebasierter Generierung von News eine undatierte Nachricht als Neuigkeit kategorisiert wurde (vgl. Z. 67 ff.). Hier greift die Verfasserin implizit auf ihr Gedankenexperiment vom Beginn des Artikels zurück, mit dem sie die **Gefahren absoluter Virtualität** erfassbar machen wollte.

7. Sinnabschnitt: Notwendigkeit eines Qualitätsjournalismus

Vor dem Hintergrund dieses bedrohlichen Szenarios wird dann die These von der **Unverzichtbarkeit eines professionellen Journalismus** unterstrichen (Z. 75 –100). Eine Reihung parallel gebauter, anaphorischer Sätze und Wiederholungsfiguren entfaltet eine persuasive Wirkung: „Wir brauchen Menschen, die unter Recherche mehr als die Eingabe eines Begriffs in eine Suchmaschine verstehen. [...] Wir brauchen Menschen, die [...] Geschichten so erzählen können, dass andere sich für sie interessieren.“ (Z. 77 ff.) Durch die Verwendung des Personalpronomens „wir“ beansprucht Meckel, für die ganze Gesellschaft zu sprechen.

Die Ergebnisse echter Recherchearbeit, die auch infolge persönlicher Kommunikation mit Menschen zustande kommen, werden als Merkmale des Qualitätsjournalismus sowie metaphorisch als „Schmiermittel für den sozialen Zusammenhalt einer Gesellschaft" (Z. 84 f.) bezeichnet, weil sie **gesellschaftlich verbindende Wissensbestände herstellen**. Meckel betont nachdrücklich, dass der Qualitätsjournalismus daher aus ihrer Sicht zu den „Institutionen einer freien und demokratischen Gesellschaft" (Z. 90 f.) gehöre.

Mit dieser Positionierung sind auch **indirekte Appelle** verbunden – sowohl an die „Gesellschaft" (Z. 93 f.), die **sich Journalismus leisten** wollen und ihn finanzieren muss, als auch an den Journalismus selbst: Der müsse die **Kunden von seiner Relevanz**, die eines „materiellen Gegenwerts" (Z. 100) bedürfe, **überzeugen**. Implizit lehnt Meckel hier auch Arianna Huffingtons These ab, formuliert sie doch, man dürfe sich nicht auf den „Goodwill von Stiftungen" (Z. 88) verlassen, sondern benötige einen unabhängig finanzierten Journalismus.

8. Sinnabschnitt: Rückbezug zu Einstieg/Titel

Unter Verweis auf Philip Roths Roman *Empörung* wird zuletzt das Bild vom Gehirn im Tank noch einmal herangezogen (Z. 101–107). Darin vergegenwärtigt sich eine Romanfigur post-mortem das eigene Leben und fühlt sich „[k]örperlos in dieser Grotte der Erinnerung" (Z. 104) gefangen – aus diesem Zitat erklärt sich der Titel von Meckels Essay. In Analogie zu der Figur von Roth wird in literarischer Variation das **Schreckensszenario** einer Gesellschaft gezeichnet, die **durch fehlenden Qualitätsjournalismus auf eine Dauerschleife aus Reproduktion und Rekombination reduziert** sei.

sprachliche Gestaltung und Adressatenkreis des Artikels

Meckel macht in Abgrenzung zu den „Amateuren" ihr **Expertentum** und ihren Anspruch, Qualitätsjournalismus anzubieten, durch Textaufbau und sprachliche Gestaltung deutlich, ohne sich selbst explizit als Vertreterin des professionellen Journalismus zu bezeichnen. Die gedankliche Komplexität, die sich auch im hypotaktischen Satzbau widerspiegelt, bildungssprachliche Wendungen (vgl. z. B. Z. 94), intertextuelle (vgl. Z. 101) und philosophische Bezüge (vgl. Z. 16) sowie fremdsprachliche Zitate und Wendungen (vgl. Z. 39, 46, 88) machen deutlich, dass sich der Text klar an eine **gebildete Leserschaft** richtet, die traditionellen Qualitätsjournalismus kennt. Sie soll motiviert werden, für diese Pressearbeit weiterhin zu zahlen, um abzuwenden, was Meckel fürchtet: eine rein stiftungsbasierte, d. h. private Finanzierung journalistischer Tätigkeit.

Intention des Textes

Die Verfasserin zielt vor allem darauf ab, die **fundamentale gesellschaftliche Bedeutung des Qualitätsjournalismus** hervorzuheben, indem sie eine Kontrastfolie ausmalt: Sie imaginiert eine Öffentlichkeit ohne Qualitätsmedien. Aus dieser nahezu dystopischen Darstellung ergibt sich dann folgerichtig der **Appell** an die Leserinnen und Leser, die Erhaltung des Qualitätsjournalismus als **gesamtgesellschaftliche Aufgabe** zu betrachten und diese auch zu finanzieren.

TEILAUFGABE 2

Überleitung

Wiedergabe der zentralen These

Miriam Meckel entwirft in ihrem essayistischen Text *In der Grotte der Erinnerung* das Bild einer Gesellschaft, die ohne Qualitätsjournalismus einen eklatanten Substanzverlust zu erleiden droht, weil sie in der amateurhaften Rekombination und Reproduktion der immer gleichen Inhalte gefangen ist. Zentral in ihrem Gedankengang ist die These, dass wir Qualitätsjournalismus „als Schmiermittel für den sozialen Zusammenhalt einer Gesellschaft" (Z. 84 f.) benötigen: Erst die gesicherten und professionell vermittelten Wissensbestände würden es erlauben, in einen diskursiven Prozess einzutreten.

Erläuterung der zentralen Begriffe

Zunächst gilt es, die **Kernbegriffe** dieser These zu beleuchten. „**Qualitätsjournalismus**" bezeichnet eine Art der Pressearbeit, die unabhängig – weil nicht „auf den Goodwill von Stiftungen oder anderen freiwilligen Geldgebern" (Z. 88) angewiesen – ist und ein Gegenstück zu dem tendenziell volatilen und subjektiven Bürgerjournalismus z. B. in den sozialen Netzwerken bildet. Als Merkmale eines qualitativ hochwertigen Journalismus sind ferner Sorgfalt und Standards in der Recherche, Transparenz in Bezug auf die Quellen sowie die handwerklich gelungene, adressatengerechte Aufbereitung der ermittelten Informationen zu nennen.

Wenn Meckel von Qualitätsjournalismus „als **Schmiermittel für den sozialen Zusammenhalt einer Gesellschaft**" spricht, meint sie damit, dass die seriöse Presse Themen als relevant identifiziert und der Gesellschaft in Form von journalistischen Produkten zugänglich macht (vgl. Z. 27), was zur Aufrechterhaltung eines öffentlichen Diskurses und damit zum gesellschaftlichen Zusammenhalt beiträgt.

Auseinandersetzung mit These

Kontra-Argumente:

gebildete Zielgruppe des Qualitätsjournalismus

Doch ist der Qualitätsjournalismus tatsächlich in der Lage, diese ihm zugedachte Funktion zu erfüllen? Es ist festzuhalten, dass sich Qualitätsjournalismus in der Regel an eine **gebildete Leserschaft adressiert** und durch die vorrangig gewählte **Bildungssprache** kein Angebot für alle sozialen Schichten macht. Meckels Text selbst ist dafür das beste Beispiel. So sind mit Sicherheit philosophische Bezüge zum Gedankenexperiment „Gehirn im Tank" oder intertextuelle Hinweise auf Roths Roman *Empörung* für Teile der Gesellschaft nicht anschlussfähig, also alles andere als ein „Schmiermittel".

Zudem sind seit Veröffentlichung von Meckels Text zwölf Jahre vergangen, in denen Formen der **digitalen Kommunikation** eine **enorme Reichweite** gewinnen konnten. Heute prägt die Kommunikation in sozialen Netzwerken mit ihren algorithmischen Steuerungsprinzipien noch stärker die Wirklichkeitserfahrung vieler Menschen. Dadurch ist der klassische Journalismus noch mehr ins Hintertreffen geraten, sodass Zweifel angebracht sind, ob Meckels Anspruch erfüllbar ist.

Relevanz der sozialen Netzwerke

Nicht zuletzt hat auch der in den sozialen Medien stattfindende Bürgerjournalismus seine Berechtigung: Wie Bernhard Pörksen feststellt, ermöglicht dieser es **jedem, zum Sender zu werden** und seine Meinung zu veröffentlichen. Man ist nicht mehr nur Konsument, sondern auch Produzent von Informationen. Diese Vielfalt ermöglicht auch eine stärkere **Teilhabe der Vielen am Meinungsbildungsprozess**, was nur im Sinne einer demokratisch verfassten Gesellschaft sein kann. Miriam Meckels Abwertung des Journalismus der „Amateure" muss somit relativiert werden. Auch er kann zum gesellschaftlichen Austausch beitragen.

demokratische Bedeutung des Bürgerjournalismus

Aber ist damit der Qualitätsjournalismus überholt? Trotz der angeführten Bedenken lässt sich ein Ja zur seriösen Presse herleiten, wenn man vom Gegenteil aus denkt und sich eine **Gesellschaft ohne unabhängigen Qualitätsjournalismus** vorstellt: Gemeinsame Themen würden fehlen, es käme zu einer Partikularisierung von Diskursen, gepaart mit der Verbreitung von sogenannten Trivia, also banalen, nur subjektiv bedeutsamen Klatschmeldungen. Wenn nur Einzelmeinungen den Diskurs beherrschen, könnte sich schnell eine Orientierungslosigkeit hinsichtlich der Relevanz von Themen einstellen.

Pro-Argumente:

Aus dieser Orientierungslosigkeit, gegebenenfalls auch aus der den Medien unterstellten mangelnden Glaubwürdigkeit könnte ein „**Verstummen der Gesellschaft**" resultieren und damit die Verweigerung der Teilnahme an Diskursen, die essenzieller Bestandteil einer funktionierenden Demokratie ist. Diese Tendenz sehen wir heute bereits – auf einer anderen Ebene – im Kontext von Wahlen. Wenn Menschen keine klaren Haltungen mehr ausmachen können oder das Gefühl haben, lebensweltlich abgekoppelt zu sein von politischen Themen, erfolgt nicht selten der Rückzug in die Verweigerung, in diesem Fall die Wahlverweigerung.

Gefahr der Diskursverweigerung

Eine weitere Folge des Fehlens gemeinsamer Kommunikationsgrundlagen kann die Verhinderung der „**soziale[n] Synchronisation**" (Z. 24) sein. Wenn nicht alle Mitglieder der Gesellschaft die Möglichkeit haben, auf verifizierte und komplexitätsreduzierte In-

keine gesamtgesellschaftliche Verständigung

formationen zurückzugreifen, entfallen „Momente der gesellschaftlichen Verständigung“ (Z. 30). Angesichts der massenhaften Autorschaft im Netz sind gemeinsame, alle Schichten angehende Themen kaum mehr lokalisierbar.

Kontrollfunktion des Journalismus in Demokratie

Der von Meckel angesprochene „soziale Zusammenhalt“ betrifft allerdings nicht nur die Ebene der zwischenmenschlichen oder diskursiven Beziehungen zwischen Bürgerinnen und Bürgern, sondern gilt auch für das **Verhältnis zwischen politischem System und der Bevölkerung**. Indem Journalisten – gleichsam als **vierte Gewalt** neben Exekutive, Judikative und Legislative – unabhängig informieren, sind sie eine wichtige gesellschaftliche Stütze zur Sicherung von Rechtsstaatlichkeit: Durch ihre **aufklärerische Funktion** vermögen sie staatliches Handeln kritisch zu begleiten und den Bürgerinnen und Bürgern **unparteiisch** Informationen zukommen zu lassen. Die Bevölkerung erhält so die Sicherheit, in einem Staat zu leben, in dem staatliches Handeln an Recht und Gesetz gebunden und kontrollierbar ist. Auch ein **grundsätzliches Vertrauen in das Funktionieren von Demokratie** ist als „soziales Schmiermittel“ unerlässlich.

Fazit

Zustimmung zu Meckels These

Trägt also die Presse zum gesellschaftlichen Zusammenhalt bei? Obwohl eine Diskrepanz zwischen Wunschvorstellung und Realität besteht, ist **Meckels These zuzustimmen**. Selbst wenn – wie soeben kritisch angemerkt – die von Journalisten erstellten Primärprodukte nur von einem Teil der Gesellschaft rezipiert werden, finden die Themen auch ihren Widerhall in den sozialen Netzwerken, wie Meckel selbst anmerkt: „Ein Großteil der Inhalte, die in Weblogs oder Social Networking Sites präsentiert und diskutiert werden, stammen aus der Recherche und Publikation der traditionellen Medien.“ (Z. 53 ff.)

Ausweitung und Ergänzung der These

Abschließend lässt sich Meckels These erweitern. Die seriöse Presse muss sich wandeln: So sieht Jochen Hörisch den Journalisten heute weniger als „Gatekeeper“ denn als „**Barkeeper**“: Er müsse einen Nachrichten-Cocktail mischen, der besser bekömmlich sei als die „Allerweltsmischungen der Computer-Algorithmen“. Darüber hinaus muss jede(r) Einzelne lernen, mit dem weit fortgeschrittenen Bürgerjournalismus umzugehen. Bernhard Pörksens normative Idee einer „**redaktionellen Gesellschaft**“, die er in seinem Artikel *Alle müssen Journalisten sein* ausführt, kann hier eine sinnvolle Ergänzung sein. Mit dem Konzept einer „redaktionellen Gesellschaft“ verbindet er die Vorstellung, dass **Normen und Prinzipien eines mustergültigen Journalismus**, dem an sorgfältiger Recherche, Analyse, dem Bewusstsein für die potenziellen eigenen Irrtümer und der Wahrung von Persönlichkeitsrechten gelegen ist, **Teil der Allgemeinbildung** werden und gegebenenfalls sogar in einem eigenen Schulfach vermittelt werden. Bildung ist hier der Schlüssel zu einem Bürgerjournalismus, der keinesfalls den Qualitätsjournalismus ersetzen, aber eine angemessene Bewertung und Interpretation von Nachrichten ermöglichen und vor der Verbreitung von Falschmeldungen schützen kann.

INTERPRETATION LITERARISCHER TEXTE

Aufgabenstellung

Interpretieren Sie den Auszug aus Peter Handkes Erzählung *Die linkshändige Frau.* Gehen Sie dabei insbesondere auf die Figurendarstellung und die erzählerische Gestaltung des Textes ein.

Material **Peter Handke (geb. 1942): Die linkshändige Frau (Auszug; 1976)**

Die Frau (Marianne) hat sich von ihrem Mann Bruno getrennt. Die Handlung spielt zu Beginn der 1970er-Jahre, als in der Bundesrepublik Deutschland eine breite gesellschaftliche Debatte über die Emanzipation der Frau angestoßen wurde.

[…] Es war ein heller Wintermorgen, wo aus dem aufreißenden Nebel Flocken wie Schnee fielen, nur langsamer, spärlicher. Vor der Schule traf die Frau ihre Freundin, die Lehrerin Franziska, eine kräftige Person mit kurzen blonden Haaren und einer Stimme, die man aus jeder Menschenansammlung heraushörte, auch wenn sie gar nicht laut sprach. Sie redete fast nur in Meinungen, aber nicht aus Überzeugtheit, sondern aus Sorge, daß Gespräche sonst als Tratsch erscheinen würden.

Die Schulglocke läutete gerade. Franziska begrüßte das Kind mit einem Schulterschlag und sagte zu der Frau, als der Junge im Tor verschwunden war: „Ich weiß alles. Bruno hat mich gleich angerufen. Ich habe zu ihm gesagt: Endlich ist deine Marianne aufgewacht. – Meinst du es so? Ist es dir überhaupt ernst?“

Die Frau: „Ich kann jetzt nicht reden, Franziska.“

Die Lehrerin rief, schon im Hineingehen: „Wir treffen uns nach der Schule im Café. Ich bin ganz aufgeregt.“

Die Frau kam mit Paketen aus einem Reinigungsgeschäft; stand an in einem Metzgerladen; räumte auf dem Parkplatz vor dem Supermarkt der kleinen Stadt schwere Plastiktragetaschen hinten in ihren VW. Sie hatte dann noch ein bißchen Zeit und ging durch den weiten, hügeligen Stadtpark an den zugefrorenen Teichen vorbei, wo ein paar Enten schlitterten. Sie wollte sich irgendwo hinsetzen, aber die Sitzflächen aller Bänke waren während des Winters abmontiert. So stand sie da und betrachtete den bewölkten Himmel. Ein paar alte Leute blieben neben ihr stehen, schauten auch.

Sie traf sich mit Franziska im Café; das Kind neben ihr las ein Comic-Heft. Franziska zeigte darauf und sagte: „Diese Ente ist die einzige von den Heftchenfiguren, die ich in meiner Klasse zulasse. Ich fordere sogar auf, seine traurigen Abenteuer zu lesen.

Die Kinder erfahren an diesem immer zu kurz kommenden Tier mehr über die Daseins-Formen, als sie in der gutsituierten Haus- und Grundbesitzerlandschaft hier sonst jemals mitkriegen werden, wo das Leben nur darin besteht, das Fernsehen nachzuspielen.“ Das Kind hinter dem Heft und die Frau tauschten Blicke aus.

Franziska fragte: „Und was wirst du jetzt tun, allein?“

Die Frau: „Im Zimmer sitzen und weder aus noch ein wissen.“

Franziska: „Nein, im Ernst: Gibt es jemand andern?“

Die Frau schüttelte nur den Kopf.

Franziska: „Hast du darüber nachgedacht, wovon ihr beide leben werdet?“

Die Frau: „Nein. Aber ich möchte gern wieder mit dem Übersetzen anfangen. Wie ich damals vom Verlag wegging, sagte der Verleger, nun könnte ich doch endlich, statt immer nur die ausländischen Rechtsverträge zu behandeln, wie ich das als Verlagsangestellte tun mußte, richtige Bücher übersetzen. Und seitdem hat er mir regelmäßig Angebote gemacht.“

Franziska: „Romane. Gedichte! Und so was dann vielleicht auch noch für zwanzig Mark die Seite, Stundenlohn drei Mark.“

Die Frau: „Fünfzehn Mark die Seite, glaube ich.“

Franziska betrachtete sie lange. „Ich möchte, daß du möglichst bald zu unserer Gruppe kommst. Du wirst sehen: Wir sind eine Gemeinschaft, wo jede von uns aufblüht. Und wir tauschen keine Kochrezepte aus! Du weißt gar nicht, wieviel Paradiesisches unter Frauen möglich ist.“

Die Frau: „Ich komme gern einmal.“

Franziska: „Hast du eigentlich jemals allein gelebt?“

Als die Frau wieder den Kopf schüttelte, sagte Franziska: „Ich ja. Und ich verachte das Alleinsein. Ich verachte mich, wenn ich allein bin. Bruno wird übrigens vorerst bei mir wohnen – wenn du ihn nicht, wie ich fast vermute, heute abend wieder zurückhaben willst. Ich kann das alles noch gar nicht glauben. Und trotzdem bin ich begeistert, Marianne, und seltsamerweise stolz auf dich.“

Sie zog die Frau an sich heran und umarmte sie. Dann sagte sie zu dem Kind hinter dem Heft, indem sie ihm auf die Knie klopfte: „Wie kriegt der Geldprotz seinen armen Verwandten denn diesmal dran?“ Das Kind, ins Lesen vertieft, reagierte nicht, und so sagte eine Zeitlang niemand was. Dann antwortete die Frau: „Stefan möchte immer der Reiche sein – weil der, wie er sagt, der Bessere ist.“

Franziska hob ihr leeres Glas zum Mund; machte daran Trinkbewegungen. Sie setzte das Glas ab und schaute zwischen der Frau und dem Kind hin und her, wobei ihr Gesicht allmählich weich wurde. (Manchmal passierte es Franziska, daß sie plötzlich, über gar nichts Bestimmtes, in eine sprachlose Gerührtheit ausbrach, wobei ihr Gesicht in der Entspannung eine Ähnlichkeit mit vielen anderen, und sehr verschiedenen, Gesichtern bekam – als entdecke sie in dieser unbestimmten Rührung sich selber.)

Zu Hause im Flur des Bungalows packte die Frau, vor den offenen Wandschränken, die Koffer für Bruno. Als sie einen der bereitliegenden Koffer aufschlug, lag, zusammengerollt, das Kind darin; es sprang auf, lief hinaus. Aus dem zweiten Koffer stieg ein Freund Stefans, ein ziemlich dicker Junge, der ihm auf die Terrasse nachlief, wo die beiden dann die Gesichter an die Scheiben preßten und die Zungen herausstreckten, was ihnen an den eiskalten Scheiben gleich wehtat. Die Frau, im Flur kniend, faltete sorgfältig die Hemden, schleppte die Koffer in den Wohnraum und stellte sie mittendrin, abholfertig, nieder. Als es läutete, ging sie schnell weg in die Küche. Bruno schloß auf, kam herein, um sich blickend wie ein Eindringling. Er sah die Koffer stehen und rief die Frau; zeigte auf das Gepäck und grinste. „Hast du auch schon mein Foto vom Nachttisch entfernt?“

Sie gaben einander die Hand.

Er fragte sie nach Stefan; sie zeigte auf die große Fensterseite, wo die zwei Kinder stumme Fratzen schnitten.

Bruno sagte nach einer Weile: „Seltsam, was uns heute morgen passiert ist, nicht wahr? Und dabei waren wir doch gar nicht betrunken. Jetzt komme ich mir ein bißchen lächerlich vor; du dir nicht?“

Die Frau: „Ja, doch. Nein, eigentlich nicht.“

Bruno nahm die Koffer: „Gut, daß morgen wieder das Büro anfängt. – Du hast ja noch nie allein gelebt.“

Die Frau: „Du kommst also von Franziska?“

Und dann sagte sie: „Willst du dich nicht setzen?“

Beim Hinausgehen sagte Bruno kopfschüttelnd: „Deine Sorglosigkeit ... Erinnerst du dich überhaupt noch, daß es zwischen uns einmal eine Innigkeit gab, jenseits davon, daß wir Mann und Frau waren, und doch bestimmt davon, daß wir es waren?“ Die Frau schloß hinter ihm die Tür und blieb stehen. Sie hörte das Geräusch des abfahrenden Autos; ging zur Garderobe neben der Tür und steckte den Kopf zwischen die dort hängenden Kleidungsstücke.

In der Dämmerung saß die Frau, ohne Licht zu machen, vor dem Fernseher, der einen Zusatzkanal hatte, zur Beobachtung des Kinderspielplatzes der Siedlung. Sie sah das stumme, schwarzweiße Bild an, in dem gerade ihr Sohn auf einem Baumstamm balancierte, während sein dicker Freund immer wieder herunterfiel; außer den beiden war niemand auf dem öden Platz. Die Augen der Frau schimmerten von Tränen.

Am Abend aßen die Frau und das Kind allein im Wohnraum. Sie war schon fertig und schaute dem Kind zu, das schlürfte und schmatzte. Es war sonst sehr still; nur ab und zu kam das Brummen des Kühlschranks aus der Küche, die mit dem Raum durch eine Durchreiche verbunden war. Zu Füßen der Frau stand ein Telefon.

Sie fragte Stefan, ob sie ihn zu Bett bringen solle. Das Kind antwortete: „Ich gehe doch immer allein ins Bett.“

Die Frau: „Laß mich dich wenigstens begleiten.“

Im Kinderzimmer zog sie dem erstaunten Jungen den Pyjama an, wollte ihn dann emporheben und ins Bett legen. Er wehrte sich; legte sich selber hin, worauf sie ihn bis zum Hals zudeckte. Er hatte ein Buch in der Hand und zeigte auf ein Foto darin, das ein Hochgebirge im klaren Licht darstellte; Dohlen flogen davor. Er las laut die Legende unter dem Bild: „Spätherbst vor der Kulisse der Berge: Auch um diese Zeit noch locken, wenn das Wetter mitmacht, die Gipfel.“ Er fragte sie, was das heiße, und sie übersetzte ihm die Legende: daß man auch noch im Spätherbst bei schönem Wetter auf die Berge steigen könne. Sie beugte sich zu ihm, und er sagte: „Du riechst nach Zwiebeln.“

Allein, hockte die Frau in der Küche vor dem offenen Fach, in dem der Abfalleimer stand, den nicht leergegessenen Teller des Kindes in der Hand, den Fuß schon auf den Tritt des Eimers gestellt, so daß der Deckel aufstand. Sie nahm, so im Hocken, mit der Gabel noch ein paar Bissen in den Mund; blieb kauend hocken, schob den Rest in den Abfall. Sie verharrte eine Zeitlang bewegungslos in dieser Haltung.

In der Nacht, auf dem Rücken im Bett liegend, öffnete die Frau einmal ganz weit die Augen. Völlige Geräuschlosigkeit; sie lief zum Fenster und machte es auf; aber die Stille wich nur einem leisen Geraune. Sie ging ins Zimmer des Kindes, ihre Decke im Arm, und legte sich neben dessen Bett auf den Boden. [...]

Aus: Peter Handke: Die linkshändige Frau. Erzählung. Suhrkamp Frankfurt am Main 2002, S. 20–27.

Rechtschreibung und Zeichensetzung entsprechen der Textquelle.

Anmerkungen

Z. 22 diese Ente: Donald Duck
Z. 39 Stundenlohn drei Mark: eine damals sehr niedrige Entlohnung
Z. 41 f. zu unserer Gruppe: Gemeint ist eine sich regelmäßig treffende Gruppe von Frauen, die im Kontext der Emanzipationsbewegung der 1960er- und 1970er-Jahre nach einem veränderten Selbstverständnis suchen, unkonventionelle Lebenswege erproben und für gesellschaftliche Gleichstellung eintreten.

TIPP **Bearbeitungshinweise**

Voraussetzungen

Die Aufgabenstellung ist nicht in Teilaufgaben untergliedert, sondern besteht nur aus der Interpretation eines unbekannten Prosatextes. Dabei lässt sich Peter Handkes Erzählung von 1976 dem Rahmenthema 5 (Literatur und Sprache von 1945 bis zur Gegenwart) zuordnen. Neben Hintergrundwissen zur Literatur der zweiten Hälfte des 20. Jahrhunderts benötigen Sie Kompetenzen in der Interpretation literarischer Texte, die Sie in mehreren Semestern der Oberstufe erworben und trainiert haben. Der komplexe Operator „**interpretieren**" deckt alle drei Anforderungsbereiche ab.

Erläuterung der Aufgabenstellung

Handkes Erzählung sollte Ihnen keine Verständnisprobleme bereiten und dennoch werden Sie bei der Lektüre feststellen, dass Motivation und Gefühlslage der Figuren meist unklar bleiben, da Sie nur das **äußere Geschehen** präsentiert bekommen. Sie sind also auf **Vermutungen und Hypothesen** angewiesen, um zu erklären, warum die Figuren wie handeln. Lesen Sie daher äußerst genau und notieren Sie im / neben dem Text, was die Handlungen oder körperlichen Reaktionen über die **Charaktere** und Emotionen der Figuren verraten.

Auch ist es hilfreich, mit Markierungen Einschnitte im Text zu verdeutlichen und so **unterschiedliche Handlungsabschnitte** herauszuarbeiten. Geben Sie diesen Abschnitten prägnante Überschriften. Wenn Ihnen **rhetorische Mittel** ins Auge stechen, sollten Sie diese ebenfalls kennzeichnen, am Rand die entsprechende fachsprachliche Bezeichnung (Metapher, Ellipse, Klimax etc.) notieren und möglichst auch schon die konkrete Wirkung im Textzusammenhang bestimmen.

Die Aufgabenstellung fordert Sie explizit dazu auf, die **Figurendarstellung sowie die erzählerische Gestaltung** zu untersuchen. Berücksichtigen Sie alle vorkommenden zentralen Figuren (Marianne, Bruno, Stefan und Franziska) und stellen Sie ihre **Beziehungen untereinander** dar. Lediglich bei Franziska wird auch das äußere Erscheinungsbild angesprochen, die übrigen Figuren lassen sich nur über die Handlungen und Äußerungen charakterisieren. Thematisieren Sie diese spezielle **Art der Figurenzeichnung**. Bestimmen Sie danach das **Erzählverhalten:** Ist es durchgängig dasselbe oder ändert es sich? Welche Wirkung haben solche Wechsel für die Sicht auf die Figuren?

Ihren Aufsatz müssen Sie mit einer **Einleitung** beginnen, die kurz und prägnant die Kerndaten des Textes sowie das zentrale Thema nennt. Es empfiehlt sich, danach eine **strukturierte Inhaltsangabe** anzuschließen, d. h. auch den Aufbau des Auszugs zu verdeutlichen, indem Sie die Gliederung der von Ihnen ermittelten Sinnabschnitte skizzieren und jeweils knapp deren Inhalt zusammenfassen. In der Folge können Sie entweder den Text **chronologisch** abschreiten und Sinnabschnitt für Sinnabschnitt inhaltliche, sprachliche und erzählerische Elemente untersuchen. Oder Sie gehen **aspektorientiert** vor, wie es der vorliegende

Lösungsvorschlag tut: Darin wird zunächst die erzählerische Gestaltung analysiert und gedeutet, bevor dann die einzelnen Figuren in ihrer Beziehung zur Protagonistin Marianne beleuchtet werden. Ihre Ausarbeitung sollten Sie mit einem kurzen **Fazit** abschließen, in dem Sie noch einmal den Bogen zur Einleitung schlagen und das **zentrale Thema** von Handkes Erzählung herausstellen können.

Lösungsvorschlag

Einleitung
Autor, Titel, Gattung, Erscheinungsjahr, Thema

Läutet die Trennung vom Partner ein Leben in Freiheit oder aber in Einsamkeit ein? Um diese Frage kreist der Auszug aus Peter Handkes Erzählung *Die linkshändige Frau*, die 1976 veröffentlicht wurde.

Interpretation
Aufbau und Inhalt des Auszugs

Fünf Handlungsetappen, die die Protagonistin in unterschiedlichen Situationen und Interaktionen zeigen, strukturieren den vorliegenden Text. Unmittelbar vor dem Einsetzen des Auszugs hat Marianne ihren Mann Bruno verlassen. Als sie im **ersten Sinnabschnitt** (Z. 1–13) den gemeinsamen Sohn Stefan morgens zur Schule bringt, will ihre Freundin, die Lehrerin Franziska, aufgeregt Einzelheiten über die Trennung erfahren. Die beiden Frauen verabreden sich für den Mittag zu einem Cafébesuch. Der **zweite Sinnabschnitt** (Z. 14–20) zeigt Marianne bei alltäglichen Einkäufen und Besorgungen sowie bei einem Spaziergang durch den winterlichen Stadtpark. Der **dritte Abschnitt** (Z. 21–62) knüpft an den ersten an: Als Franziska sich mit Marianne und Stefan in einem Café trifft, befragt sie die Freundin zu deren Zukunftsplänen und will sie dazu bewegen, sich ihrer feministischen Gruppe anzuschließen. Nachdem im **vierten Sinnabschnitt** (Z. 63–90) Bruno seine Koffer abgeholt hat, es den beiden Eheleuten aber nicht gelungen ist, ein klärendes Gespräch zu führen, erzählt der **letzte Abschnitt** (Z. 91–120) von Mariannes Gefühl der Einsamkeit und ihren Versuchen, das Bedürfnis nach Nähe bei ihrem Kind zu stillen.

Handlungszeitraum

Handlungszeitraum ist ein **einziger Tag**, dessen Schilderung mit dem Schulgang Stefans einsetzt und mit dem Zubettgehen von Mutter und Kind endet. Es handelt sich um einen entscheidenden Tag im Leben Mariannes.

erzählerische Gestaltung

Auffällig ist, dass Marianne im **Erzählerbericht** nur als „die Frau“ und Stefan als „das Kind“ bezeichnet wird; diese **unpersönliche, typenhafte Darstellung** schafft eine **kühle, distanzierte Sicht** auf die Figuren, sodass der Leser bzw. die Leserin kaum Empathie für sie entwickeln kann. **Handlungsort** ist eine namenlos bleibende

„klein[e] Stadt" (Z. 15), es herrscht Winter – **Anonymität und Kälte** prägen auch das Erzählverhalten. So wird weitgehend **neutral** aus der **Außensicht** erzählt (vgl. Z. 1 ff., 14 ff., 63 ff.), keinerlei Einblicke in die Gefühls- und Gedankenwelt Mariannes geben Aufschluss über ihre Stimmungslage. Auch werden die Figuren – bis auf Franziska – nicht näher beschrieben, ihre Eigenarten müssen daher aus ihrem Verhalten bzw. ihren Aussagen abgeleitet werden. Neben dem Erzählerbericht, der nüchtern wie eine **Filmkamera** die Handlungen protokolliert, sorgen die **dialogischen Passagen** für ein zeitdeckendes, szenisches Erzählen, bei dem oft sogar auf einleitende Inquit-Formeln verzichtet wird. Daher ähnelt die Erzählung einem **Drehbuch**. Es gibt nur zwei Ausnahmen in dieser Erzählweise, die auffälligerweise stets Franziska betreffen. Einmal charakterisiert sie der Erzähler aus **auktorialer Warte** und entlarvt so ihr gesellschaftspolitisches Engagement als Rolle: „Sie redete fast nur in Meinungen, aber nicht aus Überzeugtheit, sondern aus Sorge, daß Gespräche sonst als Tratsch erscheinen würden." (Z. 5 f.) An der zweiten Stelle platziert der Erzähler in Klammern einen Kommentar, der aus der chronologischen Reihenfolge der Handlung herausfällt, da er – wieder von auktorialem Standpunkt aus – eine emotionale Eigenheit Franziskas beschreibt: Ohne speziellen Anlass werde sie von einer „sprachlose[n] Gerührtheit" (Z. 60) übermannt, die ihr Gesicht entspanne. Die plötzliche Sanftheit deutet darauf hin, dass Franziska ansonsten eine gewisse Härte zur Schau trägt. Der Vergleich „als entdecke sie in dieser unbestimmten Rührung sich selber" (Z. 62) wirft die Frage auf, ob sie ansonsten nur eine Rolle spielt und die sanftmütig-weiche Stimmung viel eher ihrem Ich entspricht.

Charakterisierung Franziskas

Doch auch unabhängig von diesem Erzählerkommentar werden die **Ambivalenzen von Franziskas Charakter** offensichtlich. Ihre Darstellung als „kräftige Person mit kurzen blonden Haaren" (Z. 3) und durchdringender Stimme lässt sie **resolut** und durchsetzungsfähig erscheinen. Kumpelhaft begrüßt sie Stefan mit einem „Schulterschlag" (Z. 7) und registriert zustimmend, dass er Comics über Donald Duck liest. Allerdings geht es ihr nicht darum, dass der Junge Spaß hat oder sich gut unterhält. Vielmehr erkennt sie in den Geschichten über Donald, das „immer zu kurz kommend[e] Tier" (Z. 24), eine soziale Botschaft. Sie ergreift die **Partei des Underdogs** und polemisiert gegen die „gutsituiert[e] Haus- und Gutsbesitzerlandschaft" (Z. 25). Politisch positioniert sie sich offensichtlich **links** und antikapitalistisch. Franziska ist Mitglied einer Gruppe von Frauen, einer „Gemeinschaft, wo jede von uns aufblüht" und „[p]aradiesisch[e]" (Z. 43) Erlebnisse möglich seien. Die vegetative Metaphorik veranschaulicht den **Emanzipationsprozess** der Teilnehmerinnen, also die Unabhängigkeit von einem Mann, als Entfaltung und Beglückung. Wie ein **Widerspruch** wirkt dagegen Franziskas **Eingeständnis, das Alleinsein zu verachten** und es selbst allein auch nicht auszuhalten (vgl. Z. 47 f.). Man wird auch nicht recht schlau aus ihrer nebenbei fallengelassenen Bemerkung, dass Mariannes Mann fortan bei ihr wohnen werde. Bruno hatte sie unmittelbar nach der Trennung angerufen (vgl. Z. 8 f.), was auf eine engere Freundschaft schließen lässt. Einerseits beglückwünscht Franziska Marianne dazu, dass die sich „[e]ndlich" (Z. 9) getrennt hat, ist „begeistert" und sogar „stolz" (Z. 50 f.) auf sie, doch andererseits ist sie vielleicht nur deshalb so „aufgeregt" (Z. 13), weil sie nun den **Mann ihrer Freundin übernehmen** kann. So unabhängig und selbstständig, wie sie tut, ist sie somit nicht. Zudem ermuntert sie Marianne nicht mit Zuspruch, sondern **verunsichert** sie mit ihren bohrenden Nachfragen über die weitere Zukunft: „Und was wirst du jetzt tun, allein? […] Hast du darüber nachgedacht, wovon ihr beide leben werdet?" (Z. 28, 32) Mariannes Überlegungen, wieder als Übersetzerin für literarische Werke tätig zu werden, wertet Franziska durch elliptische Ausrufe („Romane. Gedichte!", Z. 38) ab. So gibt sie ihr zu verstehen, dass ein auf sich selbst gestelltes Leben schwierig sein wird, da es in **psychologischer Hinsicht Einsamkeit und in finanzieller Beziehung Einbußen** bringen wird. Mit diesen Andeutungen unterwandert Franziska ihre eigentliche Position, der zufolge unabhängige Frauen aufblühen.

Widersprüche in Franziskas Wesen

Mariannes Sichtweise ist weniger greifbar. Sie scheint selbst noch **überrumpelt** zu sein von der Entwicklung. Trotz des einschneidenden Schritts, trotz ihrer Trennung am Morgen des Tages (vgl. Z. 77), hält sie am **alltäglichen Rhythmus** fest, bringt Stefan zur Schule, erledigt Besorgungen, kocht. Möglicherweise verschafft ihr diese Struktur eine gewisse Orientierung, nachdem sie die bisher gewohnte **Sicherheit einer Partnerschaft aufgegeben** hat. Als metaphorische Spiegelung ihrer Suche nach Halt kann man ihren Wunsch lesen, sich im winterlichen Stadtpark zu setzen, „aber die Sitzflächen aller Bänke waren während des Winters abmontiert" (Z. 18 f.). Die Trennung verlangt von Marianne eine **komplette Neuorientierung**. Ihren Beruf – sie war in einem Verlag für Lizenzgeschäfte tätig – hat sie aufgegeben, vielleicht anlässlich der Geburt ihres Kindes. Noch in den 1970er-Jahren, in denen Handkes Erzählung entstanden ist, konzentrierten sich verheiratete Frauen meist auf die **Erziehung der Kinder und den Haushalt**. Ihre Berufe gaben sie dafür nicht selten auf. Auch Marianne war bislang von Bruno **abhängig**. Offenbar geht es der Familie finanziell gut; immerhin bewohnt sie einen Bungalow. Auch die Überwachungskamera, die das Geschehen am Spielplatz überträgt (vgl. Z. 91 f.), spricht dafür, dass Marianne und Bruno in einer „gutsituierten [Haus]besitzerlandschaft" (Z. 25) leben, die

Charakterisierung Mariannes

Bezug zum zeitgeschichtlichen Hintergrund

Franziska verteufelt. Umso **mutiger** ist Mariannes Entschluss, die Bindung zu lösen, den **Wohlstand aufzugeben** und sich wieder eine Arbeitsstelle zu suchen. Konkrete Pläne hat sie noch nicht, würde aber gern in ihrem erlernten Beruf als Übersetzerin Fuß fassen (vgl. Z. 33 ff.). Erstaunlich ist, dass ihr Mann **ohne jeglichen Streit** und umgehend das gemeinsame Zuhause, den Bungalow, räumt. An die traditionelle Rollenverteilung erinnert nur die Tatsache, dass die Frau ihm die Koffer packt und bereitstellt (vgl. Z. 63 ff.).

Charakterisierung Brunos

Bruno klingelt, bevor er die Tür aufschließt, verhält sich also **respektvoll**. Ein Vergleich verrät, dass er „wie ein Eindringling" (Z. 71) auftritt, sich also schon nicht mehr zu Hause fühlt. Keineswegs wütend oder traurig, sondern mit **Ironie** reagiert er auf die ihn erwartenden Koffer: „Hast du auch schon mein Foto vom Nachttisch entfernt?" (Z. 72 f.) Kameradschaftlich reichen die Ehegatten einander die Hand (vgl. Z. 74) – Marianne und Bruno **trennen sich offensichtlich im Einvernehmen**. Beide wirken **gefasst**, souverän und dennoch führen sie **keinen offenen Dialog** über ihre Entfremdung und ihr Auseinandergehen. Immerhin unternehmen beide Anläufe: Bruno drückt seine Verwunderung über ihren überraschenden Entschluss aus, der eher zu Betrunkenen gepasst hätte (vgl. Z. 78). Mit der Selbstoffenbarung, dass er sich nun „ein bißchen lächerlich" (Z. 78 f.) vorkomme, zeigt er eine Schwäche und bietet indirekt Marianne ein Gespräch an, doch greift sie mit ihrer uneindeutigen Antwort den Impuls nicht auf. Wie Franziska erinnert Bruno Marianne daran, dass ein Leben allein für sie neu sei (vgl. Z. 81 f.). Und wie bei Franziska hat diese lapidare Feststellung etwas unterschwellig Bedrohliches. Auch Brunos Kopfschütteln über Mariannes „Sorglosigkeit" (Z. 85) könnte sie beunruhigen und ihr vor Augen führen, dass sie sich **ohne Absicherung in eine völlig offene Zukunft** vorwagt. Trotzdem geht auch die Frau auf ihren Mann zu und macht ihm ein zumindest halbherziges Gesprächsangebot, wenn sie ihn fragt: „Willst du dich nicht setzen?" (Z. 84), was Bruno jedoch ignoriert. Schließlich beschwört er, die Koffer schon in der Hand, ihre Vergangenheit herauf, die auch von „Innigkeit" (Z. 86), also tiefer wechselseitiger Zuneigung, geprägt war. Doch auch diese Erinnerung bewegt Marianne nicht zum Einlenken; es bleibt offen, ob und wie sie auf die empathische Äußerung ihres Mannes reagiert. So erscheint die **Kommunikation** zwischen dem Ehepaar trotz all der gewechselten Worte seltsam **sprachlos**.

kommunikatives Verhalten des Paares

unklare Gefühlslage Mariannes

Sprechend, aber auch erklärungsbedürftig ist dagegen die Handlung der Frau, als Bruno das Haus verlassen hat: Sie „ging zur Garderobe [...] und steckte den Kopf zwischen die dort hängenden Kleidungsstücke" (Z. 89 f.). Will sie wie der sprichwörtliche Vogel Strauß den Kopf in den Sand stecken und die Augen vor einer unangenehmen

Zukunft verschließen? Will sie sich wie ein Kind vor einer diffusen Gefahr verbergen? Hängen an der Garderobe noch Kleidungsstücke von Bruno, dessen Nähe sie so spüren will? Da der Erzähler einen Einblick in ihre emotionale Lage schuldig bleibt, lässt sich keine endgültige Antwort geben. Als Marianne über die Überwachungskamera ihrem Kind auf dem Spielplatz zusieht, zeigen allerdings die Tränen in ihren Augen, dass sie **Trauer** empfindet über den Bruch. Unkommentiert ist auch die Tatsache, dass Marianne beim Abendessen ein Telefon neben ihren Füßen stehen hat (vgl. Z. 99). Wartet sie etwa auf den Anruf Brunos und eine Versöhnung?

Charakterisierung Stefans

Eigenartig wirkt auch das **Verhalten des Kindes**. Der Text erläutert nicht, ob und wie es von seinen Eltern über die Trennung aufgeklärt wurde. Keines der Elternteile sucht das Gespräch mit ihm, und auch er stellt **keine neugierigen Fragen**. Als Franziska im Café ihre klassenkämpferische Sicht auf Donald Duck verkündet, wechseln Mutter und Sohn einen Blick, der auf ihr Einvernehmen hindeutet (vgl. Z. 27), doch im weiteren Verlauf der Erzählung fällt den beiden die Kommunikation schwer. Dass Stefan sich in einem Koffer zusammenrollt, in dem der Vater seine Sachen wegtragen soll, deutet darauf hin, dass das **Kind den Auszug Brunos sabotieren** oder auch von diesem mitgenommen werden will. Zusammen mit seinem Freund steht er dann auf der Terrasse und beobachtet „stumme Fratzen [schneidend]" (Z. 76) den Abschied der Eltern. Buchstäblich ist er durch die Glasscheibe von ihnen getrennt, in übertragener Hinsicht wirkt die **Beziehung von Kind und Eltern distanziert**. Beim Abendessen unterhalten sich der Junge und Marianne nicht, nur Stefans Schlürfen und Schmatzen – die Alliteration wirkt lautmalerisch (vgl. Z. 97) – und das Brummen des Kühlschranks unterbrechen die Stille. „[E]rstaun[t]" (Z. 103) und **abwehrend** reagiert Stefan schließlich, als seine Mutter gegen alle Gewohnheit seine Nähe sucht, ihn ins Bett bringen will, ihm den Pyjama anzieht und ihn „bis zum Hals" (Z. 104 f.) zudeckt. Mit ihrer Fürsorge will Marianne wohl das Gefühl der Leere kompensieren. Bereitwillig beantwortet sie seine Verständnisfrage zu seinem Buch, doch wird ihr weiterer **Annäherungsversuch** zunichtegemacht. Als sie sich über Stefan beugt, wohl um ihm einen Kuss zu geben, kontert der Junge ehrlich und direkt: „Du riechst nach Zwiebeln." (Z. 110 f.) Die Interaktion von Mutter und Sohn lässt erahnen, dass **üblicherweise wenig Raum für Zärtlichkeit** war. Dass Stefan „immer der Reiche sein" (Z. 55 f.) möchte, ist wohl der väterlichen Prägung zuzuschreiben. Auch wenn er nicht offen darüber spricht, übermittelt der Junge durch sein zurückhaltendes und teilweise absonderliches Verhalten, dass er die **Trennung der Eltern sehr wohl mitbekommen hat und verstört** ist.

Interaktion mit der Mutter

Der letzte Sinnabschnitt ließe sich mit dem **Schlüsselwort** überschreiben, das auch schon zuvor immer wieder aufgetaucht ist (vgl. Z. 28, 46, 48, 82): „**Allein**“ (Z. 112). Am Ende des Tages, nachdem alle Pflichten erledigt sind, nach den Gesprächen mit Franziska, Bruno und Stefan ist die **Frau nun mit der Einsamkeit konfrontiert**. Als sie „bewegungslos“ (Z. 116) vor dem Mülleimer kauert, wirkt sie wie gelähmt. Im Bett kann sie nicht einschlafen, die Dunkelheit und die „[v]öllige Geräuschlosigkeit“ (Z. 118) **werfen sie ganz auf sich selbst zurück**. Sie ist allein mit ihren Gedanken, allein mit der Erkenntnis, dass sie jetzt Verantwortung übernehmen muss für ihr weiteres Leben. Dass sie sich schließlich neben das Bett ihres Kindes auf den Boden legt, spiegelt **Mariannes elementares Bedrüfnis nach zwischenmenschlicher Nähe** wider.

Mariannes Einsamkeit am Ende des Textauszugs

Mariannes **Emanzipation** von ihrem Ehemann und ihrem Hausfrauendasein ist ganz offenbar mit **Ängsten** verbunden. Der Text führt aus objektiv-sachlicher Sicht vor, wie die Frau von ihrem Entschluss selbst **überfordert** ist, ihn aber dennoch nicht rückgängig machen will. Vielleicht spielt auch der Titel der Erzählung *Die linkshändige Frau* darauf an, dass Marianne sich nach der Trennung wie amputiert fühlt und nun ihr Leben trotz der ihr von anderen unterstellten Hilflosigkeit meistern muss. Es ist fraglich, ob die Freundin Franziska, die Bruno bereitwillig Unterschlupf gewährt, und der schweigsame Sohn ihr einen emotionalen Rückhalt bieten können. Peter Handkes Erzählung zeigt, dass eine Trennung ambivalent ist und **Freiheit sowie Verlust zugleich** bedeuten kann.

Schluss

Deutung von Mariannes Handeln

INTERPRETATION LITERARISCHER TEXTE

Aufgabenstellung

1 Interpretieren Sie das Gedicht *Reisen* von Ludwig Uhland unter besonderer Berücksichtigung der Einstellung des lyrischen Ichs zum Reisen.

2 Beurteilen Sie, ob das Gedicht als typisch für die Epoche der Romantik angesehen werden kann.

Material **Ludwig Uhland (1787–1862): Reisen (1834)**

Reisen soll ich, Freunde! reisen,
Lüften soll ich mir die Brust?
Aus des Tagwerks engen Gleisen
Lockt ihr mich zu Wanderlust?
Und doch hab ich tiefer eben
In die Heimat mich versenkt,
Fühle mich, ihr hingegeben,
Freier, reicher, als ihr denkt.

Nie erschöpf ich diese Wege,
Nie ergründ ich dieses Tal,
Und die altbetretnen Stege
Rühren neu mich jedes Mal;
Öfters, wenn ich selbst mir sage,
Wie der Pfad doch einsam sei,
Streifen hier am lichten Tage
Teure Schatten mir vorbei.

Wann die Sonne fährt von hinnen,
Kennt mein Herz noch keine Ruh,
Eilt mit ihr von Bergeszinnen
Fabelhaften Inseln zu;
Tauchen dann hervor die Sterne,
Drängt es mächtig mich hinan,
Und in immer tiefre Ferne
Zieh ich helle Götterbahn.

Alt' und neue Jugendträume,
Zukunft und Vergangenheit,
Uferlose Himmelsräume
Sind mir stündlich hier bereit.
Darum, Freunde! will ich reisen;
Weiset Straße mir und Ziel!
In der Heimat stillen Kreisen
Schwärmt das Herz doch allzu viel.

Aus: Ludwig Uhland: Gedichte und Reden.
Eingeleitet und herausgegeben von Hermann Bausinger. Tübingen 2010, S. 66 f.
Rechtschreibung und Zeichensetzung entsprechen der Textquelle.

Anmerkung
V. 17 fährt von hinnen: *hier:* untergeht

TIPP **Bearbeitungshinweise**

Voraussetzungen
Die Aufgabe ist im Rahmenthema 4 (Vielfalt lyrischen Sprechens) angesiedelt. Das Gedicht lässt sich inhaltlich dem Rahmenthema 1 (Literatur und Sprache um 1800) zuordnen und mit dem Pflichtmodul „Romantik als Gegenbewegung zur Aufklärung" verbinden. Der Schwerpunkt liegt auf der Interpretationsaufgabe, die mit **80 %** in die **Bewertung** eingeht, wohingegen die Einordnung in die Literaturepoche der Romantik mit **20 %** gewichtet wird.

Erläuterung der Aufgabenstellung
Die Aufgaben verlangen eine intensive Auseinandersetzung mit dem Gedicht *Reisen* von Ludwig Uhland. **TEILAUFGABE 1** besteht aus einem **Erschließungs- und Interpretationsauftrag**, bei dem der Fokus auf der Einstellung des lyrischen Ichs zum Reisen liegen soll. Es gilt, ein Gedicht, das Ihnen wahrscheinlich unbekannt ist, zu interpretieren. Dabei müssen Sie sowohl **die formalsprachliche Gestaltung** als auch den **Inhalt** analysieren. Es bietet sich an, beide Bereiche miteinander zu verknüpfen. Lesen Sie das Gedicht aufmerksam durch und lassen Sie es auf sich wirken. Notieren Sie bereits erste Eindrücke und Gedanken. Beim erneuten Lesen sollten Sie prägnante Verse und Textstellen markieren und sprachliche Mittel unterstreichen.
Verschaffen Sie sich zunächst einen Überblick über die inhaltlichen Schwerpunkte, indem Sie sich mit den **einzelnen Strophen** auseinandersetzen: Gehen Sie das Gedicht chronologisch durch und fassen Sie den Inhalt der jeweiligen Strophe kurz zusammen.
Daran anknüpfend können Sie eine sinnvolle **Einteilung in Sinnabschnitte** vornehmen und sich dabei von den folgenden Fragen leiten lassen: Welche Bedeutung hat das Thema „Reisen" für das lyrische Ich? Welche inhaltlichen

Schwerpunkte lassen sich den einzelnen Strophen zuordnen? Welchen **Entwicklungsprozess** durchläuft das lyrische Ich innerhalb des Gedichts? Was veranlasst es dazu, sich am Ende für den Aufbruch zu einer Reise zu entschließen? Es ist hilfreich, entsprechende Randnotizen vorzunehmen und in Hinblick auf die Teilaufgabe 2 schon hier einen Schwerpunkt auf die **epochentypischen Merkmale und Motive** zu legen. So bietet es sich an, den romantischen Themenkomplex „**Sehnsucht und Aufbruch**" als zentralen Aspekt des Gedichts herauszuarbeiten. Stellen Sie eine **Verbindung zwischen Inhalt und sprachlicher bzw. formaler Gestaltung** her, indem Sie zeigen, wie sich der Entscheidungsprozess des lyrischen Ich im Aufbau der Strophen und den verwendeten Stilmitteln niederschlägt. Ihre Aussagen sollten Sie immer am Text durch direkte Zitate oder Verweise belegen.

Nachdem Sie in das Gedicht interpretiert haben, können Sie in **TEILAUFGABE 2** eine **Einordnung in die Literaturepoche** vornehmen und belegen, dass das Gedicht der Romantik zugerechnet werden kann. Dabei sollten Sie die allgemein für die Romantik **charakteristischen Merkmale nennen** und mit der **inhaltlichen, aber auch der formalen Gestaltung des Gedichts abgleichen**. Stellen Sie einen Bezug zu den im Unterricht thematisierten Schwerpunkten her. Hilfreich kann es sein, wenn Sie die Romantik von der Epoche der Aufklärung abgrenzen können. Suchen Sie nicht nur **Gemeinsamkeiten**, sondern achten Sie auch darauf, ob Eigenheiten von Uhlands Gedicht sich von romantischen Texten **unterscheiden**. So ließe sich anführen, dass der Reisewunsch des lyrischen Ich konkreter wirkt als in vielen romantischen Gedichten. Runden Sie Ihre Epochenzuordnung mit einem **Fazit** ab.

Lösungsvorschlag

TEILAUFGABE 1

Einleitung
Autor, Titel, Gattung, Entstehungsjahr, Thema

Das Gedicht *Reisen* von Ludwig Uhland, das im Jahr 1834 verfasst wurde, stellt in vier Strophen das Thema „Reisen" und die damit einhergehenden ambivalenten Gefühle dar. Deutlich wird ein Zwiespalt des lyrischen Ich, das zwischen dem Gefühl von Sehnsucht einerseits und seiner tiefen Heimatverbundenheit andererseits zerrissen wird.

Hauptteil
kurze Zusammenfassung des Inhalts

Ein lyrisches Ich wird mit der **Verlockung des Reisens** konfrontiert. Es reagiert zunächst **skeptisch** und ablehnend auf den Appell seiner Freunde, sich auf eine Reise zu begeben. Im Verlauf des Gedichtes überdenkt es seine Einstellung und Gefühle. Zwar wird die starke Verbundenheit zur Heimat deutlich, doch entwickelt sich zunehmend Fernweh. So entsteht ein **innerer Konflikt** zwischen dem Bestreben, daheim zu bleiben, und einer stärker werdenden Sehnsucht, auf Reisen zu gehen. Während das lyrische Ich anfangs der Auffassung ist, dass die Heimat der Ort sei, an dem man dauerhaft glücklich sein könne, gelangt es schließlich zu der **Erkenntnis**, dass es sich zu Hause nur der Schwärmerei hingebe und es stattdessen neue Erfahrungen in der Ferne machen möchte. Am Ende des Gedichtes fasst das lyrische Ich den **Entschluss, aufzubrechen** und die Heimat zu verlassen.

Aufbau und Form

Der **Aufbau** des Gedichtes ist **strukturiert**. Jede der **vier Strophen** umfasst acht Verse, die durch einen regelmäßigen **Kreuzreim** verbunden sind. Das Metrum ist ein vierhebiger **Trochäus**. Die Verse haben dementsprechend abwechselnd sieben und acht Silben und enden alternierend mit weiblichen und männlichen Kadenzen. Die klare äußere Form entspricht dem Inhalt. Der Zwiespalt des lyrischen Ich wird auch durch ein Gleichgewicht der formalen Struktur erkennbar: Auf zwei Strophen, die das Daheimbleiben verteidigen, folgen zwei Strophen, die das Fernweh heraufbeschwören und in die Entscheidung zum Reisen münden.

strophenweise Interpretation

1. Strophe:

Das Gedicht scheint Teil eines Gesprächs zu sein: Die **erste Strophe** beginnt mit zwei **Fragen**, mit denen das lyrische Ich auf eine Aufforderung seiner Dialogpartner reagiert. Das lyrische Ich „soll[e]“ reisen (V. 1) – das wiederholte Modalverb verrät, dass dieser Impuls nicht aus ihm selbst herauskommt. Es sind seine „**Freunde**“ (V. 1), die den Anstoß geben. Mit der Frage, ob sie das lyrische Ich „zu Wanderlust“ (V. 4) locken würden, spricht das lyrische Ich die Freunde direkt an. Bei dieser Personengruppe könnten andere romantische Dichter der damaligen Zeit gemeint sein, welche die „Wanderlust“ (V. 4) vermitteln wollen und zum Verlassen des Heimatortes auffordern. Dem lyrischen Ich wird dazu geraten, aufzubrechen und sich die Brust zu lüften (vgl. V. 2). Diese metaphorische Formulierung verdeutlicht, dass eine Reise die Möglichkeit bietet, neue, **frische Erfahrungen** zu sammeln, Platz für neue Gedanken zu schaffen sowie den eigenen **Horizont zu erweitern**. Dabei wird der Neologismus „Wanderlust“ kontrastiert mit „des Tagwerks engen Gleisen“ (V. 3); die Metapher umschreibt aus Sicht der Freunde den **beschränkten Alltag**, der wie auf Schienen laufe und kein Ausscheren zulasse.

Appell der Freunde zum Reisen

Zäsur: Gegenposition des lyrischen Ich

Auf diesen Appell der Freunde erfolgt jedoch eine **kritische Reaktion des lyrischen Ich**, das in den nächsten Versen **Motive für das Verweilen** in der Heimat nennt. Auf die beiden Fragen folgt somit die Gegenposition des Ich, was die erste Strophe in zwei Teile trennt. Eingeleitet wird seine Antwort mit einem adversativen „Und doch“ (V. 5). Gerade jetzt habe es sich tief in seine angestammte Umgebung „versenkt“ (V. 6), fühle sich also **fest verankert**. Das Partizip deutet darauf hin, dass es sich aktiv mit der Heimat beschäftigt hat. Das lyrische Ich hält somit seine gewachsene Heimatliebe der Aufforderung, loszuziehen, entgegen. Und es verteidigt seine Position damit, dass die **Heimat mehr Erfahrungen und mehr Reichtum** bereithalte und dass es sich dort „[f]reier“ und „reicher“ (V. 8) fühle, als die Freunde es für möglich halten würden. Dem Einwand, das alltägliche Dasein daheim bedeute Enge und Zwang (vgl. V. 3), widerspricht das lyrische Ich folglich.

2. Strophe: Lob der Heimat

Das Gefühl der **Heimatverbundenheit** ist auch das zentrale Thema der **zweiten Strophe**, mit der das lyrische Ich seine Argumentation weiter ausführt. Auch die Heimat biete die Möglichkeit, neue Orte zu erkunden und neue Erfahrungen zu machen (vgl. V. 9–12). Mit zwei anaphorisch einsetzenden Versen („Nie“, V. 9 f.) beschreibt das lyrische Ich den **Reichtum seiner angestammten Umgebung**. So gebe es dort Wege und Täler, die es nie vollständig „ergründ[en]“ (V. 10) könne. Für **positive Erinnerungen** stehen die „altbetretnen Stege“ (V. 11), wobei das Adjektiv als Neologismus die wohlbekannten Orte heraufbeschwört. Während seiner einsamen Wanderungen durch die Heimat schöpft das lyrische Ich **Trost aus seiner Vertrautheit mit der Umgebung**. In einsamen Stunden habe es sich nicht so verloren gefühlt (vgl. V. 13–16), denn die Gedanken und Erinnerungen, die als „[t]eure Schatten“ (V. 16) vorbeistreifen, erzeugen in ihm ein Gefühl von Sicherheit und **Geborgenheit**. Die Schatten am „lichten Tage“ (V. 15) sorgen für einen **Hell-Dunkel-Kontrast**. Doch während in der Literatur das Motiv des personifizierten Schattens oft etwas Bedrohlich-Unheimliches hat und ans Schatten-, also Totenreich erinnern kann, ist es hier rein positiv als Quelle des Trostes gedeutet.

3. Strophe: aufkommendes Fernweh

In der **dritten Strophe** erfolgt ein **Umdenken**, denn das lyrische Ich räumt das Gefühl einer **inneren Unruhe** ein, das besonders in den Abendstunden auftritt (vgl. V. 17). Es verrät seine zunehmende Sehnsucht, bei der sein „Herz noch keine Ruh“ (V. 18) kenne und sich in Fantasiewelten flüchte (vgl. V. 17–20). Während das lyrische Ich zu Hause bleibt und vermutlich im Bett liegt, geht das **Herz**, Inbegriff von Sehnsucht und geheimen Wünschen, **mit der sinkenden Sonne auf Wanderschaft**. Dabei liegen die „Bergeszinnen“ (V. 19), die von der Abendsonne gestreift werden, wohl am Horizont und noch im Blickfeld des lyrischen Ich, doch die nächste Ortsangabe („Fabelhaften Inseln“, V. 20) ist im Imaginären angesiedelt. Ein Enjambement vollzieht dieses **Gleiten vom Realen ins Fantastische** nach.

Das Fernweh des lyrischen Ich entsteht somit bei Sonnenuntergang und in der Nacht in Form von **Entgrenzungserfahrungen** (vgl. V. 21–24). Beim Auftauchen der Sterne (vgl. V. 21) entflieht das lyrische Ich in eine „immer tiefre Ferne“ (V. 23), versinkt gleichsam in der Tiefe des Nachthimmels und wählt schließlich die „helle

Götterbahn" (V. 24). Dieser Neologismus spielt auf die Umlaufbahn der Sonne an und erinnert zudem an den Sonnenwagen aus der griechischen Mythologie, den nur der Gott Helios steuern konnte. Das Reisen erscheint so als geradezu **göttliches Vorrecht**. Die Freiheit der „Götterbahn" wirkt wie ein Gegenentwurf zu „des Tagwerks engen Gleisen" (V. 3). Eine unbestimmte Macht (vgl. V. 22) wirkt auf das lyrische Ich ein und zieht es „hinan" (V. 22), also in die Höhe.

4. Strophe: Bereicherung durch Reisen und Entschluss aufzubrechen

Die **letzte Strophe** weitet die Möglichkeiten unbegrenzter Traumwelten hyperbolisch zu „[u]ferlose[n] Himmelsräume[n]" (V. 27) aus. Das gedankliche Reisen verheißt eine **Steigerung der in der realen Welt möglichen Erfahrungen:** Nicht nur frühere, auch künftige Wünsche werden dadurch ermöglicht, was die chiastische Aufzählung „Alt' und neue Jugendträume, / Zukunft und Vergangenheit" (V. 25 f.) verdeutlicht. Dabei deutet die paradoxe Wendung, dass das (vermutlich schon ältere) Sprecher-Ich „neue Jugendträume" erleben soll, auf die **Zeitenthobenheit** seiner Träume hin. Die Aussicht, sich in himmlische Orte zu verlieren sowie in raumzeitlicher Hinsicht eine Entgrenzung zu erleben, wirkt zwar vage und abstrakt, doch wird sie vom **enthusiastisch-erregten** Ich als Begründung angeführt, warum es seine Meinung geändert hat (vgl. V. 25–28). Es schließt sich der Kreis zur **Gesprächssituation der ersten Strophe:** In einer direkten Ansprache an die „Freunde" (V. 29) erfolgt der Ausruf des lyrischen Ich, dass es reisen wolle (vgl. V. 29). Das Leben in der Heimat und in den Erinnerungen, die nächtlichen Fantasiereisen erscheinen nun als ein Um-sich-selbst-Kreisen (vgl. V. 31), folglich als Gegenteil einer wahren Horizonterweiterung. Wie ein Wortspiel wirkt die abschließende Wendung, dass das Herz während des ereignislosen Lebens zu Hause allzu viel schwärme (vgl. Z. 31 f.). Selbstkritisch erkennt das Ich, dass das **Bleiben** einer **illusionsfördernden Selbstbeschränkung** gleichkommt. Zu Hause ist es zu stark in seinen Tagträumen und Erinnerungen gefangen und will daher nun lieber reale neue Erfahrungen sammeln. Dabei kann das Verb „schwärmen" nicht nur für irreale Gedankenspiele stehen, sondern auch das Ausschwärmen, also das Hinausziehen bezeichnen. Das Ich wird ausschwärmen, statt daheim zu schwärmen. Es trifft somit eine **Entscheidung** für die reale Erfahrung des Reisens und fordert die Freunde mit einem Imperativ auf, das Reiseziel zu nennen, womit es seiner Offenheit und Bereitschaft Ausdruck verleiht (vgl. V. 30).

Fazit
Gesamtdeutung

Abschließend lässt sich festhalten, dass das lyrische Ich zunächst durch ein intensives Gefühl der Heimatverbundenheit von dem Wunsch, auf eine Reise zu gehen, abgehalten wird. Um den inneren Zwiespalt zu erzeugen und letztlich doch das Fernweh zu wecken, ist ein Impuls von außen nötig: Die Freunde beeinflussen die anfangs ablehnende Haltung des lyrischen Ich. Allerdings vollzieht sich sein Erkenntnisprozess trotz der Anrede der Freunde nicht im Dialog, sondern in einer **Selbstaussprache**. Seine Position wandelt sich, der Drang in die Ferne wächst und ist schließlich so übermächtig, dass das Ich dem Bleiben und der damit verbundenen Schwärmerei eine Absage erteilt.

TEILAUFGABE 2

Überleitung

Das Gedicht *Reisen* von Ludwig Uhland lässt sich anhand einiger epochentypischer Merkmale der **Romantik** zuordnen. Die Epoche der Romantik, die auf die Zeit von 1795–1835 datiert werden kann, war unter anderem durch den Ausdruck intensiver Gefühle und die Faszination für das Irrationale charakterisiert. Wichtige Vertreter waren z. B. Joseph von Eichendorff, E.T.A. Hoffmann oder Novalis.

Merkmale der Romantik in Uhlands Gedicht

Wandermotiv

Die Romantiker wollten aus dem Alltagsleben ausbrechen und in die **Natur** sowie in die **Ferne** ziehen. Ein exemplarisches Werk ist in diesem Zusammenhang Eichendorffs Erzählung *Aus dem Leben eines Taugenichts*, in der sich der Protagonist auf eine stete **Wanderschaft** begibt. Auch in Uhlands Gedicht lässt sich dieses Motiv wiederfinden. Bereits der Titel *Reisen* verweist auf die Themen des **Aufbruchs**, der **Sehnsucht** sowie des Schweifens in die Ferne und signalisiert, dass der Text an zentrale Motive der Epoche anknüpft. Das lyrische Ich spürt dieses Fernweh jedoch nicht von Anfang an. Sein Wunsch, daheim zu bleiben und sich dem Unbekannten zu verschließen, erinnert zunächst eher an das **Feindbild der Romantiker: den Philister**, der nicht durch neue Erfahrungen und Begegnungen überrascht werden, sondern sein behagliches Leben führen will. Er hat sich in seiner Welt gut eingerichtet und wehrt sich gegen Veränderungen. Allerdings **überdenkt** Uhlands lyrischer Sprecher seine Einstellung und brennt schließlich darauf, ebenfalls aufzubrechen. Den Gegensatz von selbstzufriedenem Spießbürger und wagemutigem Abenteurer entfaltet auch Eichendorffs Gedicht *Die zwei Gesellen*. Es zeigt aber, dass auch die Wanderschaft Gefahren birgt: Man kann vom rechten Weg abkommen und sich verirren. Von solchen Bedrohungen weiß Uhlands Gedicht nichts; es nennt nur die neuen ungeahnten Entfaltungsmöglichkeiten, die das Reisen dem Einzelnen verspricht.

Abwendung vom Philistertum

Aufbruchsstimmung

Im Mittelpunkt des Textes steht die **Sehnsucht**, die sich in der wachsenden Unruhe des lyrischen Ich zeigt. Typisch für romantische Texte ist eine sogenannte **Schwellensituation:** Eine Person befindet sich noch zu Hause, oft am Fenster, und wird von einer unbegreiflichen

Sehnsucht erfasst, in die Natur aufzubrechen, um dort den Seinszusammenhängen näherzukommen. **Auslöser** ist häufig der Klang eines Posthorns, der Gesang einer Lerche oder ein Traum. Auch bei Uhland gerät das lyrische Ich in eine Aufbruchsstimmung, die durch die Aufforderung der Freunde vorbereitet und dann durch seine eigenen Wunschträume verstärkt wird.

Bedeutung von Nacht und Traum

Neben der Sehnsucht und der Wanderschaft sind auch die **Nacht** und der **Traum** (vgl. Strophe 3) epochentypische Merkmale. Es widerstrebte den Romantikern, alle Geschehnisse wissenschaftlich zu analysieren und zu erklären. Damit positionierten sie sich gegen die Epoche der Aufklärung, die für die rationale Durchdringung der Welt eintrat. Die Romantiker suchten dagegen die Flucht aus der Realität, die Hinwendung zum Mystischen und **Irrationalen** sowie die **Reise in geheimnisvolle, fantastische Welten**. Diese Aspekte lassen sich auch in Uhlands Gedicht entdecken. Die Sehnsucht des lyrischen Ich verstärkt sich nachts und äußert sich in Form von emotionalen Träumen. Bei Einbruch der Nacht träumt sich das lyrische Ich auf „[f]abelhaft[e] Inseln" (V. 20) und begleitet in seiner Fantasie die Sonne auf ihrem Lauf. Solche **Entgrenzungswünsche**, die sogar in transzendente Dimensionen vorstoßen, kehren in romantischen Texten immer wieder.

Unterschiede: konkrete Reise und Absage an Schwärmerei

Auch wenn es die Träume sind, die den Entschluss zum Aufbruch reifen lassen, wendet sich das lyrische Ich von ihnen ab und hält ein Plädoyer für reale Erfahrungen. Mit dieser **Wendung zum Konkreten** und der Abwertung der Fantasie als Schwärmerei unterscheidet sich Uhlands Gedicht von idealtypischen romantischen Texten.

romantische Gedichtform

Trotz dieser Abweichung dominieren jedoch die romantischen Motive. Zudem gibt es auch Übereinstimmungen in formaler Hinsicht: Durch die regelmäßige Strophenform und die einfache, stilisierte Sprache wird die Nähe zum **Volkslied** deutlich.

Fazit

Zuordnung des Gedichts zur Romantik

Zusammenfassend lässt sich sagen, dass das Gedicht *Reisen* von Ludwig Uhland zahlreiche epochentypische Merkmale enthält und der **Romantik zugeordnet** werden kann. Aufgrund des späten Erscheinungsjahres muss man wohl von „**Spätromantik**" sprechen. Die bereits durch den Titel vorgegebene Reisethematik und die Verherrlichung der „Wanderlust" (V. 4) entsprechen dem romantischen Weltbild. Allerdings scheint es dem lyrischen Ich um das konkrete Reisen zu gehen; es will ein genaues Ziel genannt bekommen und will offenbar auch dort ankommen. Wer aber die Romantiker kennt, weiß, dass ein „Ziel" (V. 30) für sie nie endgültig sein kann, sondern der Weg das Ziel ist.

Niedersachsen Deutsch ▪ Abiturprüfung 2021

Grundlegendes Anforderungsniveau ▪ Aufgabe III

ANALYSE PRAGMATISCHER TEXTE

Aufgabenstellung

1 Analysieren Sie den Auszug aus dem Artikel *Donald Trump, Don Giuseppe und das Elend der Berichterstattung* von Alexander Kissler. Berücksichtigen Sie dabei den Gedankengang, die sprachlich-stilistische Gestaltung sowie die Intention des Textes.

2 Nehmen Sie – auf Grundlage Ihrer Analyseergebnisse und Ihrer Kenntnisse aus dem Unterricht – zu der Frage Stellung, inwiefern Kisslers Artikel einen überzeugenden Beitrag zum Diskurs über politischen Journalismus leistet.

Material **Alexander Kissler (geb. 1969): Donald Trump, Don Giuseppe und das Elend der Berichterstattung (Auszug; 2020)**

Hass ist keine Meinung, heißt es. Hetze bereite den Boden für Gewalt, und gegen beides helfe Haltung, die richtige Haltung. Dieser Dreiklang wird heute selten bezweifelt. Ganz falsch ist er nicht. Hass vergiftet den Diskurs (kann aber trotzdem eine Meinung sein), Hetze macht dumm, sich und andere (muss aber nicht in Gewalt münden), eine innere Haltung sollten wir alle haben (es muss aber nicht unbedingt dieselbe sein). Fast zum Schimpfwort wurde Haltung, als sie mehr und mehr zum Vereinsabzeichen verkam, das sich die moralisch Rechtgesinnten gegenseitig ans Revers heften. Für solche Zweckentfremdung kann die Haltung nichts, wohl aber jene, die sie als Surrogat der Vernunft nehmen. Womit wir bei der deutschen Auslandsberichterstattung gelandet wären und bei Donald Trump.

[…] [W]enn wir also zum Beispiel am 3. Juni 2020 die „Berliner Morgenpost“ oder einen anderen Titel der Funke Mediengruppe aufschlagen[, lesen wir] […] einen Korrespondentenbericht aus den Vereinigten Staaten […].

Der Text auf Seite 7 unter der Überschrift „Trump lässt Soldaten aufmarschieren. Der US-Präsident will das Militär gegen seine eigenen Bürger einsetzen – und nutzt die Krise zur Selbstinszenierung“ beginnt so, exakt so: „Er – und schwach? Das darf nicht sein. Die Berichte über seine vorübergehende Flucht in den Sicherheitsbunker des Weißen Hauses am vergangenen Freitag lagen Donald Trump noch übel im Magen, als er am späten Pfingstmontag überraschend im Rosengarten des Weißen Hauses ans Mikrofon trat, um sich krampfhaft die Aura der Stärke zu verleihen.“

Ja, liebe Närrinnen und Narrhalesen, da schreibt jemand, der erst im Kopf, dann im Magen und schließlich im Bauch des Donald Trump sitzt, ein Hellseher mit gastroenterologischen Spezialkenntnissen. Solche innere Rede ist ein bewährtes Mittel in

Arztromanen und Krimis: „Er – und schwach? Das durfte nicht sein. Professor Schanze-Schönhausen ließ noch einmal den Blick über den Befund schweifen, ehe er ihn energisch zusammenknüllte und angeekelt in den Papierkorb warf. Sein Herz pochte wild. Nun hatte er den ihm so verhassten Paul von Sigmaringen ganz in seiner Hand.“ Oder aber: „Er – und schwach? Das durfte nicht sein. Don Giuseppe hatte gerade seine Cohiba zu Ende geraucht, als da wieder dieses Schrillen in seinem Ohr war. Und dann kamen die Bilder zurück, schlimme Bilder, grausame Bilder. Heftig schoss das Blut in seinen Kopf. Alles in ihm krampfte sich zusammen. Mit Don Giuseppe legte man sich nicht an. Sein Augenlid zuckte, als er zum Telefonhörer griff und mit leiser, aber bebender Stimme Filippos Tod befahl.“

Auf Seite 7 in der „Berliner Morgenpost“ und womöglich in 13 weiteren Zeitungen der Funke Mediengruppe an jenem 3. Juni stand jedoch nicht der Vorabdruck eines Unterhaltungsromans aus dem Hause Bastei, sondern, wie gesagt, der Bericht des USA-Korrespondenten aus Washington. Dieser stellte sich vor, Donald Trump habe eine Magenverstimmung, zeige ein krampfhaftes Verhalten und sei überhaupt ein Schurke, wie er im Groschenroman steht. Ihm, dem mustergültigen Groschenromanschurken, widmete der Korrespondent eine erzählerische Skizze von immerhin elf Absätzen, einer halben Zeitungsseite. Liebhaber greller Effekte kommen auf ihre Kosten.

[…]

Im fünften Abschnitt nennt der Erzähler von der „Berliner Morgenpost“ Trumps Gebaren ein „militärisches Muskelspiel“ – so lautet die Formulierung, die kein Zitat ist und in der wir also die Einschätzung des auktorialen Erzählers selbst erblicken dürfen. Dieser weiß im sechsten Abschnitt zu berichten, Trump wolle in Washington mit Soldaten „ein Exempel statuieren“, rund um das „hermetisch abgeriegelte Gelände des Weißen Hauses“. Meines Wissens zählte das Weiße Haus auch unter Obama, Carter und Kennedy zu den am besten geschützten Immobilien dieses Planeten. Oder gab man sich vor Trump mit liquiden Gittern, angelehnten Türen zufrieden?

[…]

Der achte Abschnitt schreibt von – wie wir lernten: durchaus in ihrem Wahrheitsgehalt umstrittenen – Einsätzen mit „Tränengas- und Blendgranaten“ gegen „Protestler“ und zitiert wieder eine Stimme des Trump-kritischen Senders CNN, der sich an das Gebaren von „Möchtegerndiktatoren“ erinnert fühlt. Abschnitt neun liefert den erzählerischen Höhepunkt: Trump ging nicht, nein, er „stiefelte“ zur nahe gelegenen St.-John's-Kirche. Wie es eben Brauch ist, mittags um 12 im Wilden Westen, oder nachts, wenn die Schakale kreisen und der alte Powaudy ein letztes Mal das Pferd sattelt. Begleitet wurde der Präsident nicht vom Geheimdienst, sondern von „Heerscharen des Secret Service“, und an der Kirche ließ er sich nicht fotografieren, nein, er „posierte“, und dann ging er nicht zurück, nein, er „zog wieder ab“. Jedes Wort ein Hieb, jedes Verb ein Stich.

So schreibt man, um Leser in den Bann zu ziehen, die im neunten Abschnitt vergessen haben könnten, was man die acht Abschnitte zuvor dargelegt hatte. Diese Geschichte kennt nur einen Verbrecher und ewig nur diesen. Mit einem angemessen düsteren Ausblick endet das beklemmende Stück: Trump könnte „wirklich das Militär gegen die eigene Bevölkerung in Stellung bringen“. Die Kraft zur Unterscheidung zwischen

330 Millionen Amerikanern und einer kleinen Gruppe an Plünderern und Kriminellen bringt der Text nicht auf. So bleibt in dieser Erzählung nur der Wahnsinn übrig als Motiv im Kopf des Donald Trump.

Die als Korrespondentenbericht verkaufte Erzählung „Trump lässt Soldaten aufmarschieren" ist in ihrer radikal einseitigen Machart bezeichnend und bitter. So schreibt man, wenn man erfinden muss, was nicht vorliegt. So hämmert man Botschaften, denen man selbst nicht ganz traut, in ermattete Ohren. So ersetzt man Information durch Mission, Differenzierung durch Simplifizierung, Urteilen durch Aburteilen.

Derzeit wird so leider an vielen, vielen Stellen, sei es im Fernsehen, sei es im Radio oder der Presse, über Amerikas Präsidenten berichtet, und das ist fatal für alle Beteiligten. Moralischer Überdruck und rhetorische Totaloffensive erwecken den falschen Eindruck, eine sachliche Berichterstattung über Donald Trump sei weder nötig noch möglich.

Wer auf Überwältigung aus ist, misstraut aber der Kraft des Arguments. Wer nicht berichtet, sondern seine Affekte arrangiert, verabschiedet sich aus der Realität, über die zu berichten er vorgibt. Es gibt wahrlich genug an Donald Trumps Politik zu kritisieren. Es gibt genug zu berichten, genug zu tadeln, auch scharf zu tadeln. Scham- und pietätlos etwa war der Versuch, Floyds gewaltsamen Tod, die überraschend gute Entwicklung der Arbeitslosenzahlen und „equal justice under the law" zur bizarren Aussage zu verquicken, heute würde auch Floyd sich freuen, „das ist ein großartiger Tag für ihn, das ist ein großartiger Tag für alle". Die Behauptung jedoch, dass er stiefelt, wo andere gehen, gereicht Trump nicht zum Nachteil. Schauen wir ins Internet und in ältere Zeitungen, so merken wir, dass es sich bei „Trump lässt Soldaten aufmarschieren" vielleicht doch um einen Auszug aus einem größeren Werk handelt, einem Werk, dem wir den Arbeitstitel geben könnten „Die hasserfüllten Augen des Donald T." oder „Mister Trump und wie er die Welt zerstörte". […]

Wie gesagt: Hass ist nicht verboten, Hass kann eine Meinung sein. Nie aber hinterlässt Hass Erkenntnis, nie klärt er auf, nie findet er einen freien Blick auf die Welt. All das sollte man von Korrespondentenberichten erwarten und vom politischen Journalismus generell. Je höher die Flammen schlagen, desto kühleren Kopf braucht ihr Chronist.

Alexander Kissler: Donald Trump, Don Giuseppe und das Elend der Berichterstattung. Veröffentlicht am 05. 06. 2020 unter: https://www.alexander-kissler.de/2020/06/05/donald-trump-don-giuseppe-und-das-elend-der-berichterstattung/
Rechtschreibung und Zeichensetzung folgen der Textquelle. Die Internetquelle wurde zuletzt abgerufen am 20. 09. 2020.

Alexander Kissler ist ein deutscher Journalist und Autor, der u. a. für das Magazin *Cicero* und die *Neue Zürcher Zeitung* tätig ist, aber auch auf seiner eigenen Homepage publiziert.

Anmerkungen

Z. 7	Revers: Umschlag am Jacket
Z. 8	Surrogat: behelfsmäßiger, nicht vollwertiger Ersatz
Z. 12	Funke Mediengruppe: Medienkonzern mit zahlreichen Beteiligungen an gedruckten und elektronischen Medien in Deutschland, Österreich und Kroatien
Z. 21	liebe Närrinnen und Narrhalesen: Anrede des Publikums auf Karnevalssitzungen
Z. 22 f.	gastroenterologischen: abgeleitet vom medizinischen Fachgebiet Gastroenterologie, das sich mit Erkrankungen des Magen-Darm-Trakts beschäftigt
Z. 29	Cohiba: exklusive kubanische Zigarrenmarke

Z. 36 Bastei: gemeint ist der Verlag Bastei-Lübbe, der für die Publikation seichter Unterhaltungsliteratur, sogenannter Groschenromane, bekannt ist
Z. 48 f. Obama, Carter und Kennedy: frühere US-Präsidenten
Z. 57 mittags um 12 im Wilden Westen: Anspielung auf den US-amerikanischen Western-Klassiker *Zwölf Uhr mittags*, der 1952 in die Kinos kam
Z. 58 Powaudy: fiktiver Eigenname
Z. 85 Floyds gewaltsamen Tod: Der Schwarze George P. Floyd wurde am 25. Mai 2020 während einer gewaltsamen Festnahme durch die Polizei getötet. Der Fall löste eine antirassistische Protestwelle aus.
Z. 86 equal justice under the law: Gleichheit vor dem Gesetz

TIPP **Bearbeitungshinweise**

Voraussetzungen

Die Aufgabe ist dem Rahmenthema 6 (Reflexion über Sprache und Sprachgebrauch) zugewiesen und prüft Kompetenzen, die in mehreren Halbjahren erworben wurden. Dabei ist die Analyse des pragmatischen Textes gewichtiger und geht mit **70 %** in die **Bewertung** ein, wohingegen auf die folgende Stellungnahme **30 %** entfallen.

Erläuterung der Aufgabenstellung

TEILAUFGABE 1 fordert Sie dazu auf, einen Auszug aus einem **Artikel** zu **analysieren**. Das bedeutet, dass Sie nicht nur dessen **zentrale Inhalte** zusammenfassend wiedergeben, sondern diese mit der **formalen Gestaltung** des Textes in Beziehung setzen müssen. Dabei gibt Ihnen die Aufgabenstellung bereits vor, dass Sie auf den **Gedankengang**, die **sprachlich-stilistische Ausarbeitung** und die **Intention** des Textes Ihr besonderes Augenmerk richten müssen. Sie haben die Möglichkeit, alle drei genannten Aspekte getrennt voneinander zu behandeln. Dies birgt allerdings die Gefahr von Wiederholungen, weshalb es der zwar schwierigere, aber auch der elegantere Weg ist, **alle Bereiche miteinander zu verquicken**. Lesen Sie den nicht ganz einfachen Text von Kissler mindestens zweimal durch und machen Sie sich dabei bereits **Notizen** zum **Argumentationsgang** sowie zu auffälligen **rhetorischen Mitteln**. Dies hilft Ihnen dabei, Ihren Aufsatz sinnvoll zu strukturieren. Beginnen Sie diesen mit einer **Einleitung**, die zum Thema des Textes hinführt und ihn kurz vorstellt. Im Anschluss daran können Sie kurz auf den **Titel** des Artikels eingehen, um sich dann dem **Aufbau** zu widmen, den Sie selbstständig in einzelne Sinnabschnitte einteilen müssen. Folgen Sie diesen dann in chronologischer Reihenfolge und stellen Sie ihren **Inhalt** komprimiert, auf das Wesentliche beschränkt und **im Zusammenhang mit der formalen Gestaltung** dar. So gelingt es Ihnen, die von Kissler verfolgte **Intention** herauszuarbeiten, die Sie dann in einem **Fazit** noch einmal auf den Punkt bringen können. Der Text ist überreich an sprachlich-stilistischen Mitteln, die Sie nicht alle thematisieren können. Wählen Sie deshalb diejenigen aus, die dem Inhalt am dienlichsten sind und deren **Funktion und Wirkung** Sie möglichst konkret beschreiben können. Auf diese Weise wird die Untersuchung der Form nicht zum Selbstzweck, sondern unterstützt den Gedankengang Ihrer Analyse.

Diese bildet die Grundlage für **TEILAUFGABE 2**, die von Ihnen eine **Stellungnahme** zu der Frage verlangt, inwiefern Kisslers Artikel einen überzeugenden Beitrag zum **Diskurs über politischen Journalismus** leistet. Rufen Sie sich dafür ins Gedächtnis, was Sie im **Unterricht** über Journalismus gelernt haben und welche **Erkenntnisse** Sie **aus der Analyse** des Kissler-Textes gewonnen haben. Überlegen Sie dann, ob Sie Kissler grundsätzlich zustimmen und seine Ablehnung der Berichterstattung über Trump teilen oder ob Sie anderer Meinung sind. Führen Sie in Ihrer Stellungnahme zunächst **Argumente für die Seite** aus, **die nicht Ihrer Einstellung entspricht**, um anschließend auf die **Argumente** zu sprechen zu kommen, **die Ihre eigene Perspektive stützen**. Stellen Sie dabei an einzelnen Stellen immer wieder einen **Bezug zu Kisslers Artikel** her und beenden Sie Ihre Stellungnahme mit einem **Fazit**.

Lösungsvorschlag

TEILAUFGABE 1

Einleitung
Hinführung zum Thema
Vorstellung des Textes

Spannung erzeugen, die Leserschaft an Gedanken und Gefühlen der Protagonisten teilhaben lassen und die Bösewichte klar als solche kennzeichnen – all das sind **Kriterien**, die einen unterhaltsamen (Kriminal-)Roman ausmachen. Mit **politischem Journalismus** scheinen sie dagegen nicht viel zu tun zu haben. Liest man jedoch den **Artikel** *Donald Trump, Don Giuseppe und das Elend der Berichterstattung* von Alexander Kissler, den der Journalist und Autor am 5. Juni 2020 auf seiner eigenen Homepage veröffentlicht hat, wird man eines Besseren belehrt. Kissler widmet sich darin der seiner Meinung nach **stilistisch unangemessenen Berichterstattung über** den damaligen US-Präsidenten **Donald Trump** und kritisiert die **reißerische sowie moralisch überhöhte Darstellung politischer Sachverhalte**, die Erkenntnisgewinn und sachliche Aufklärung vermissen lasse.

Analyse des Artikels
Titel

Schon der **Titel** seines Artikels klingt eher nach einem literarischen Werk als nach einem sachlich-neutralen Bericht und deutet den **Vorwurf**, den Kissler dem **politischen Journalismus** macht, damit sowohl implizit als auch explizit („das Elend der Berichterstattung“) bereits an. Der Leser fragt sich, was Donald Trump mit Don Giuseppe zu tun hat und wie beide mit dem „Elend der Berichterstattung“ in Zusammenhang stehen – Antworten liefert Kissler dann im vorliegenden Auszug seines Artikels.

Aufbau

Seine Veröffentlichung lässt sich in **vier Sinnabschnitte** einteilen: Mit dem ersten Absatz (Z. 1–10) führt Kissler zum eigentlichen

Thema seines Textes hin, danach folgt eine ausführliche **Kritik anhand eines konkreten Beispiels** (Z. 11–75), an die sich wiederum Kisslers allgemeine **Beurteilung** der Berichterstattung anschließt (Z. 76–93). Der Journalist beendet seinen Artikel, indem er einen Rückbezug zur Einleitung herstellt und diesen mit einem **Plädoyer für Qualitätsjournalismus** verknüpft (Z. 94–97).

„Hass ist keine Meinung, [...] Hetze bereite den Boden für Gewalt, und gegen beides helfe Haltung" (Z. 1 f.) – mit diesen oft gehörten und **vermeintlich feststehenden Tatsachen** steigt Kissler in seinen Text ein, relativiert aber schon wenige Zeilen später die Gültigkeit jenes Argumentationsmusters (vgl. Z. 3 ff.). Vor allem die **Haltung werde oft zweckentfremdet** und als vorgeblicher Ausweis von Vernunft dazu genutzt, um von einem moralischen Standpunkt **tendenziöse Urteile** zu fällen. Mit dieser Behauptung leitet Kissler zu seinem eigentlichen Thema hin, „der **deutschen Auslandsberichterstattung**" (Z. 9) **über Donald Trump**.

Einstieg über Entkräftung einer vermeintlich feststehenden Behauptung

Im Folgenden zeigt er anhand eines **Korrespondentenberichts aus den Vereinigten Staaten** ausführlich am konkreten Beispiel, was ihm an der **Darstellung Trumps in den Medien** missfällt. Über ein verallgemeinerndes „[W]ir" (Z. 11 f.) bezieht er den Leser mit ein und verdeutlicht, dass nicht nur er mit dieser Art des Journalismus konfrontiert ist. Anschließend steigt er mit einem längeren Zitat aus dem genannten Bericht ein, der inhaltlich **Trumps Reaktion auf Proteste vor dem Weißen Haus** behandelt, **stilistisch** aber eher **blumig und romanhaft** das Innenleben Trumps charakterisiert („Die Berichte [...] lagen Donald Trump noch übel im Magen", Z. 17 f.). Dabei weist Kisslers Hinführung durch die Wiederholung des Wörtchens „so" („Der Text [...] beginnt so, exakt so", Z. 14 ff.) schon auf die **Fassungslosigkeit des Verfassers angesichts einer solchen Art der politischen Berichterstattung** hin.

Beispiel: Korrespondentenbericht aus den USA

Kritik an unsachlicher Berichterstattung über Trump

Was genau Kissler daran auszusetzen hat, wird im nächsten Absatz deutlich, den der Journalist mit einer **ironisierenden Leseranrede** („liebe Närrinnen und Narrhalesen", Z. 21) beginnt. Hier schwingt bereits die Unterstellung mit, dass die **Leserschaft** der Zeitung durch die Berichterstattung **zum Narren gehalten** wird. Diese Ansicht unterstreicht Kissler noch durch die metaphorische, hyperbolisch-ironische Bezeichnung seines Journalistenkollegen als „Hellseher mit gastroenterologischen Spezialkenntnissen" (Z. 22 f.). Damit will er den **Schreibstil des Korrespondenten lächerlich machen**, der sich durch die Verwendung des literarischen Stilmittels der erlebten Rede anmaße, zu wissen, was in Trumps Kopf vorgehe und was ihn bedrücke (vgl. Z. 21 ff.). Nicht nur an dieser Stelle verwendet Kissler

Vorwurf: Nähe des Berichts zu fiktivem Erzähltext → Effekthascherei

Fachbegriffe, die in der Literaturwissenschaft für die **Analyse literarischer Texte** benutzt werden (siehe auch „auktoriale[r] Erzähle[r]", Z. 45; „erzählerische[r] Höhepunkt", Z. 55 f.; „Geschichte", Z. 64; „Erzählung", Z. 69) und eigentlich nicht zu einem Zeitungsbericht passen. Auch damit will Kissler den **Korrespondentenbericht in die Nähe eines fiktionalen Textes rücken**. Eindrucksvoll gelingt ihm das, indem er analog zum Zeitungstext zwei Beispiele ausführt, wie man sie in **Groschen- und Gaunerromanen** finden könnte (vgl. Z. 24 ff.). Diese bringen Leserinnen und Leser nicht nur zum Lachen, sondern veranschaulichen, für wie **unangemessen** Kissler einen solchen Stil **zum Zweck der politischen Berichterstattung** hält. Damit das auch dem Letzten klar wird, stellt Kissler wenige Zeilen später in einer Antithese noch einmal ausdrücklich fest, dass es sich bei der anfangs zitierten Passage zu Trump „nicht [um den] Vorabdruck eines Unterhaltungsromans aus dem Hause Bastei" (Z. 35 f.) handle, sondern um einen Korrespondentenbericht aus den USA. Mit einem spöttischen Zwischenfazit betont er, dass der Journalismus seiner eigentlichen Aufgabe nicht nachkomme, sondern stattdessen **Effekthascherei** betreibe: „Liebhaber greller Effekte kommen auf ihre Kosten." (Z. 41)

Aufzählung weiterer Kritikpunkte

Diesen Vorwurf unterstreicht Kissler in den folgenden Absätzen noch mit zahlreichen weiteren Beispielen aus dem Korrespondentenbericht und ergänzt seinen Tadel um **zusätzliche Kritikpunkte**. So weist er die **tendenziöse Stoßrichtung** des Berichts nach, wenn er mithilfe einer rhetorischen Frage darauf aufmerksam macht, dass das Weiße Haus auch unter Trumps Vorgängern im Präsidentenamt schon strengsten Sicherheitsvorkehrungen unterlegen habe, es also eigentlich nicht der Erwähnung wert sei, dass es unter Trump „hermetisch abgeriegel[t]" (Z. 47) sei. Außerdem wirft er seinem Journalisten-Kollegen vor, **umstrittene Ereignisse als Tatsachen** (vgl. Z. 52 f.) und **Trump undifferenziert als Inbegriff des Bösewichts** darzustellen (vgl. Z. 56 ff.). Mit der elliptischen, parallel gebauten Anapher „Jedes Wort ein Hieb, jedes Verb ein Stich." (Z. 61 f.) bringt Kissler auf den Punkt, dass er die **Intention des Korrespondentenberichts** entlarvt hat. Diesem gehe es **nicht** um **sachlich-neutrale Informationsvermittlung**, wie es eigentlich seine Aufgabe sei, sondern darum, seiner Leserschaft ein bestimmtes vorgefertigtes **Urteil über Trump auf mitreißende Weise vor Augen zu führen**.

Vorstellung der Wirkungsabsicht des Beispieltextes

Die mit dieser Berichterstattung einhergehende **Wirkungsabsicht** veranschaulicht Kissler im Folgenden mit einer anaphorischen, stets mit „So" beginnenden Aufzählung (vgl. Z. 63, 72, 73, 74): Der Leser werde von der spannenden Erzählweise **von den Inhalten abgelenkt**, er werde **indoktriniert** statt informiert und mit **einfachen**

Botschaften sowie bereits von vornherein **feststehenden Urteilen** zufriedengestellt (vgl. Z. 74 f.). Kissler spricht hier abschätzig von einer „als Korrespondentenbericht verkaufte[n] Erzählung […] [von] radikal einseitige[r] Machart“ (Z. 71 f.). Durch die Auflistung von Gegensätzen (Information vs. Mission, Differenzierung vs. Simplifizierung, Urteilen vs. Aburteilen, vgl. Z. 74 f.) **entlarvt** er die Merkmale eines schlechten Journalismus.

Kisslers Urteil über derartige politische Berichterstattung

Demzufolge fällt **Kisslers Urteil** im vorletzten Sinnabschnitt äußerst **negativ** aus. Er beklagt, dass an „vielen, vielen Stellen“ (Z. 76) in der dargelegten Form über Trump berichtet werde, wobei die **übertriebene Moralisierung und Rhetorik** eine wirkliche Auseinandersetzung verhindere. Eine solche Schreibweise offenbare, dass der Verfasser **kein Vertrauen in Argumente** habe und sich davon verabschiede, auf dem Boden der Tatsachen zu berichten (vgl. Z. 81 ff.). Dabei gäbe es wahrlich **genug an Trump zu kritisieren** (Kissler nennt als Beispiel die pietätlose Instrumentalisierung des gewaltsamen Todes von George Floyd durch den US-Präsidenten, vgl. Z. 84 ff.), was aber unterbleibe, wenn man Trump grundsätzlich dämonisiere. Eine solche **Berichterstattung schade Trump nicht** (vgl. Z. 88 f.). Auch hier arbeitet Kissler wieder mit Anaphern („Wer auf Überwältigung aus ist“, „Wer nicht berichtet“; Z. 81 f.; „Es gibt“, Z. 83 f.), um mithilfe eines eingängigen Satzbaus seinen Standpunkt zu verdeutlichen.

Schlussgedanke mit Rückbezug zum Anfang und Appell

Im letzten Absatz greift Kissler seine **Behauptung vom Anfang** wieder auf und betont in eindringlichen Worten noch einmal, was **Hass** nicht leisten könne. Er verhindere die Aufklärung von Sachverhalten und verstelle den Blick auf die Welt, sei demzufolge also **kontraproduktiv für politischen Qualitätsjournalismus** (vgl. Z. 94 ff.). Was er von diesem erwartet, fasst Kissler im letzten Satz als antithetische Metapher in eine abschließende Forderung: „Je höher die Flammen schlagen, desto kühleren Kopf braucht ihr Chronist.“ (Z. 97) Damit erteilt er dem zuvor beschriebenen Affekt-Journalismus noch einmal eine deutliche Absage und **appelliert an eine sachliche**, an Fakten orientierte, objektive Form der **politischen Berichterstattung**.

Fazit

Intention

Mit seinem Artikel will Kissler seine **Leserschaft für einen kritischen Medienkonsum sensibilisieren**. Er fordert dazu auf, einfachen Wahrheiten nicht zu trauen sowie **einseitige Berichterstattung zu hinterfragen**. Außerdem lehnt er es ab, sachliche Objektivität durch eine vorgefertigte moralische Auffassung zu ersetzen, und plädiert eindringlich dafür, die **Qualitätsstandards des politischen Journalismus einzuhalten**.

TEILAUFGABE 2

Gerade angesichts der zunehmenden **Polarisierung in der Gesellschaft**, die zum Schwarz-Weiß-Denken neigt und in der eine von der eigenen abweichende Meinung schnell als Bedrohung wahrgenommen wird, gibt es eine breite **Diskussion**, wie **qualitativ hochwertiger**, **demokratischer Journalismus** aussehen sollte. Mit dieser Frage beschäftigt sich auch die Darstellung von Alexander Kissler, der eine klare Meinung zu diesem Thema vertritt. Im Folgenden soll deshalb untersucht werden, inwiefern Kisslers Artikel einen **überzeugenden Beitrag zum Diskurs über politischen Journalismus** leistet.

Einleitung
Hinführung zur Stellungnahme

So einnehmend Kisslers Ausführungen zunächst wirken, kann man diese in mancherlei Hinsicht doch auch infrage stellen. Durch seine stilistisch und rhetorisch ausgefeilte Gestaltung wird der **Leser in seiner Meinung stark gelenkt**, sodass Kissler sich den gleichen Vorwurf, den er der Berichterstattung über Donald Trump macht, auch selbst gefallen lassen muss. Sein Artikel ist von einer sachlichen, in neutralem Ton gehaltenen Kritik weit entfernt. Vielmehr nutzt er ein **breites Register an Stilmitteln**, um die Leserinnen und Leser von seinen Ansichten zu überzeugen. Damit **unterläuft** er also **seine eigenen Anforderungen an qualitativ hochwertigen Journalismus**, was seinen Artikel zumindest fragwürdig erscheinen lässt.

Kontra-Argumente
starke Leserlenkung durch rhetorisch ausgefeilte Darstellung

Darüber hinaus ist es gerade angesichts einer zunehmenden **Spaltung der Gesellschaft** und der **Radikalisierung** einzelner gesellschaftlicher Gruppen von zentraler Bedeutung, dass der **Journalismus eindeutig Stellung bezieht**. Schließlich kommt ihm eine wichtige **Sozialisierungsfunktion** zu, weshalb er sich uneingeschränkt auf die **Werte des Grundgesetzes** berufen und an diesen messen lassen sollte. Gerade wenn es um Themen geht, die die Werteordnung der Gesellschaft infrage stellen, ist es wichtig, dass der Qualitätsjournalismus eine **klare moralische Haltung** einnimmt. Die von Kissler geforderte **strikte Neutralität** kann hier manchmal einer **Bestärkung der Gegenseite** gleichkommen, was dann dazu führt, dass eine laute Minderheit auf einmal als Mehrheit wahrgenommen wird. Hier ist es durchaus angebracht, dass ein qualitativ hochwertiger Journalismus sich eindeutig auf die Seite der grundgesetzlichen Ordnung stellt.

Bedeutsamkeit einer klaren moralischen Haltung des Journalismus

Kritisch zu sehen ist an Kisslers Bericht außerdem, dass er **nur die negativen Seiten an der Berichterstattung über Donald Trump** wahrnimmt. Dabei vergisst er, zu erwähnen, dass die Form des untersuchten Korrespondentenberichts **möglicherweise auch Vorteile** haben könnte. So **spricht** er gerade über seinen eher erzählerisch-

einseitige Sicht auf Berichterstattung über Trump

unterhaltsamen Stil die **breite Masse an**, die sich ansonsten vielleicht gar nicht über politische Themen informieren würde. Zudem gibt es, wie Kissler am Ende seines Artikels selbst bestätigt, durchaus **berechtigte Kritik an Trump**, weshalb nichts dagegenspricht, diese auch einmal pointiert und stilistisch versiert zu formulieren.

Pro-Argumente

Qualitätsjournalismus als Gegengewicht zu Meinungsmache

Trotz der genannten Schwachpunkte kann Kisslers Artikel doch insgesamt in weiten Teilen überzeugen. Gerade wenn man an die in Sozialen Medien und Kommentarspalten betriebene **Meinungsmache** denkt, ist es von enormer Wichtigkeit, mit dem Journalismus ein **sachlich-neutrales Gegengewicht** zu setzen. Es hilft hier wenig, wenn sich der Journalismus ähnlicher Methoden bedient wie die Verfasser von Hassbotschaften im Internet. Stattdessen sollten Zeitungsredakteure mit **fundierten Argumenten und faktenbasierten Darstellungen** zu überzeugen wissen und **nicht** wie der von Kissler zitierte Korrespondent **mit Affekten überwältigen** wollen. Letzteres mag zwar kurzfristig Leserinnen und Leser für die eigene Position einnehmen, langfristig fördert es aber die herrschende Abneigung, sich eingehender mit einer schwierigen Thematik auseinanderzusetzen. Dies macht die **Menschen** wiederum **anfälliger für einfache Botschaften** jeglicher politischen Couleur und bereitet Hetze einen fruchtbaren Boden.

Förderung von Pluralismus und Meinungsvielfalt durch Qualitätsjournalismus

Zudem hat Kissler recht, dass ein **an Qualitätsstandards orientierter Journalismus nötig** ist, um die **sachliche Auseinandersetzung** zu befördern. Zu einer solchen kommt es nicht, wenn die moralisch richtige Sichtweise bereits vorgegeben ist und alle anderen **Meinungen von vornherein als nicht vertretbar abqualifiziert** werden. Dies würde jede echte Diskussion unmöglich machen, was wiederum neue Erkenntnisse, die die Gesellschaft voranbringen könnten, verhindern würde. Ein solcher Umgang mit Meinungsverschiedenheiten ist einer **demokratisch-pluralistischen Gesellschaft nicht würdig**, weshalb dem Journalismus hier eine **Vorbildfunktion** zukommt. Er sollte sich also, wie von Kissler gefordert, darauf besinnen, **bei umstrittenen Themen einen kühlen Kopf zu bewahren**, sachlich zu bleiben und keine Meinungsmache in dem Sinn zu betreiben, dass es sowieso nur eine Möglichkeit gebe, über einen Politiker wie Trump zu berichten.

Medien als „vierte Gewalt“ mit Verantwortung in aufgeklärter Gesellschaft

Für den von Kissler geforderten Qualitätsjournalismus spricht außerdem, dass die **Medien als „vierte Gewalt“** eine wichtige Informations- und Kritikfunktion haben. Das heißt, dass sie vor allem stark polarisierende Themen in besonderem Maße sachlich und differenziert behandeln sollten, um die **eigene Meinungsbildung der Konsumenten zu fördern**. Gäbe es nur noch Berichterstattung im Stil des von Kissler kritisierten Auslandskorrespondenten, bestünde die

Gefahr der Überwältigung, die es den Leserinnen und Lesern unmöglich machen würde, zu einer eigenen Überzeugung zu gelangen und zu **mündigen Bürgerinnen und Bürgern** zu werden. Ein Journalismus, der auf Affekte anstelle von Argumenten setzt und mithilfe rhetorischer Mittel die Lesermeinung lenkt, spricht seiner Leserschaft die Fähigkeit ab, sich selbst ein Bild zu machen. Er ist also einer aufgeklärten Gesellschaft nicht angemessen, die auf die **politische Beteiligung aller ihrer Mitglieder** angewiesen ist und vom **Pluralismus der Meinungen** lebt.

Fazit

Befürwortung von Kisslers Forderungen

Schlussendlich ist es zwar durchaus wichtig, dass **Journalismus**, wenn es nötig ist, auch einmal **deutlich Stellung bezieht**, wozu es Textsorten wie den Kommentar oder den Leserbrief gibt. Dennoch sollten **Objektivität und Sachlichkeit**, wie von Kissler gefordert, grundsätzlich **zentrale Merkmale von Journalismus** sein. Im Endeffekt profitiert keine Gesellschaft davon, wenn über bestimmte Themen nur auf eine bestimmte Art geschrieben werden darf und damit jede echte Diskussion im Keim erstickt wird.

INTERPRETATION LITERARISCHER TEXTE

Aufgabenstellung

Interpretieren Sie die vorliegende Erzählung von Alfred Polgar.

Material **Alfred Polgar (1873–1955): Der blaue Anzug (1948)**

Der Klavierlehrer hatte zwei Anzüge. Seine Frau nähte ihnen fehlende Knöpfe an und putzte Flecke, die öfters auftraten, mit Benzin fort.

Der Klavierlehrer hieß Maximilian. In wärmeren Augenblicken nannte ihn die Frau Milian, in kälteren Max, in Gesellschaft Maxim.

Eines Tages erlitt der blaue Anzug eine schwere Rißwunde. Er zeigte auch sonst Spuren des Verfalls. Maximilian wollte ihn dem Klavierstimmer schenken, aber die Frau warf einen Blick auf den leeren Kleiderschrank, einen auf die Zeiten, einen auf Maximilian, und mit dem Seufzer, den sie tat, verwehte die Schenk-Idee.

Für den blauen hatte die Frau überdies eine Schwäche. Vielleicht, weil an ihm, der aus Tagen stammte, in denen dem Haushalt Geld und Liebe geleuchtet hatten, noch ein Widerschein dieses Leuchtens haftete; vielleicht, weil der Mann in dem blauen Anzug, wenn auch nicht gerade wohlsituiert, doch noch immer situiert aussah, so daß niemand ihn für einen armen Klavierlehrer gehalten hätte.

Der Schneider war ein kleiner, ein ganz kleiner Schneider. Das Schaufenster seines Gassenladens lockte durch ein Modeplakat, auf dem, in unübertrefflich gut sitzenden Kleidern erstarrt, glattrasierte Herren und solche mit flaumweichem Spitzbart an einander vorbei lächelten. Im Laden spielten der Meister und der Bürstenbinder von nebenan Karten. Die Rückseite des Schaufensterplakats diente ihnen als Merkblatt für ihre Spiel-Ergebnisse. Kamen Kunden in den Laden, was nicht oft geschah, so brachten sie nur geringe Flickarbeit an geringen Kleidern. Also wurde der blaue Anzug, der hergerichtet, geputzt und gebügelt werden sollte und auch im abgenützten Zustand noch etwas repräsentierte, mit Achtung empfangen. Der Meister hatte sein Wohlgefallen an dem Stück. Er besah es, besah die Kundschaft und nickte wehmütig mit dem Kopf, was Verschiedenes bedeuten konnte. Hernach schnaufte und hustete er, denn er litt an Asthma.

Die Frau, mißtrauisch den Hustenden beobachtend, legte ihre Hand mit schützender Gebärde auf den Anzug, wie die Löwin die Tatze auf ihr Junges legt, wenn diesem Gefahr droht. Aber es war kein Grund zur Besorgnis. Als der Meister den Anzug in den Kasten tat, schob er das dort hängende Kleider-Proletariat rechts und links energisch zur Seite, schuf besonderen Raum für den besonderen Gast. Ablieferungstermin: nächster Mittwoch. Der Mittwoch kam, doch nicht kam der Anzug. Donnerstag, nach einer unruhigen Nacht, gingen Frau und Mann zum Schneider. Der Laden war geschlossen, die Rollbalken waren hinuntergelassen. „Max, versteht man das …?“ „Vielleicht ist er fortgefahren, zum Wintersport.“ Die Frau ging auf diesen trübseligen Humor nicht ein, sondern ins Bürstengeschäft nebenan. Verstört kam sie wieder auf die Straße … „Der Schlag hat ihn getroffen … “ „Tot …?“ „Tot!“ Und nicht ohne leise Bitterkeit sagte sie wiederum, diesmal allerdings mehr für sich selber: „Versteht man das?“

Auf dem Weg nach Hause redeten sie vom Sterben und dachten hierbei an den Anzug. Und dachten, wie beschämend es sei, daß sie jetzt an ihn dachten. Peinlich, sich an die Ewigkeit gemahnt und zugleich um ein Paar Hosen und einen Rock in Unruhe gestürzt zu fühlen.

Anderen Tags war der Laden wieder offen. An Stelle des Modeplakats hing eine handgeschriebene Todesanzeige. Und auf dem Stuhl vor dem Ladenpult, für Kunden bestimmt, fror der Schwager des Hingegangenen. Leicht und rasch, berichtete er, sei der Schneider gestorben, mit der Zeitung in der Hand, und solchen Tod könne jeder sich nur wünschen. Maximilian und Frau drückten dennoch ihr Beileid aus, ehe sie nach dem Anzug fragten. Von diesem wußte der Schwager nichts. Mitsammen suchten alle drei im Kleiderschrank und überall in der Werkstatt. Später kam noch die Schwester des Verstorbenen hinzu und suchte auch. Aber der Anzug war fort und blieb fort. Die Leidtragenden, Maximilian und Frau, drängten, nunmehr härteren Tons, in die Hinterbliebenen, irgendwo müsse er doch sein. Solchem Drängen setzte der Schwager ein Achselzucken entgegen, und die Schwester, den Blick nach oben gewandt, sagte: „Ja, ja, wenn einer die Augen schließt!“ So, als wollte sie sagen: nicht nur der Tod selber ist ein Rätsel, sondern auch um ihn herum alles rätselhaft, und in seiner dunklen Sphäre das spurlose Verschwinden von Kleidern zwar eine Unbegreiflichkeit, aber gewissermaßen eine begreifliche Unbegreiflichkeit.

Maximilians Frau ließ sich hierdurch nicht beruhigen. Der Schwager rief: „Wir sind ehrliche Leute!“ Die Schwester begann zu weinen, und Max, gerührt, tröstete sie: „Da kann man also nichts machen. Hin ist hin!“ Es blieb unklar, ob er den Schneider meinte oder den Anzug.

Der kam nicht wieder. Die Frau beschuldigte niemand, aber wenn sie der verliebten Augen sich erinnerte, die der Meister dem Anzug gemacht hatte, fühlte sie in der Herzgegend Stiche eines unheimlichen lästerlichen Mißtrauens. Es verdichtete sich zwar nicht bis zur gespenstischen Mutmaßung, der Schneider hätte den Anzug mit hinüber genommen, und auch die Variante, er sei absichtlich gestorben, um sich von dem schönen Stück zeitlebens nicht trennen zu müssen, verwarf sie, (obschon ungewöhnlichen Lösungen geneigt), aber daß zwischen dem Hingang des Mannes und dem Entschwinden des Anzugs Zusammenhänge bestünden, dabei blieb sie.

„Du kannst doch logisch denken, Max. Also bitte, wo kann er hingekommen sein?“

„Wenn ich alle Möglichkeiten genau überprüfe,“ antwortete Max, „wie sein Verschwinden zu erklären wäre, komme ich zu dem Resultat, daß wir ihn doch lieber hätten verschenken sollen.“

„Dann wüßten wir wenigstens, wo er ist allerdings!“ Ihre Stimme klang nicht freundlich.

„Wie alt kann er gewesen sein, Helene?“

„Noch gar nicht so alt. Fünf, sechs Jahre.“

„Der Schneider, meine ich,“ sagte Maximilian.

Aus: Polgar, Alfred: Anderseits. Erzählungen und Erwägungen. Querido Amsterdam 1948, S. 14–17. Rechtschreibung und Zeichensetzung entsprechen der Textquelle.

Alfred Polgar (1873–1955) war ein österreichischer Schriftsteller, Kritiker und Übersetzer.

Anmerkungen

Z. 29 Kasten: Schrank
Z. 41 ein Paar Hosen und einen Rock: die Hose und das Jackett, aus denen der Anzug besteht
Z. 48 mitsammen: gemeinsam

TIPP **Bearbeitungshinweise**

Voraussetzungen

Die Aufgabe ist im Rahmenthema 5 (Literatur und Sprache von 1945 bis zur Gegenwart) verankert, zu ihrer Bearbeitung sind Kompetenzen nötig, die Sie in mehreren Halbjahren erworben haben. Der komplexe Operator „**interpretieren**“ umfasst dabei alle drei Anforderungsbereiche und verlangt von Ihnen die eigenständige Planung der Analyse des vorliegenden Textes und Ihres Schreibprozesses.

Erläuterung der Aufgabenstellung

Die Aufgabe besteht aus nur einem Arbeitsauftrag, der Interpretation des Ihnen unbekannten Kurzprosa-Textes. Die Arbeitsanweisung enthält keine weiteren Konkretisierungen, somit auch keine Hilfestellung für die Bearbeitung. Der Operator „**interpretieren**“ fordert eine umfassende, fachsprachlich korrekte Auseinandersetzung mit der vorliegenden Erzählung. Konzentrieren Sie sich auf die inhaltlichen Kernaussagen des Textes und stellen Sie in Ihrer Interpretation die **Beziehung zwischen Inhalt, Form und Sprache** dar. **Lesen** Sie Polgars Erzählung mehrfach **langsam**, nehmen Sie Markierungen vor und machen Sie sich am Rand Notizen. Es empfiehlt sich, den Text in **Sinnabschnitte zu gliedern**, an denen Sie sich dann in Ihren Ausführungen orientieren können. Dabei stimmen im vorliegenden Fall die Sinnabschnitte nicht immer mit den Absätzen der Erzählung überein. Stellen Sie sich Fragen zu den Protagonisten: Wie ist ihre Beziehung zueinander? Was sind ihre Motive? Durchlaufen sie eine Entwicklung? Wie wird das erzählt – neutral-distanziert, aus der Sicht einer oder mehrerer Figuren oder von einer allwissenden Warte aus? Der Operator „interpretieren“ verlangt nicht zwingend eine Einordnung in einen historischen Zusammenhang. Eine solche kann bei bestimmten Texten, die erkennbare Anspielungen enthalten und deren Erscheinungsjahr angegeben ist, jedoch sinnvoll sein – so auch hier: Polgars Erzählung ist in der Nachkriegszeit entstanden, was eine Erklärung für die Armut und das Besitzdenken der Figuren liefern kann.

In der **Einleitung** nennen Sie die wichtigsten Informationen zum Text. Zentral ist hier die Formulierung des Themas, die nicht auf die offensichtliche oder äußere Handlung, sondern auf das dem Geschehen zugrunde liegende Problem abzielen sollte. Im **Hauptteil** Ihres Aufsatzes steht nach einer knappen Inhaltsangabe die funktionale – d. h. formale und inhaltliche Gesichtspunkte verbindende – Analyse verschiedener Aspekte. Sie können den Hauptteil linear entlang der Texthandlung oder aspektorientiert aufbauen. Für den Lösungsvorschlag wurde eine weitgehend lineare Struktur gewählt, weil sich so die emotionale Kälte und das Besitzdenken der Frau gut herausarbeiten lassen. Beobachtungen zur sprachlichen und erzähltechnischen Gestaltung können Sie entweder gesondert in einem eigenen Abschnitt behandeln oder aber ebenfalls bei der Behandlung der einzelnen Abschnitte ansprechen. Denken Sie daran, alle Ihre Entdeckungen auch am Text mit Zitat oder Verweis zu belegen.

Die Gestaltung des **Schlusses** lässt Ihnen viel Freiheit: Sie können etwa eine Verbindung zum Anfang oder z. B. soziale oder philosophische Anknüpfungspunkte herstellen.

Lösungsvorschlag

Einleitung

Autor, Titel, Gattung, Erscheinungsjahr, Thema

Die Erkenntnis, dass Kleider Leute machen, liegt Alfred Polgars 1948 entstandener Erzählung *Der blaue Anzug* zugrunde. Der rätselhafte Verlust des titelgebenden Anzugs entlarvt sowohl den sozialen Abstieg eines Ehepaars als auch dessen unterschiedliche moralische Wertmaßstäbe.

Interpretation der Erzählung

Aufbau und kurze Inhaltsangabe

Polgars Erzählung lässt sich in **vier inhaltliche Sinnabschnitte** unterteilen: Nachdem der **erste Abschnitt** (Z. 1–13) die Protagonisten, den Klavierlehrer und seine Frau, vorgestellt hat, zeigt er ihre Notsituation, die durch den eingerissenen Anzug entstanden ist. Der **zweite Sinnabschnitt** (Z. 14–30) schildert ihren Versuch, den Anzug von einem Schneider wiederherrichten zu lassen, doch wird das Vorhaben im **dritten Abschnitt** (Z. 30–61) zunichtegemacht: Der Schneider ist überraschend verstorben, der Anzug verschwunden. Die Nachforschungen des Ehepaares bei den Verwandten des Verstorbenen laufen ins Leere. Der **letzte Abschnitt** (Z. 62–78) zeigt schließlich den unterschiedlichen Umgang des Klavierlehrers und seiner Frau mit dem Verlust: Während er ihn akzeptiert hat und Anteil nimmt am Tod des Schneiders, sucht seine Frau nach immer neuen Erklärungen und kreist gedanklich nur um den verschollenen Anzug.

1. Sinnabschnitt: Vorstellung der Protagonisten

Als zu Beginn der Erzählung die Protagonisten als „der Klavierlehrer" und „seine Frau" eingeführt werden, erscheinen sie zunächst nur wie **Typen**. Während der Mann als Maximilian vorgestellt wird, heißt seine Gattin lange nur „die Frau", was ihre Figur unpersönlich und anonym wirken lässt. Erst ganz zuletzt, im Gespräch mit Maximilian, fällt ihr Name: Helene. Die eigentliche Hauptrolle spielt allerdings der **blaue Anzug** des Lehrers: Erstens wird an ihm die **prekäre Existenz** des Ehepaares deutlich. Maximilian verfügt nur über zwei Anzüge, die bei Bedarf immer wieder repariert werden müssen; der Kauf eines neuen Kleidungsstücks wird, selbst als der blaue Anzug reißt, nicht einmal ansatzweise erwogen. Die finanziellen Mittel sind offenbar begrenzt. Zweitens verrät der Umgang der Frau mit dem Anzug viel über **ihre Sicht auf Maximilian**. Der anaphorische Satzbau („Vielleicht", Z. 9, 11) versucht ihre Gefühlslage zu ergründen. Trotz seiner Schäden erinnert der Anzug sie an vergangene Zeiten, „in denen dem Haushalt Geld und Liebe geleuchtet hatten" (Z. 10). Die Metapher umschreibt die Verheißung von Wohlstand und wechselseitiger Zuneigung und legt den Schluss nahe, dass in der Gegenwart beides nicht mehr vorhanden ist. Zudem hilft der Anzug, den **niedrigen sozialen Status** ihres Mannes zu **verschleiern** und ihre Idealvorstellung von ihm vorzutäuschen. In diesem Kleidungsstück sehe Maximilian „wenn auch nicht gerade wohlsituiert, doch noch immer situiert" (Z. 12) aus. Die Verkürzung des Adjektivs „wohlsituiert" zu „situiert" ergibt ein ungebräuchliches Wort und erzeugt Komik. Nicht zuletzt ist der Anzug blau; seit der Epoche der Romantik steht diese Farbe für die Sehnsucht. Im Kontext der Erzählung könnte sie die Sehnsucht der Frau nach einem besseren Leben und ihrem Wunschbild eines Mannes symbolisieren. Drittens setzt die Beschädigung des Anzugs die **Handlung in Gang:** Helene weigert sich, den Anzug zu verschenken, wie von Maximilian vorgeschlagen. Ihr Seufzer lässt „die Schenk-Idee" verwehen (vgl. Z. 8) – eine Metapher, die ihre Melancholie, aber auch ihre Unzufriedenheit mit der eigenen Lage durchscheinen lässt.

2. Sinnabschnitt: Besuch beim Schneider

Der nächste Sinnabschnitt wechselt den Schauplatz, bleibt aber weiterhin in einem **von Armut gezeichneten Milieu**. Eine Correctio stellt klar, dass der **Schneider**, den Maximilian und Helene aufsuchen, ein „kleiner, ein ganz kleiner Schneider" (Z. 14) ist. Der Erzähler erläutert, dass nur selten Kunden den Laden betreten und dann nur unbedeutendere kleinere Aufträge haben. Die Zeit schlägt der Schneider daher mit seinem Nachbarn, dem Bürstenbinder, beim Kartenspiel tot. Dabei notieren sie den Spielstand auf der Rückseite eines Modeplakats, das durchs Schaufenster zur Straße hin elegant gekleidete Herren präsentiert. So wie der Klavierlehrer mit seinem Anzug einen **Staus vortäuscht**, der von der dürftigen Realität ablenkt, bietet auch das Werbeplakat eine Art Fassade, die nicht mit den ärmlichen Zuständen dahinter übereinstimmt.

Reaktion des Schneiders

Angesichts seiner beruflichen Unterforderung stellt die **Reparatur des blauen Anzugs** für den Schneider eine **reizvolle Aufgabe** dar. Mit „Wohlgefallen" (Z. 22 f.), aber auch mit Wehmut nimmt er das Kleidungsstück in Empfang. Dabei wirft der Kommentar des Erzählers, dass das wehmütige Nicken „Verschiedenes bedeuten konnte" (Z. 24), eher Fragen auf, als dass er etwas erläutern würde: Ist der Schneider traurig in Anbetracht des kaputten Anzugs? Oder wird ihm durch das exquisite Kleidungsstück vor Augen geführt, dass niemand bei ihm einen Maßanzug in Auftrag gibt? Oder registriert er die Verarmung seiner Kundschaft?

Seine Begeisterung für den Anzug weckt **Helenes Misstrauen**, doch lässt sie das Stück in seiner Obhut. Immerhin behandelt der Meister es **wie einen Menschen:** Der Anzug wird als „besonderer[r] Gast" (Z. 30) personifiziert, dem im Schrank „das dort hängende Kleider-Proletariat" (Z. 29) Platz machen muss. Die Metapher verweist erneut auf den direkten **Zusammenhang von Kleidung und sozialem Status**. So wie der Maßanzug Vorrang hat vor ärmlichen Kleidungsstücken, erweist die Gesellschaft wohlhabenden Bürgern mit entsprechenden Statussymbolen mehr Achtung als bedürftigen Kleinbürgern oder Arbeitern, dem sogenannten Lumpen-Proletariat.

3. Sinnabschnitt: Verlust des Anzugs

Das **unklare weitere Schicksal des Anzugs** bestimmt den Rest der Erzählung. Denn der vereinbarte Ablieferungstermin verstreicht, was das Ehepaar in Unruhe stürzt (vgl. Z. 32). Als Maximilian und Helene am Folgetag den Schneider aufsuchen wollen, stehen sie ratlos vor seinem verschlossenen Laden. Erstmals kommt nun im Text wörtliche Rede zum Einsatz, was die Spannung erhöht, aber auch die charakterlichen Unterschiede des Paares erahnen lässt: Er versucht, die Stimmung mit Humor aufzulockern, sie reagiert ernst. Dass Maximilians Vermutung, der Meister sei beim Wintersport, explizit als Witz deutlich gemacht wird, verdeutlicht noch einmal indirekt ihre **Armut:** Keiner kann sich offenbar einen Skiurlaub leisten. Indem die übertragene Verwendung des Prädikats „ging" durch seine buchstäbliche Bedeutung ersetzt wird, entsteht ein Zeugma, das enthüllt, wer in der Ehe des Klavierlehrers dominiert: „Die Frau ging auf diesen trübseligen Humor nicht ein, sondern ins Bürstengeschäft nebenan." (Z. 34 f.)

Reaktionen des Ehepaars auf die Todesnachricht…

Vom Bürstenbinder erfährt Helene, dass ein Schlaganfall den Schneider aus dem Leben gerissen hat. Das Ehepaar reagiert bestürzt – allerdings nicht aus Mitleid für den Verstorbenen, sondern aus **Sorge**

um den blauen Anzug. An dieser Stelle wechselt der Erzähler in eine **personale Haltung** und enthüllt ihre „beschämend[en]" (Z. 40), da egoistischen Gedanken: „Peinlich, sich an die Ewigkeit gemahnt und zugleich um ein Paar Hosen und einen Rock in Unruhe gestürzt zu fühlen." (Z. 40 ff.) Es ist beiden nur zu bewusst, dass sich angesichts des Todesfalls jede Sorge um ein Kleidungsstück als unbedeutend und banal verbieten müsste. Und doch können sie nicht anders, was ein weiteres Mal den **Stellenwert von materiellen Gütern in Notzeiten** unterstreicht.

... und auf das Verschwinden des Anzugs

So verwundert es nicht, dass der Klavierlehrer und seine Frau bereits am Folgetag, als die Schneiderei wieder geöffnet ist, die **Nachforschungen** zum Verbleib des Anzugs aufnehmen. Euphemistisch wird der Schneider als „Hingegangene[r]" (Z. 45) benannt und auch der Schwager zeichnet ein sanftes Bild von dessen Sterben, das „[l]eicht und rasch" (Z. 45), als wünschenswerter „schöner" Tod vonstattengegangen sei. Es entsteht ein eigentümlicher Kontrast zu den gefasst Trauernden und Maximilian und Helene, deren Beileidswünsche als Lippenbekenntnis erscheinen, da sie doch nur den Anzug im Sinn haben. Dass letztere als „[d]ie Leidtragenden" (Z. 51) auftreten, wohingegen die Schwester und der Schwager des Schneiders lediglich als „die Hinterbliebenen" (Z. 52) bezeichnet werden, stellt das moralische Empfinden auf den Kopf und wirkt **sarkastisch**. Das **Leid angesichts eines verschwundenen Kleidungsstücks** erscheint größer als der Schmerz wegen eines verlorenen Angehörigen. Da der blaue Anzug nicht zu finden ist, nehmen Maximilian und Helene „nunmehr härteren Tons" (Z. 51) die Schwester und ihren Mann ins Kreuzverhör, doch flüchtet sich die Schwester in die nichtssagende und schicksalsergebene Aussage „Ja, ja, wenn einer die Augen schließt!" (Z. 54) Das Verschwinden des Anzugs wird durch den Tod – so deutet es der Erzähler – zu einer „begreiflichen[n] Unbegreiflichkeit" (Z. 57). Das Wortspiel erklärt nur, dass der Sachverhalt unerklärlich bleibt. Das Rätsel um den Anzug steht neben dem Rätsel des Todes, was eine **entlarvende Komik** erzeugt. Der Stellenwert, den vor allem Helene dem Anzug zuspricht, ist völlig unverhältnismäßig. Denn sie bleibt unerbittlich, während **Maximilian** schließlich **Mitgefühl** mit der weinenden Schwester zeigt und zweideutig die Vergänglichkeit mit dem Ausruf „Hin ist hin!" (Z. 60) kommentiert.

4. Sinnabschnitt: unterschiedlicher Umgang des Paares mit dem Verlust

Der letzte Sinnabschnitt lässt **Helenes Fixierung auf den Anzug** immer deutlicher hervortreten. Da sie nicht über den Verlust hinwegkommt, stellt sie auf der Suche nach einer Erklärung **absonderliche Gedankenspiele** an, die aus personaler Sicht wiedergegeben werden. So glaubt sie, dass der Schneider geradezu verliebt gewesen sei in den Anzug, der so wieder in den Rang eines Menschen erhoben wird (vgl. Z. 62 f.). Die Spekulationen, dass der Schneider vorsätzlich gestorben sei, um den Anzug nicht hergeben zu müssen, oder dass er ihn „mit hinüber“ (Z. 65 f.), also mit ins Jenseits genommen habe, wirken zynisch und in ihrer Absurdität komisch. Und auch Helenes **Dialog** mit dem Klavierlehrer, der die Erzählung beschließt, kreist nur um den Anzug. Als sie von Maximilian eine logische Erklärung für die Unauffindbarkeit des Anzugs einfordert, antwortet ihr Mann nicht direkt, sondern meint, sie hätten die falsche Entscheidung getroffen, als sie damals den Anzug nicht verschenkt hätten. Sie stimmt zu, doch nicht etwa, weil sie die sozialen Motive ihres Mannes teilen würde, sondern aus dem Grund, dass sie dann über den Verbleib ihres Besitzes informiert wäre. Das Gespräch mündet in eine **bittere Pointe:** Als Maximilian fragt, wie alt er wohl war, meint er den verstorbenen Schneider, wohingegen Helene nur den Anzug im Sinn hat. Das **Missverständnis** ist symptomatisch für ihr **konträres Weltbild:** Während er Anteil nimmt an dem Todesfall, trauert sie weiter dem verlorenen Kleidungsstück nach.

erzählerische Gestaltung

Zur **Entlarvung von Helenes Kälte** trägt wesentlich die **erzählerische Gestaltung** bei. Es wird weitgehend in einem **neutralen, distanzierten Ton** erzählt, nur gelegentlich gestatten personale Passagen Einblicke in die Gedanken- und Gefühlswelt des Ehepaares (vgl. Z. 39 ff., 62 ff.). Weit öfter behilft sich der Erzähler mit **Vermutungen** über die Motive der Figuren (vgl. Z. 9 ff., 24, 54 ff., 60 f.) und stößt die Leserinnen und Leser so auf **Leerstellen** im Text, die gedeutet werden wollen. Zuletzt wird der Erzählerbericht ganz vom **szenischen Erzählen** verdrängt (vgl. Z. 70 ff.).

Charakterisierung der Eheleute

Maximilians und Helenes Gespräch beleuchtet noch einmal deutlich die gegensätzlichen Charaktere der Eheleute. Helene **leidet** offensichtlich **unter dem sozialen Abstieg** und klammert sich an den Anzug, der noch an Wohlstand und Status erinnert. Sie hegt und pflegt ihn und gibt ihn unwillig aus den Händen. Als der Schneider den Anzug für ihren Geschmack zu intensiv betrachtet, verteidigt sie das Kleidungsstück „mit schützender Gebärde […], wie die Löwin die Tatze auf ihr Junges legt, wenn diesem Gefahr droht“ (Z. 26 ff.). Der Vergleich beschreibt einerseits ihre Identifikation mit dem Anzug und verrät andererseits, dass sie zur Gegenwehr bereit ist. Verfolgen anfangs beide Ehepartner gleichermaßen die Suche nach dem verschollenen Anzug, so erweist sich **Helene** schließlich als **hartnäckiger und unerbittlicher**. Ihren Mann spricht sie konsequent mit „Max“ an, also mit einer Abkürzung, die sie für „kälter[e]“ (Z. 4) Augenblicke vorgesehen hat. Die beiden übrigen Namensvarianten „Milian“ und „Maxim“ verwendet sie im Verlauf der Erzählung gar nicht, was darauf hindeutet, dass das Elend im Allgemeinen und das Abhandenkommen des Anzugs im Besonderen **keine zärtlicheren**

und freundlicheren Regungen ihrerseits zulassen. In der Ehe hat sie den **dominierenden Part** inne: Sie ist es, die ihren Mann davon abhält, den Anzug an einen Bedürftigeren zu verschenken, sie lässt sich bei den Ermittlungen nicht erweichen, sie stellt seltsame Verdächtigungen an. Da ist **Maximilian** schon ausgeschwenkt, hat im Umgang mit der Schwester des Schneiders **Menschlichkeit** bewiesen, akzeptiert den Verlust („Hin ist hin!", Z. 60) und ist ehrlich betroffen vom plötzlichen Ableben des Schneiders. Von Berufs wegen scheint der **Klavierlehrer** eher **für ein harmonisches Miteinander** zu stehen, während seine streitlustige und misstrauische **Frau** nicht vor **Dissonanzen** im Umgang mit anderen zurückschreckt.

Schlussgedanke
Bezüge zu historischem Hintergrund

Allerdings kann man mildernde Umstände geltend machen. Helene ist durch die **Zeitumstände** geprägt. Der leere Kleiderschrank des Ehepaares, die ärmlichen Fetzen im Schrank des Schneiders, die fehlende Möglichkeit, sich einen neuen Anzug zu leisten, die niedrigen Temperaturen im Schneiderladen – all das deutet auf eine entbehrungsreiche Zeit hin, die sich mit Blick auf das Entstehungsjahr der Erzählung, 1948, als **Nachkriegszeit** identifizieren lässt. Das **verarmte Kleinbürgertum** versteift sich auf seinen noch vorhandenen Besitz. Im Abstieg hängt man an dem, was man einmal war und besaß. Im Fall Helenes bleibt dabei die Zwischenmenschlichkeit auf der Strecke. Mit dem Anzug gehen schließlich auch die Illusionen verloren, man könne nach außen mehr darstellen, als man ist.

Niedersachsen Deutsch ▪ Abiturprüfung 2022
Grundlegendes und erhöhtes Anforderungsniveau

Um Ihnen die Prüfung 2022 schnellstmöglich zur Verfügung stellen zu können, bringen wir sie in digitaler Form heraus.

Sobald die Original-Prüfungsaufgaben 2022 freigegeben sind, können sie als PDF auf der Plattform **MyStark** heruntergeladen werden (Zugangscode vgl. Farbseiten vorne im Buch).

Prüfung 2022

www.stark-verlag.de/mystark